GRÜNTUCH ERNST ARCHITECTS
POINTS OF ACCESS

GRÜNTUCH ERNST ARCHITECTS
POINTS OF ACCESS

HERAUSGEGEBEN VON **EDITED BY** KRISTIN FEIREISS · MIT BEITRÄGEN VON **TEXTS BY** GUY BATTLE/ CHRISTOPHER McCARTHY, OLIVER ELSER, YONA FRIEDMAN, KAYE GEIPEL, CLAUS KÄPPLINGER, MICHAEL MÖNNINGER, PHILIPP OSWALT, FREI OTTO, PETER RICHTER · PROJEKTTEXTE VON **PROJECT TEXTS BY** RUDOLF STEGERS

Prestel
München · Berlin · London · New York

VORWORT

Für das Architektenduo Armand Grüntuch und Almut Ernst genügen kleine Zeichen, ein Augenzwinkern, eine Geste, um sich zu verständigen, um zu begreifen, welche Idee der andere gerade im Kopf hat, welcher Ansatz besser nicht weiter verfolgt werden sollte, welche Fragestellungen noch zu erörtern sind, wo die Lösung zu suchen ist. Bei alledem geht es – die persönliche Ebene mal ganz außer Acht gelassen – um Architektur.

Diese Architektur-Zeichensprache besonderer Art bestimmt die kongeniale Zusammen-Arbeit – man müsste es treffender Zusammen-Spiel nennen – dieses ungewöhnlichen Architektenteams, das unterschiedlicher nicht sein könnte:

ER: Armand Grüntuch, der Spontane, Intuitive, der Instinktmensch, der mit einer hingeworfenen ersten Skizze den Dialog eröffnet.

SIE: Almut Ernst, die Analytische, Programmatische, die, sich dem Entwurfsprozess reflektiv nähernd, erfasst, ob die Idee standhält. Ein scheinbar eingespieltes Rollen-Spiel, in dem es aber auch immer wieder zu überraschenden Rollen-Wechseln kommt.

Und BEIDE: überprüfen zusammen mit ihren Mitarbeitern in unzähligen Variantenstudien den konzeptionellen Ansatz, um so zu verifizieren, ob die Idee nicht nur in der Skizze funktioniert, bevor sie in den endgültigen Entwurf umgesetzt wird. Beide haben so etwas wie ein gegenseitiges Vetorecht vereinbart und wissen, dass, wenn es dem einen gelingt, den jeweils anderen zu überzeugen, die Lösung gut ist.

Warum ich diesen Arbeitsprozess so genau beschreibe, hat einen Grund: Alle Entwürfe und Projekte des Architektenduos spiegeln – trotz der durch das jeweilige Projekt gegebenen unterschiedlichen Voraussetzungen – genau diese Merkmale wider: Spontaneität und Reflexion, Intuition und Analyse, Innovation und Programmatik.

Als wir vor rund sieben Jahren die erste Aedes-Ausstellung über Grüntuch Ernst machten, war kaum einer ihrer Wettbewerbsbeiträge und Entwürfe verwirklicht, hatten die Arbeiten noch nicht ihre Bewährungsprobe in der Realität bestanden. Mit der vorliegenden Publikation, die die Entwürfe von damals nun auch in ihrer Umsetzung zeigt, wird deutlich, dass die Architekten dieses Versprechen mit ihren Bauten eingelöst haben und mehr als das. Alle Arbeiten zeigen, dass sie ihre Verantwortung ernst genommen haben: gegenüber den Menschen, der Stadt und der Umwelt. Für Armand Grüntuch und Almut Ernst bedeutet das:

– Gebäude nicht nur als Skulpturen zu betrachten, sondern als geplante Erlebnisabfolgen

– die Wohn-, Arbeits-, und Lebensqualität durch abwechslungsreiche Raumsequenzen und transparente Zwischenzonen zu bereichern, oder wie im Fall der Behindertenschule in Berlin, Häuser als gebaute Leitsysteme zu denken

– sich für die Wiederentdeckung und Aktivierung der Innenstädte einzusetzen und mit kreativen Lösungen dazu beizutragen, die Funktionsmischung und die Vielfalt städtischer Zentren zu erhalten und im Spannungsfeld historischer Substanz und zeitgenössischer Architektur zu beleben

– zur Schonung der Ressourcen nicht nur dem »architektonischen Wildwuchs auf der grünen Wiese« entgegenzuwirken, sondern auch optimale ökologische Lösungen für jedes einzelne Haus zu entwickeln und umzusetzen.

Die Gewissheit der Verantwortung des Architekten, ein offenes Weltbild, ein positives Lebensgefuhl, die Freude am Experiment und die Neugierde auf innovative Lösungen verbinden Armand Grüntuch und Almut Ernst auch mit wichtigen Vordenkern und Vorlebern wie Yona Friedman und Frei Otto. Deren Lebens- und Arbeitskonzeptionen, deren Weltbürgertum, freimütiger Geist und menschliche Integrität haben den Werdegang der beiden jungen Architekten ebenso stark beeinflusst wie die gemeinsamen Jahre in London. Almut Ernst ging zunächst ins Büro von William Alsop und später an die Architectural Association in die Unit von Ron Herron. Armand Grüntuch wurde im Büro von Norman Foster mit einer Kombination aus gestalterischer Perfektion und angelsächsischer Planungsmethodik konfrontiert.
Zwei Interviews – man könnte sie besser Gespräche zwischen Generationen nennen – die die Architekten mit Yona Friedman und Frei Otto geführt haben, werden in diesem Buch wiedergegeben. Die Textauszüge spiegeln nicht nur den Einfluss dieser beiden Heroen der Architekturgeschichte auf die Arbeit einer jungen Architektengeneration wider, sondern tragen auch zum Verständnis des Werkes von Grüntuch Ernst bei. Begegnungen im Studium und später gemeinsame Ausstellungen und Workshops, Besuche und Gespräche über Wettbewerbsarbeiten wurden wertvolle Erfahrungen und Inspirationen.
»Points of Access« – Momente der Annäherung und des Zugangs – ist das Leitmotiv der ersten Monographie von Grüntuch Ernst, in der Entwürfe und Projekte aus mehr als zehn Jahren gebündelt sind. Die einzelnen Kapitel sind durch unterschiedliche inhaltliche Schwerpunkte und Wahrnehmungsebenen und haptische Erfahrungen gekennzeichnet: spirit-text-projects-lines-work-concept.
Das Buchkonzept ist auch Programm für die Arbeit der Architekten selbst: Es ist das Hinterfragen und das Neuinterpretieren der Entwurfsaufgabe, die Suche nach alternativen Möglichkeiten – funktional, formal, technisch, künstlerisch und kulturell. Diese Offenheit führt zu individuellen und überraschenden Lösungen wie auch bei dem vorliegenden Buch.
Mit diesem Team für dieses Buch über Monate zusammen zu arbeiten – zu denken, zu recherchieren, zu diskutieren, zu verwerfen, zu analysieren, zu konzipieren – war für mich ein intellektuelles und emotionales Vergnügen. Und dieses Vergnügen wünsche ich auch dem inzwischen neugierig gewordenen Leser und Betrachter.

KRISTIN FEIREISS

FOREWORD

Little signs, a wink, a gesture are enough when the architectural duo of Armand Grüntuch and Almut Ernst need to communicate, to understand what the other has in mind, which approach it would be better not to follow, which questions still need to be discussed, and where the solution is to be sought. And – leaving the personal level aside – this is all about architecture.

This special architectural sign language is the key to the brilliance with which this unusual team of architects work – or one could even say play – together. They could not be more different from each other:

HE: Armand Grüntuch, spontaneous, intuitive, a man of instinct; he opens up the dialogue by dashing off a first sketch.

SHE: Almut Ernst, analytical, programmatic, reflective about the design process; she investigates to see whether the idea will stand up. A role-play with which they seem completely comfortable, though they constantly switch roles, to surprising effect.

And BOTH: work with their employees to examine countless variants on the conceptual approach, to make sure that the idea will work as something more than a sketch before it is translated into the final design. Both have agreed to something like a mutual right of veto, and when one of them succeeds in convincing the other they know the solution is a good one.

I'm describing this working process so precisely for a purpose: all the architectural duo's designs and projects – despite the different requirements imposed by each brief – reflect precisely these characteristics: spontaneity and reflection, intuition and analysis, innovation and a sense of programme.

When we mounted the first Aedes exhibition about Grüntuch Ernst some seven years ago, scarcely any of their competition entries and designs had been realized, the works had not yet had to stand the test of reality. The current publication shows those designs in their finished form, demonstrating clearly that the architects' buildings have fulfilled their promise, indeed they have done more than that. All the works confirm that they have taken their responsibilities seriously: to people, to the city and to the environment. For Armand Grüntuch and Almut Ernst this means:

– Seeing works as a planned sequence of experience, not as sculpture;

– Using varied spatial sequences and transparent intermediate zones to enrich the quality of home, work and life, or as in the case of the school for the handicapped in Berlin, thinking buildings out as built management systems;

– Committing themselves to rediscovering and activating inner cities, and using creative solutions to help to retain mixed functions and diversity for city centres and enliven them within the field of tension between the historic substance and contemporary architecture;

– Not just resisting 'rampant architectural growth on green-field sites' to protect resources, but also developing and implementing the best ecological solutions for each individual building.

Certainty about an architect's responsibilities, an open world view, a positive approach to life, delight in experiment, and curiosity about innovative solutions also link Armand Grüntuch and Almut Ernst with important early pioneers in thinking and living out their ideas like Yona Friedman and Frei Otto, whose concepts of life and work, world citizenship, candid spirit and human integrity influenced the two architects' careers as strongly as the years they spent together in London. Almut Ernst first worked in William Alsop's practice, then later joined Ron Herron's unit in the Architectural Association. In Norman Foster's practice, Armand Grüntuch was confronted with a combination of creative perfection and Anglo-Saxon planning methods.

Two interviews – or perhaps it would be better to call them conversations between the generations – that the architects conducted with Yona Friedman and Frei Otto are printed in this book. The textual extracts do not just reflect the influence these two heroes of architectural history have had on the work of a younger generation of architects, they also contribute to an understanding of Grüntuch Ernst's work. Meetings while they were still students and later joint exhibitions and workshops, visits and conversations about competition work were valuable experiences and provided inspiration.

'Points of Access' is the leading motif of the first Grüntuch Ernst monograph, which brings together motifs from over ten years. The individual chapters are focused differently in terms of content, levels of perception and tactile experiences: spirit-text-projects-lines-work-concept. The concept of the book is also the programme for the architects' own work: questioning and reinterpreting design as a task, looking for alternative possibilities – functional, formal, technical, artistic and cultural. This openness leads to individual and surprising solutions, as is also the case in the present book.

Working with this team and as part of it on the present book over months – thinking, researching, rejecting, analysing, conceiving – was an intellectual and emotional pleasure for me. And I hope that readers and viewers whose curiosity has now been whetted will share that pleasure.

KRISTIN FEIREISS

30

DIE
oxymoron
Heinrich Böll S
SOPHIENCLUB
Sparkasse
HEINRICH BÖLL STIFTUNG

ALF

SCHULE AM MUMMELSOLL

13
15

HAMBURG
HANS

BUGSIER 18
18

Thätigkeit nicht
Wohlstande
Staaten,
Künste in regem

ARMAND GRÜNTUCH · ALMUT ERNST

REFLEXIONEN

STADT

Es gibt nicht mehr eine Lösung, eine Definition von Stadt. Jede Stadt, jedes Quartier und jeder Nutzer haben eigene spezifische Anforderungen, die mit einer Architektur des kleinsten gemeinsamen Nenners nicht beantwortet werden können. ——— Um mit Städten zurechtzukommen, muss man Ausnahmen pflegen und Ausnahmen müssen zum Maßstab für das System Stadt werden. ——— Es gibt keine verlässlichen Zukunftsprognosen, keine Langezeitpläne mehr. Wir entwerfen heute für Orte und Funktionen in Veränderung. ——— Stadt hat nur dann Zukunft, wenn man die Vielschichtigkeit der Nutzungsstrukturen erhalten kann, wenn es gelingt, dass eine Innenstadt auch oder wieder für das Wohnen attraktiv gemacht wird. Da sich das Büro als Gebäude, als Ort des Arbeitens in einem Auflösungs- bzw. Veränderungsprozess befindet, stellt sich die Frage: »Wer bevölkert noch die Städte? Wie kann man durch eine 24-Stunden-Besetzung ihre Vitalität und Attraktivität erhalten?« ——— Die geringe Wertschätzung für die traditionelle Stadt und die historischen Bauten in vielen Boom-Regionen stellt ein großes Problem dar. Als Regulative, als Bausteine der Kontinuität für städtebauliche Modelle mit Zukunft sind sie unverzichtbar. Nur wenn sich das Neue immer wieder in eine Relation zum Vorhandenen stellt, es quasi neu interpretiert, kann sich die Stadt lebendig weiterentwickeln.

HAUS

Wir streben bei allen unseren Gebäuden eine hohe Transparenz, Aus-, Einblicke und Durchsicht an, so dass der Eindruck entsteht, dass der öffentliche Raum nicht endet. Solche Gebäude können aber nur funktionieren, wenn sie neben dem Gefühl der Offenheit zugleich Privatheit und Schutz bieten. Visuelle Filterzonen sind ein Mittel, um die Kommunikation zwischen Innen und Außen variabel zu gestalten und den Nutzer in ganz unterschiedliche Dialoge mit seiner Umgebung treten zu lassen. ——— Wir versuchen, den Raum zu verdichten. Komplexität und Erlebnis lassen sich nicht durch gleichartige Raumfolgen und starre Grundrisssysteme erzielen. Mit unerwarteten Räumen, seien es Klimapuffer, Eingangs- oder Übergangssituationen, bieten Häuser überraschende Angebote und Vernetzungen. ——— Architektur ist eine Maßanfertigung für Ort, Zeit und Funktion, die dem Nutzer jedoch die Möglichkeit der Neudefinition von Gebäuden und ihren Räumen offen halten muss.

ARCHITEKT

Architekten müssen Zukunft gestalten wollen, was die Entwicklung neuer konzeptioneller wie physischer Modelle erfordert. ——— Wir glauben nicht, dass man einen Idealzustand in der Architektur erreichen kann. Kontinuität kann sich nicht aus dem starren Festhalten an Systemen entwickeln, sondern aus Wandelbarkeit und Flexibilität. Architekten müssen ihre Beweglichkeit erhalten, sie müssen die Dinge immer in Frage stellen, um sie jenseits der starren Systeme neu entdecken und definieren zu können. ——— Architektur ist Bestandteil der gesellschaftlichen Prozesse, nicht nur die Suche nach neuen technischen und künstlerischen Möglichkeiten. Architektur ist die Verpflichtung zu Effizienz und Komfort, aber auch die Frage »Wieviel Unbestimmtheit ist planbar?« ——— Die Frage nach der Identität des Individuums oder eines Ortes gewinnt immer mehr an

Bedeutung. Identität ist eine Frage von Codierung, eine Übersetzung bekannter Seh- und Erfahrungsmuster in unverwechselbare Raum- und Wertbilder, die dem Architekten Moderation und Transformation abverlangen.

ÖKOLOGISCHE VERANTWORTUNG

Nachhaltigkeit ist nicht allein eine Frage der Technologie. Es ist noch mehr die Bereitschaft, Innovationen zu entwickeln. Als Mitglieder der postindustriellen Gesellschaft müssen wir uns immer wieder mit den Produkten der Industrie neu auseinandersetzen und aktiv auf ihre Entwicklung Einfluss nehmen. ——— Nachhaltigkeit in der Architektur ist einerseits Energieeffizienz, was heute für jeden Architekten eine Selbstverständlichkeit ist. Doch Nachhaltigkeit ist nicht allein ein Ergebnis von Minimierung und Optimierung, sondern wird auch von Wandelbarkeit bestimmt. ——— Gebäude müssen schrumpfen und wachsen können. Die ökologische Verantwortung kann nicht bei den Architekten enden, sie erfordert ein verändertes Nutzerverhalten. Die harte Trennlinie zwischen statischem Innenklima und dynamischem Außenklima muss aus ökologischen Erwägungen aufgehoben werden. Eine Architektur der Zwischenräume umfasst Zonen unterschiedlicher Nutzung und klimatischer Konditionierung und erlaubt alle Nuancen sich wandelbarer Räume von voll beheizt über wettergeschützt bis zum exponierten Freiraum. ——— Energieeinsparungen können durch mehrere Strategien erreicht werden: Durch die Auseinandersetzung mit dem Standort der Gebäude und die möglichen Wechselwirkungen und Folgen. Durch die Wahl der Materialien und Systeme für die Errichtung und den Betrieb der Gebäude, um den ökologischen Rucksack möglichst kompakt zu halten. Und durch eine Architektur der Entdeckung, Erfindung und der Neu-Kombinationen, kurzum durch eine Architektur, die bereit ist, ihre Prämissen immer wieder in Frage zu stellen, was Innovationen erst möglich macht.

EMOTION

Architektur ist untrennbar mit Emotionen verbunden. ——— Architektur und ihre Erlebniskraft müssen wieder neu entdeckt werden. In der Welt der schnellen Bilder und Medien zum Alltag der Menschen zurückkehren. ——— Architektur kann Menschen ein Stück ihres Lebens neu entdecken lassen, ihnen ein verändertes Bewusstsein über die Dinge und Prozesse eröffnen. ——— Architektur ist Inszenierung, eine dreidimensionale Bühne, durch die Körper und Geist sich bewegen können. Gerade in einer Zeit zunehmender Abstraktion werden plastische und haptische Erfahrungen immer wertvoller. ——— Architektur ist ein Ergebnis von Interaktion und ein Mittel gegen Sprachlosigkeit, Langeweile und Erstarrung.

NATUR

Landschaft ist eine Ressource. Die Grenzen zwischen Natur und Siedlung sind fast völlig aufgehoben worden. Wir erleben nur Überlagerungen und kennen Landschaften ohne menschlichen Eingriff kaum noch. Weshalb Architektur die kostbar gewordene Ressource Natur durch Verdichtung schonen muss und sich immer mehr auch als Transformation von Landschaft begreifen muss. ——— Die vollständige Zersiedelung der Landschaft lässt sich nur durch die Aufwertung der Lebensbedingungen in den Städten verhindern. Die Siedlungsgrenzen müssen klar definiert werden und die Freiraumangebote in der städtischen Verdichtung müssen vielfältig und attraktiv sein. ——— Die meisten Menschen verbringen den Großteil ihres Lebens in Gebäuden. Gegen die Tendenz zu weiterer Introversion versuchen wir Räume zu schaffen, die selbst an Orten hoher städtischer Verdichtung noch den Außenraum wie ebenso Natur erfahren lassen. Gegen die Eingrenzung verfolgen wir Entgrenzung, versuchen wir den Menschen wieder mit dem Natürlichen und dessen Veränderungen in Kontakt zu setzen: durch den Wechsel von Innen und Außen, die Erfahrung von Tageslicht- und Witterungsschwankungen. ——— Die Natur ist für uns eine große Inspiration – die scheinbar endlose Kombination der Materialien ist immer wieder Anregung und nimmt Einfluss auf den Gestaltungsprozess. Die Faszination der Naturformationen durch unkontrollierbare Kräfte und die gestalterische Kraft der selbstbildenden Strukturen inspirieren immer wieder unsere Arbeit.

KONSTRUKTION UND SCHÖNHEIT

Die Zeiten der Konstruktionshyperventilation sind vorbei. Nichtsdestotrotz bleibt Konstruktion das Skelett jeder Architektur: wirtschaftlich, ökologisch wie funktional. ——— Konstruktion ermöglicht uns die Komplexität der Welt zu entzerren und ins Kreativ-Überraschende zu wenden. Nur mit der Bewältigung von Tragwerk, Haustechnik und Fassade sind neue ganzheitliche, räumliche Inszenierungen zu schaffen. ——— Konstruktion ist die Gesetzmäßigkeit des Realen, die zum Blühen gebracht wird. Konstruktion in der Welt der Architektur ist das Pendant zur Evolution in der Natur, ist die Suche nach der optimalen Lösung für eine spezifische Aufgabe in einem bestimmten Lebensraum, die sich immer als ein Teil eines größeren Ganzen versteht. ——— Optimierung bedeutet ein Denk- und Arbeitsprozess mit alternativen Optionen, die miteinander konkurrieren, die systematisch im Team mit Spezialisten überprüft und weiterentwickelt werden. Schönheit ist die Synthese einer gemeinsamen Suche nach dem Gesamtkunstwerk.

ARMAND GRÜNTUCH · ALMUT ERNST

REFLECTIONS

CITY

There is no longer a single solution, a single definition of city. Each city, each quarter, each user has its own specific requirements, and these cannot be satisfied by architecture of the lowest common denominator. ——— To come to terms with cities, exceptions have to be cultivated, exceptions have to be the measure for the city system. ——— There are no reliable prognoses for the future, no more long-term plans. We are now designing for places that are in a state of flux. ——— The city has a future only if use structures can sustain a certain complexity – if inner cities are made attractive to live in as well, or again. The office is in a state of dissolution or change as a building, as a place to work. This raises questions like: 'Who still lives in cities? How can cities be kept vital and attractive when they are working round the clock?' ——— The traditional city and historical buildings are not very highly thought of in many boom regions. This poses a major problem, as they are indispensable as regulating mechanisms, as building blocks for continuity in urban development models with a future. A city can develop and remain alive only when new things constantly relate to what is already there, virtually reinterpreting it.

BUILDING

We try to make all our buildings highly transparent, with views out of, into and through them, to give the impression that the public space does not end here. But such buildings can function only when they offer privacy and protection as well as a feeling of openness. Visual filter zones are a way of shaping communication between inside and outside variably. They also allow users to enter into a wide range of dialogues with their surroundings. ——— We try to compress space. Complexity and experience cannot be achieved with identical spatial sequences and rigid ground plan systems. Buildings can offer surprising variety and links in the form of unexpected spaces, whether these be climate buffers, entrances or transitional situations. ——— Architecture is made to measure for place, time and function, but should keep open users' options for redefining buildings and the spaces in them.

ARCHITECT

Architects must want to design the future, which means developing new conceptual and physical models. ——— We do not believe it possible to achieve an ideal state of affairs in architecture. Continuity cannot develop by rigidly clinging on to systems, it needs variability and flexibility. Architects must be consistently responsive, they must constantly question things, so that they can rediscover and define them, reaching beyond rigid systems. ——— Architecture is part of the social process, not just a search for new technical and artistic scope. Architecture is commitment to efficiency and comfort, but also the question 'How much uncertainty can be planned?' ——— The question of the identity of an individual or a location is becoming increasingly important. Identity is a question of coding, translating familiar seeing and experience patterns into unmistakable images of space and value, which the architect has to moderate and transform.

ECOLOGICAL RESPONSIBILITY

Sustainability is not just a question of technology. It is more about being ready to develop innovations. As members of the postindustrial society we must constantly reexamine the products of industry and actively influence their development. ——— Sustainability in architecture certainly implies energy efficiency, any architect would take that for granted today. But sustainability is not just a matter of minimization and optimization, it also requires agility. ——— Buildings must be able to shrink and grow. Ecological responsibility cannot end with the architect, users have to behave differently as well. The hard dividing line between static internal and dynamic external climates has to be removed for ecological reasons. An architecture of cavities includes zones of different use and climatic conditioning, and permits every variable space nuance, from fully heated and protected from the weather to outdoor exposure. ——— Energy can be saved by using a number of strategies: by analysing the building's precise location, and possible interactions with and consequences of this; by the choice of materials and systems for constructing and running the building, so that the ecological rucksack can be kept as compact as possible; and by an architecture of discovery, invention and recombination. In short by an architecture that is ready to question its premises over and over again, which is the only possible road to innovation.

EMOTION

Architecture is inseparably linked with emotions. ——— Architecture and its power as an experience must be rediscovered, must return to people's everyday experience in a world of rapid images and media. ——— Architecture can help people to discover a new piece of their lives, open up a changed awareness of things and processes to them. ——— Architecture is theatre, a three-dimensional stage that releases body and spirit so that they can move. This is a time of increasing abstraction, and plastic and tactile experiences are becoming increasingly valuable. ——— Architecture is the result of interaction and a resource against speechlessness, boredom and paralysis.

NATURE

Landscape is a resource. The boundaries between nature and settlement have almost completely disappeared. We experience nothing but superimposition; we scarcely know landscape without human intervention any longer. Hence architecture must protect the costly resource of nature by compression and see itself more as a transformation of landscape as well. ——— Complete overdevelopment of the countryside can be prevented only by enhancing urban living conditions. Settlement boundaries must be clearly defined, and the open space available in dense urban areas must be varied and attractive. ——— Most people spend the majority of their lives in buildings. Resisting the tendency towards increasing introversion, we try to create spaces that make it possible to still experience outdoor areas and indeed nature even in places of high urban density. We try to remove borders rather than to impose them, try to put people back in touch with natural things and the way they change: by shifting between indoors and outdoors, by experiencing fluctuations in daylight and weather. ——— Nature is a great source of inspiration to us — the apparently endless combination of materials provides a constant stimulus and influences the creative process. Our work is constantly inspired by the fascination of natural formations through uncontrollable forces and the creative force of self-forming structures.

CONSTRUCTION AND BEAUTY

The days of constructional hyperventilation are gone. Nevertheless, construction remains the skeleton of any architecture: economically, ecologically and functionally. ——— Construction makes it possible for us to counteract the complexity of the world and turn it into something creative and surprising. New all-embracing, spatial theatre can be staged only by mastering load-bearing structure, services and façade. ——— Construction is the inherent orderliness of the real in bloom. Construction in the world of architecture is the counterpart of evolution in nature, is a search for the optimal solution to a specific problem in a particular living space, which is always understood as part of a greater whole. ——— Optimization means thinking and working processes with alternative options, competing with each other and systematically examined and developed further within a team of specialists. Beauty is the synthesis of a concerted search for the total work of art.

YONA FRIEDMAN IM GESPRÄCH MIT ARMAND GRÜNTUCH UND ALMUT ERNST

»... ETWAS IST VON DER NACHRICHT ANGEKOMMEN«

GRÜNTUCH ERNST Schon zu Beginn unseres Studiums haben uns Ihre Visionen fasziniert. Ihre Entwürfe – wie etwa die »Ville spatiale« – haben das architektonische Gesichtsfeld und Denken erweitert; viele Ihrer Ideen erscheinen ihrer Zeit um ein halbes Jahrhundert voraus. Sie sind einer der bedeutendsten Architekten, obwohl Sie nur wenige Entwürfe realisiert haben. In der zeitgenössischen Architektur spielen Sie inzwischen eine führende Rolle. Wie ist es dazu gekommen?
FRIEDMAN Eigentlich bin ich aus Versehen Architekt geworden. Mein Versehen bestand in dem Fehler, den alle jungen Architekten begehen: Ich wollte eine Welt erschaffen. Architekten halten sich für gottgleiche Schöpfer, das ist ihr Komplex. Ich leide nicht daran, obwohl die Welt keineswegs so ist, wie wir sie gerne hätten. Ich selbst fasse Architektur nicht so auf wie die meisten meiner Kollegen. Für mich ist das Endprodukt der Bautätigkeit gar nicht so wichtig, weil ich Architektur als Prozess sehe – und manchmal bin ich noch nicht einmal davon überzeugt. Das einzig Wichtige ist, was ich Stadt nenne – die Stadt in all ihrer Vielgestaltigkeit, die Stadt als fortlaufender Prozess. Städte existieren über mehrere Jahrtausende. Das Bestehen der Gebäude und das Leben der Menschen sind Elemente eines Prozesses, der sich in langer Sequenz immer weiter fortsetzt.

GRÜNTUCH ERNST Also war die Faszination von der Kontinuität der Stadt Ihre Motivation für die Entscheidung, Architekt zu werden?
FRIEDMAN Nun, sehen Sie, wir sind hier in Paris, wo es viele Kirchen mit Barockfassaden und gotischem Innern gibt. Man denkt, man betritt eine barocke Kirche, und entdeckt, dass sie gleichzeitig auch ein gotischer Bau ist. Ich schließe daraus, dass es wichtig ist, die Stilperioden zu mischen. Deshalb rede ich ja auch von Prozessen. Kennen Sie Arles? Dort gibt es eine römische Arena, in der im Mittelalter die gesamte Stadt Platz hatte. Die Arena war die Stadt.

GRÜNTUCH ERNST Wie im italienischen Lucca?
FRIEDMAN Oder denken Sie an das Theater des Marcellus in Rom, das in der Renaissance zu einem Palast umgebaut wurde. All das sind Prozesse, wobei es nicht um bauliche Prozesse geht, sondern um städtische, als Anhäufungen kleiner Entscheidungen einzelner Menschen. Das ist der springende Punkt. Die Stadt ist absolut unberechenbar. Ihr Gefüge mag starr sein, aber das menschliche Verhalten lässt sich eben nicht vorhersagen.

GRÜNTUCH ERNST Bei unseren Projekten verfolgen wir einen ähnlichen Ansatz. Wir lassen historische Bauten unberührt und entwickeln einen Neubau, der dem Altbau einen gewissen Respekt zollt und Abstand von ihm hält. Das war jedenfalls die Entwurfsidee für unser Gebäude am Hackeschen Markt in Berlin, das eine Baulücke füllt. Wir glauben, dass die Mischung aus Alt und Neu sich wechselseitig bereichert. Genau das fasziniert uns an Ihren visionären Zeichnungen, weil man durch diese Neubauten die Altbauten entdeckt und wie sie sich im Laufe der Zeit verändert haben.
FRIEDMAN Ja, genau, aber ich denke, dass die heutige Stadt Berlin die einmalige Chance verpasst hat, eine nicht mehr existierende Stadtmitte mit größtmöglicher Phantasie wieder zu bebauen. Das

empfinde ich in gewisser Weise als Desaster, weil sich hier für eine Metropole und Hauptstadt eine in der heutigen Zeit einzigartige Gelegenheit bot, der historischen Stadt etwas wirklich Neues hinzuzufügen. Warum mussten es dann nur streng regulierte Baumassen sein?

GRÜNTUCH ERNST Geben Sie also kleinen, individuellen Eingriffen den Vorzug vor Generalplanungen?
FRIEDMAN Nein! Ich glaube auch an große Generalpläne, aber sie müssen alles zulassen. Deshalb gefallen mir Schanghai und die Planungsansätze, die ich von Indien her kenne. Altbauten, die zum Wohnen nicht mehr geeignet waren, wurden erweitert oder umgebaut, so dass sie bewohnbar – und letztlich auch etwas Neues – wurden.

GRÜNTUCH ERNST Wir finden einen anderen Aspekt Ihrer Projekte spannend, und zwar die Flexibilität. Sie geben den Menschen eigene Gestaltungsfreiheit, indem Sie offene Strukturen schaffen. Sie wollen keine geschlossenen Lösungen, die die Menschen in ihren Gedanken einengen. Sie wollen Aufgeschlossenheit.
FRIEDMAN Ja, aber die Lösung sollte so kohärent wie möglich sein. Mein Grundsatz lautet: Lass die Leute es auf ihre Weise tun. In den wenigen Fällen, wo ich diesen Grundsatz tatsächlich mit Bauherren anwenden konnte, hat er funktioniert.

GRÜNTUCH ERNST Sie sprachen eben von Einzelentscheidungen und Prozessen, die eine Stadt wachsen lassen und deren Vitalität erhalten. Welchen besonderen Anteil hat ein kleines Gebäude daran? Sie haben zum Beispiel eine Schule gebaut, die ich in Ihrem Buch abgebildet gesehen habe. Uns würde interessieren, wie Ihr Grundsatz hier funktioniert hat. Wie sah der Entwurfsprozess aus? Wir versuchen ebenfalls, Gebäude nach den gleichen Prinzipien zu gestalten – Bauten, die schrumpfen oder wachsen dürfen, wie zum Beispiel unsere Schule für behinderte Kinder in Berlin. In diesem Gebäude bieten wir viel leeren Raum, der von den Nutzern selbst gefüllt und interpretiert werden muss.
FRIEDMAN Das halte ich für ganz wichtig. Wissen Sie, die Menschen haben ihre Vorstellungen und Vorlieben, sind aber nicht in der Lage, grafisch darzustellen, wie sie wohnen möchten. Deshalb müssen wir als Architekten den Kommunikationsprozess anstoßen, wie ich es bei meiner Schule getan habe. Mein Anteil bestand dabei nicht nur in den üblichen Leistungen eines Architekten wie Kostenermittlung und Bautechnik. Noch wichtiger war es, den Leuten Möglichkeiten aufzuzeigen, wie sie die gebotene Flexibilität nutzen könnten. Die Option, den Bau komplett neu zu gliedern, war mit eingeplant und eingebaut. In den zwanzig Jahren seit seiner Fertigstellung ist das Schulgebäude bereits mehrfach umstrukturiert worden.

GRÜNTUCH ERNST Sollten Architekten einfach nur Kundenwünsche erfüllen, oder täten sie besser daran, den Bauherren zu helfen, sich über ihre wahren Wünsche klar zu werden?
FRIEDMAN Ich finde nicht, dass Architekten nur das tun sollten, was Auftraggeber wollen. Die können zwar nach Belieben Entscheidungen treffen, aber der Architekt trägt die Verantwortung. Es gibt immer noch andere Nutznießer als die Bewohner eines Hauses: die Passanten auf der Straße! Der Bewohner kann Entscheidungen für sich selbst treffen, als Architekten sind wir aber für das Ganze verantwortlich, für das Bild, das es anderen bietet, für das Erscheinungsbild der Stadt. Ich möchte das an einem Beispiel verdeutlichen: Herr X möchte einen Balkon anbauen und Fenster versetzen. Als Nutzer der Innenräume ist das für ihn wichtig, aber das äußere Erscheinungsbild und die Farbe seines Hauses

betreffen nicht nur ihn allein, sondern auch die Passanten. Die Fassadendekoration hat nichts mit dem Bewohner zu tun, er benutzt sie gar nicht. Und noch ein Beispiel: Ein Ladenschaufenster liegt in kollektiver Verantwortung, die Innengliederung und –ausstattung dagegen ist allein die Sache des Ladenbesitzers.

GRÜNTUCH ERNST Was kann der Architekt denn da noch tun?
FRIEDMAN Ich denke, Architekten können eine Grundstruktur schaffen, die den Nutzern Freiheit, persönliche Freiheit gewährt. Für diese Alternative habe ich seit jeher gekämpft. Gleichzeitig müssen Architekten bestimmte, äußerst vage formulierte gesellschaftliche Regeln akzeptieren. Freiheit bedeutet ja nicht völlige Regellosigkeit. Freiheit bedeutet, dass die Regeln adaptiert werden.

GRÜNTUCH ERNST Bei unserem Bürobau in Hamburg haben wir genau diese Strategie verfolgt. Wir haben sogar die ganze Haustechnik in die Betongeschossdecken integriert. Es ist leer, einfach leer, und äußerst flexibel.
FRIEDMAN Ja, Offenheit ist sehr wichtig. Manche Architekten meinen leider, Gebäude wie Denkmäler gestalten zu müssen. Ich glaube aber nicht, dass die Welt Interesse an noch einem Denkmal für einen Architekten hat. Ich bin doch nicht gezwungen, mit einem Denkmal zu leben, ich will auch nie mit einem Denkmal verheiratet sein.

GRÜNTUCH ERNST Mit Ihrem leidenschaftlichen Engagement für Architektur haben Sie sich bei ihren Projekten stets Gedankenfreiheit verschafft. Sie haben Aufgaben in aller Welt übernommen, so dass Flexibilität und Mobilität für Ihr Leben und Arbeiten unerlässlich waren. Man braucht viel Mut, um solche Risiken einzugehen. Woher nehmen Sie den?
FRIEDMAN Ich erinnere mich an die Zeit des Zweiten Weltkriegs, als ich überzeugt war, dass ich ihn nicht überleben würde. Ich habe ihn aber überlebt und glaube deshalb, dass man immer wieder Risiken eingehen muss. Unser ganzes Denken kreist doch um die Risiken des Lebens, um soziale Verpflichtungen und um Neugierde. Ich bin schon immer so neugierig gewesen wie ein Spürhund. Meine Arbeitsweise sieht folgendermaßen aus: Ich bekomme eine Nachricht, ich verschicke eine Nachricht. Zunächst einmal bekomme ich darauf keine Rückmeldung. Architektur wirkt nicht sofort und unmittelbar. Sie löst einen Prozess aus. Wie dieser beschaffen ist, erfährt man oft erst Jahre später und hat dann manchmal das Gefühl, dass doch etwas von der Nachricht angekommen ist.

YONA FRIEDMAN INTERVIEW WITH ARMAND GRÜNTUCH AND ALMUT ERNST

"... SOMETHING GOT THROUGH."

GRÜNTUCH ERNST Your visions have fascinated us since our early student's days. Your projects like the "Ville Spatiale" have expanded the field of architectural thinking and many of your ideas seemed to be half a century ahead of their time. You are one of the most important architects even though you have finished only a few buildings. You have become a key figure in contemporary architecture – what was your starting point in architecture?
FRIEDMAN I became an architect by mistake! The mistake was one all young architects make: they want to create the world. Architects have a god complex. I don't have a god complex, although the world is not by any means the one we would like to have. I think my starting point is that I don't look at architecture in the way most architects look at it. I think that the end product is not important in architecture. I see architecture as a process. Sometimes I don't believe in architecture even as a process. The only important thing is what I call the city: the city with all its complexity, the city as continuous process. Cities live several thousand years. The lives of the buildings and people are elements of the process, which adds up to a long sequence.

GRÜNTUCH ERNST Fascination with the continuity of the city was your motivation for becoming an architect?
FRIEDMAN Look! We are in Paris, there are lots of churches inside Baroque façades and behind Gothic buildings. You think you're going into a Baroque church and it is Gothic too. I think that means that mixing periods is very important. This is why I keep talking about processes. Do you know the city of Arles? There is an arena, but in the Middle Age the entire city was in the arena. The arena was the city.

GRÜNTUCH ERNST Like Lucca in Italy?
FRIEDMAN Remember the Theatre of Marcellus in Rome, which became a palace in the Renaissance. All this is a process and it is not a process about buildings, but it is a process about the city, an accumulation of small individual decisions. That's the basic point. The city is absolutely unpredictable. The system can be rigid, but the human reality is unpredictable.

GRÜNTUCH ERNST In our projects we try to follow a similiar approach: leaving the historic buildings untouched and developing a new structure with a certain respect for, and distance from, the existing ones. That was the idea for our building at Hackescher Markt in Berlin, filling a building gap. We believe that with a certain combination of the old and the new it will enrich both.That is what fascinates us about your visionary drawings, because through these new structures you discover the old, you discover the existing buildings and their changes.
FRIEDMAN Yes, I agree, but I think that Berlin as a city has wasted a unique opportunity in our time by building up a nonexistent centre in the most unimaginative way. I think that is a catastrophe in a way, because it was a unique opportunity for a big capital city to be able to add something really new to the old city. Why couldn't it be anything but regulated volumes?

GRÜNTUCH ERNST Do you prefer small, individual interventions rather than masterplans?
FRIEDMAN No! I believe in big masterplans too, but they have to be completely permissive! I don't believe in a big masterplan that gives you no freedom. In this respect I like Shanghai or the attitudes I found in India. Something was added to the old buildings, which were not appropriate for people any more, so they became suitable, and finally something new.

GRÜNTUCH ERNST We are fascinated by another aspect of your projects – flexibility. You try to give people freedom of design, basically, by creating open structures. You don't want to have a closed solution, closing the mind. You want to open the mind.
FRIEDMAN Yes, but it should be as cohesive as possible. My principle is: let people do it their own way. In the few cases where I was really able to try it with real people, it worked.

GRÜNTUCH ERNST You mention small individual impacts and processes which make a city grow and keep it vital. What specific impact does a small building make? For example you did a school which I have seen in your book. We would be interested in how it worked? What did the design process involve? We try to create buildings along the same lines ourselves, buildings that are allowed to shrink and to grow like our school for handicapped children in Berlin. We offer a lot of space in this building which has to be filled and interpreted by the occupiers.
FRIEDMAN I think that is very important. You know, people have their ideas and their preferences, but they cannot explain graphically how they want to live. So, you as architects have to start a communication process, as I did for the school. They explained me what they wanted. My part was not only the ordinary architect's responsibility involving budget and techniques. It was even more important to find a way for people to make use of the flexibility. It was designed with the option to reorganize it completely. Over the twenty years that my school has existed, it has been reorganized several times.

GRÜNTUCH ERNST Should architects just do what people want? Or is it more important to help them to find out what they really want?
FRIEDMAN I don't think that the architect has to do what people want. People can make any decision, but the architect has to take responsibility. There is always another user of the building, not the occupier, but simply the person passing in the street. The occupier can make the decision for himself, but as architects you are responsible for the whole thing, for what people see, the aspect of the city. I will give you a visual explanation. Mr X wants to add a balcony and wants to change the position of his window. This is important for him as an occupier, but the outside of the building, the colour of his residence, this doesn't concern him alone, this concerns the passerby. The decoration outside a house has nothing to do with the occupier, he is not the one using it. Another example: A shop window is a collective responsibility, but how the shop is arranged is the responsibility of the shop owner alone.

GRÜNTUCH ERNST What can the architect do?
FRIEDMAN I think, that architects can create a certain basic structure which permits freedom, personal freedom. This was the alternative I was fighting for. At the same time they have to accept certain very vaguely formulated social rules. Freedom doesn't mean a complete lack of rules. Freedom means that rules have to be adapted.

GRÜNTUCH ERNST Our project in Hamburg, an office building, follows this strategy. We even integrated all building services within the concrete slab. The office area is empty, purely empty, and very flexible.
FRIEDMAN Yes, openness is very important. I'm afraid some architects think they should make buildings like monuments. I don't think the world is interested in another monument to an architect. I am not obliged to live with a monument, I will never marry a monument.

GRÜNTUCH ERNST With your passion for architecture you have always created freedom of thought for your projects. You have taken on global projects, so flexibility and mobility have been important for your work and life. It needs a lot of courage to take the risk, where does it come from?
FRIEDMAN I go back to the Second World War, I was awaiting death. I knew I would be killed, sooner or later. It didn't happen, so I think you have always to take the risk. I think all our ideas circle around the idea of risk, social commitment and curiosity. All my life I have had the curiosity of a sniffing dog. My way of working is like this: you get a message, you send a message. At first you have no real feedback, architecture is not immediate. It triggers a process. What the process is like, you often find out years later and sometimes you have the feeling something got through.

FREI OTTO IM GESPRÄCH MIT ARMAND GRÜNTUCH UND ALMUT ERNST

»VON DER LEBENDEN NATUR, VON LUFT, WASSER UND GRANULAT HÄNGT ALLES AB«

GRÜNTUCH ERNST Ihre Arbeit besitzt für uns und unsere Generation jüngerer Architekten eine sehr hohe Aktualität. Ihre ganzheitlichen Ansätzen, Ihre experimentelle Arbeit und integrale Lösungssuche werden heute wieder intensiver studiert. Diese Generation mit ihrem neuen Realismus, dem Bedürfnis nach Experiment und Ganzheitlichkeit scheint Ihnen wieder näher zu stehen als die vorangegangene Architektengeneration der achtziger Jahre.

FREI OTTO Sie haben sicher recht, aber Ihre Generation ist sehr gespalten, wenn sie auch ein ungeheures Potential besitzt. Das hat es seit vielen Jahren nicht mehr gegeben, dass keine durchschlagende Mode da ist, der man folgen muss. Endlich gibt es wieder totale Denkfreiheit.

Meine »Input-Zeit« waren ja hauptsächlich die fünfziger und sechziger Jahre, da war fast alles möglich und denkbar. Bis Mitte der Siebziger konnten wir ja auch sehr viel bewegen. Danach kamen aber die großen Architekturströmungen, die Postmoderne, der Dekonstruktivismus oder wie sie alle heißen, all die Moden, die ich nicht mitmachte, die die Freiheit einschränkten. Ende der sechziger Jahre gab es die Fassade als Thema nicht.

GRÜNTUCH ERNST Stimmt. Wir haben uns gerade intensiv mit dem Werk von Yona Friedman auseinandergestzt – dort ist die Abwesenheit jeglicher Fassaden besonders auffällig.

FREI OTTO Die Fassade war für uns auch uninteressant. Was interessant war, was passiert mit den Menschen. Wie leben sie zu- und miteinander, das war das A und O, worum wir uns gekümmert haben: nicht um formale Anpassungsfähigkeit, sondern um die Anpassungsfähigkeit an sich verändernde Funktionen mit Flexibilität und Wandelbarkeit. Und dann kam das Jahr 1972, der Abriss der ersten modernen Häuser in den USA und die Generalabrechnung mit der Moderne und plötzlich war alles weg. Von den USA kam dann über England wieder das Gebäude als reine Superskulptur nach Europa und der Inhalt wurde plötzlich weniger wichtig.

GRÜNTUCH ERNST Ja, es ist tatsächlich so. Schon im Studium, gerade auch an der AA, haben wir uns mit diesem Konflikt auseinander gesetzt. Auch in der Lehre wurden alle Inhalte standardisiert, uniformiert.

FREI OTTO Genau das geschah. Das war für meine Generation ein großer Schock. Ein Schock, der uns allerdings erst später richtig bewusst wurde.

Zuvor sprach man ganz bewusst von Menschlichkeit im Bauen, das meinten sie auch wirklich, das war ihre oberste Priorität. Plötzlich war es aber weniger wichtig, dass ein Bau für die Menschen gut war, sondern, dass er ästhetisch gut ist. Dann kam noch der Ästhetizismus der neunziger Jahre, wo es ganz unwichtig wurde, was im Inneren des Gebäudes geschieht. Deshalb bin ich heute schon glücklich, wenn ich, wie auch in Ihren Arbeiten, wieder Ansätze sehe, die nicht unbedingt das aufgreifen, was wir in den Sechzigern oder Siebzigern getan haben, aber sich der Beziehung der Menschen zueinander und zur Natur wieder stellen und sie wichtig nehmen.

GRÜNTUCH ERNST Ich denke, dass man heute wieder eine größere Offenheit der Planung schätzen kann, dass man der historisierenden Gebäudekleider müde geworden ist. Viele unserer Generation, ob nun als Architekt oder als Bauherr, haben wieder mehr Mut, unbekannte Schritte zu wagen. Sehen Sie es eigentlich als Problem an, dass heute alles möglich ist?
FREI OTTO Alles ist möglich, ja! Das finde ich aber sehr schön, dafür haben wir ja gekämpft, dass sehr, sehr vieles möglich wird. Doch nicht ästhetische Kriterien standen für uns im Vordergrund, sondern das Ganzheitliche, das Humane.

GRÜNTUCH ERNST Der ganzheitliche Ansatz ist unserer Ansicht nach in großem Maße von der Zusammenarbeit unterschiedlicher Disziplinen abhängig, die ihre unterschiedlichen Fähigkeiten einbringen und auch bereit sind, Bestehendes zu hinterfragen.
FREI OTTO Ja, aber die Gesellschaft braucht nach meiner Ansicht auch nicht unbedingt interdisziplinäre Zusammenarbeit. Was heute fehlt, sind Menschen, die wie ein Allgemeinarzt von allem etwas verstehen und es vermitteln können. Es braucht nur einige Menschen, die im Ansatz interdisziplinär denken können. Meine Erfahrung ist, dass der Architekt dies innerhalb von Technik und Umwelt, soweit es mit Menschen zu tun hat, am ehesten kann.

GRÜNTUCH ERNST Sie geben dem Architekten eine gewaltige Omnipotenz, kann denn der Architekt bei der zunehmenden Spezialisierung überhaupt noch als Generalist agieren?
FREI OTTO Davon bin ich überzeugt. In Deutschland gibt es z.B. vielleicht noch zwei oder drei ganzheitliche Biologen, die die gesamte Lebenswelt als große Einheit ansehen. Dabei folgt die Natur, alle Lebewesen, einem einzigen Konstruktionsprinzip. Das muss man verstehen. Und das fällt dem Architekten leichter, denn er ist gewohnt mit verschiedenen Materialien und verschiedenen Disziplinen zu arbeiten, deren harte Grenzen er immer wieder in Frage stellt.

GRÜNTUCH ERNST Wie sehen Sie dabei das Verhältnis von Ingenieur und Architekt?
FREI OTTO Als ich von Berlin nach Stuttgart kam, das war 1964, sollte ich an der Stuttgarter Universität die Position zwischen Architekten und Ingenieuren besetzen, zwischen beiden Feldern vermitteln und forschen. Damals gab es ja nur eine Stuttgarter Schule, die sich dann aber geteilt hat, wo die Ingenieure dann sogar stärker als die Architekten wurden. Dies ging hier in eine ganz andere Richtung als in England, wo die Architekten die Ingenieure viel stärker an sich binden konnten, ja sogar heute viele Aufgaben der Ingenieure übernehmen. Dafür gibt es nun den Begriff des Engineering. Andererseits sehe ich es auch sehr kritisch, dass die meisten englischen Ingenieure nur noch Dienstleister sind, die es nicht mehr wagen, den Architekten zu widersprechen, die willenlos jeden Dienst leisten. Die Architekten wiederum nutzen ihre Stellung ohne jede Selbstkritik. Ich finde es wichtig, dass der Ingenieur auch dem Architekten mal widerspricht. Für eine produktive Zusammenarbeit ist das unbedingt notwendig.

GRÜNTUCH ERNST Wir erinneren uns da an den Wettbewerb für die neue Hauptverwaltung der Europäischen Zentralbank in Frankfurt. Damals haben wir erst miteinander telefoniert und dann haben Sie uns ein paar Skizzen ausgetauscht. Plötzlich haben wir verstanden, weshalb Sie so vehement eine andere Position vertreten haben. Plötzlich war es klar, warum Sie gesagt hatten: »Wenn das fünf unabhängige Häuser sind, interessiert mich das Projekt im Grunde genommen nicht. Aus meiner Sicht macht das nur einen Sinn, wenn es ein Haus ist.«

FREI OTTO Es sollte ja eine Bank sein, also musste es EIN Haus sein, das ist doch simpel.

GRÜNTUCH ERNST Sie haben damals ganz schnell noch ein paar Skizzen rübergeschickt. Obwohl wir zu diesem Zeitpunkt mit unserem Projekt schon sehr weit fortgeschritten waren, haben Sie genau den Punkt erwischt, wo die Schwäche unseres Konzeptes lag. Das Konzept wieder zu ändern, war hart. Doch als Architekt muss man im Grunde genommen selbstbewusst genug sein, dies einzusehen und Konsequenzen zu ziehen.

FREI OTTO Doch diese Art der Auseinandersetzung, diese Widerstände bieten nur wenige Ingenieure. Die meisten warten nur auf Vorgaben, die sie dann abarbeiten können. Ich habe wenige Ingenieure kennengelernt, die anders arbeiteten, die mehr wollten und konnten, Ingenieure, die dann auch eine unglaublich deutliche Sprache hatten wie Fritz Leonhardt, Ove Arup und Ted Happold.

GRÜNTUCH ERNST Welchen Eindruck haben Sie von der Zusammenarbeit mit der jüngeren Architektengeneration?

FREI OTTO Ich finde es immer noch wunderbar, wenn Kollegen und insbesondere jüngere Kollegen zu mir kommen und wir miteinander sprechen können, so wie wir hier heute zusammensitzen. Wenn ich ihnen helfen kann, dann ist es besonders gut. Mit Shigeru Ban etwa ist es z.B. besonders interessant, weil er sich philosophisch mit den Grundlagen der Architektur und des Konstruierens beschäftigt.
Schwierig wird es nur, wenn es Architekten sind, die unbedingt gestalten wollen, die sagen: »Ich bin der große Bildhauer. Ich mache eine Skulptur von 200 Metern Höhe. Der Ingenieur soll mir helfen, das zu verwirklichen.« Eine Zusammenarbeit macht da keinen Sinn, denn der Ingenieur ist dann nichts anderes als ein Dienstleister. Denkarbeit gelingt nur, wenn sich die Grundlagen unserer Philosophien einander annähern können.

GRÜNTUCH ERNST Wir möchten noch einmal zurück zu Ihrer Idee des Humanen. Was bedeutet es, eine Architektur für den Menschen zu machen?

FREI OTTO Die Architektur muss für die Menschen gut sein. Sie Nutzer zu nennen, da bin ich schon sehr vorsichtig. Wir haben ja heute die neuen Bauherren, die Investoren, die ständig von den Nutzern reden. Da frage ich mich immer: Meinen sie mit »gut für die Nutzer« die Menschen, die in ihrem Gebäude leben dürfen oder müssen, oder doch nur gut für sich selbst, für den Investor?
Dabei ist »gut« eine Priorität für mich. Wenn noch eine ästhetische Qualität dazukommt, ein Gebäude gut und schön ist, dann ist es eine Sternstunde der Architektur. Womit ich mit schön nicht ästhetisierend meine, sondern eine Schönheit, die aus dem Guten entsteht. Doch wann passiert das schon mal?

GRÜNTUCH ERNST Heute ist auch durch die technologische Entwicklung fast alles möglich. Ist dies nicht auch eine neue Chance für den Ingenieur und den Architekten gemeinsam zu neuen Gebäude zu kommen?

FREI OTTO Ja, selbstverständlich. Was die Form anbelangt, so ergeben sich mit neuen Materialien und Konstruktionen neue Formen. Inbesondere bei großen Projekten kontrollieren ja die Konstruktionen wesentlich die Formen. Bei kleinen Projekten können sie hingegen fast alles machen, ohne sich wirklich mit der Konstruktion auseinanderzusetzen.
Wenn wir heute mit hochwertigen Materialien wie bestimmten Fasern arbeiten, dann können wir mit ungeheuer wenig Aufwand nahezu alle Kräfte wie Wind- oder Schneekräfte aufnehmen und haben

faszinierende Möglichkeiten. Oder wir nehmen heute eine Teflonfolie und pusten sie einfach auf, dann wiegt ein Gebäude tatsächlich nur noch 60 bis 100 Gramm je Kubikmeter und kann alles aushalten. Wir können ein Paradies machen, wie es meine englischen Freunde mit Nikolas Grimshaw für den »Garden Eden« gemacht haben. Wenn wir dies sehen, dann merken wir erst, wie weit weg wir von Zufriedenheit sind, wie wenig wir bislang erreicht haben.

GRÜNTUCH ERNST Sie haben doch auch faszinierende Gebäude wahrer Schönheit geschaffen?
FREI OTTO Ich würde eher wahre Gutheit sagen. Sie können ein schönes Gebäude machen und damit Menschen töten. Schönheit hat noch keine Ethik, Schönheit ist abstrakt. Ich bilde mir ein, dass es heute eigentlich dreier Positionen bedarf, um großen Projekten gerecht zu werden. Es braucht einen hervorragenden Ingenieur, den bestmöglichen, ganzheitlich arbeitenden Architekten und noch einen Wissenschaftler. Diese drei sind nötig, um tatsächlich eine ganzheitliche Lösung zu verwirklichen, was zunehmend schwieriger wird, da heute die Bauherren ihre Aufgaben sehr unscharf stellen.

GRÜNTUCH ERNST Genauso ist es. Da kommt uns ein wunderbarer Satz des unvergessenen Cedric Price in den Sinn. Er sagte einmal: »Es gibt eine technische Lösung für jedes Problem, aber was ist das Problem?« Den Grundfragen stellt man sich oft nicht, die Aufgaben werden einfach hingenommen und dann kann kein Austausch stattfinden. Für uns stellt sich aber auch immer mehr die Frage, wie man mit Kompromissen umgeht.() Oft hat man den Eindruck, dass irgendein Aspekt oder eine Anforderung eine ideale Lösung relativieren. Müsste man nicht noch härter daran arbeiten, dass eine Lösung bis ins Letzte perfekt ist.
FREI OTTO Muss man nicht. Man schafft nie ein Gebäude, das absolut perfekt ist. Meine Grundhaltung ist, dass jedes Ding weit weg von dem Ideal ist. Damit müssen wir uns einfach abfinden.

GRÜNTUCH ERNST Das heißt also, dass wahre Gutheit oder wahre Schönheit im Grunde immer etwas Unvollkommenes sind?
FREI OTTO Da haben Sie recht. Dies versteht aber ein Großteil Ihrer Generation nicht, wenn ich von Zeit zu Zeit in den riesigen Berg von Architekturzeitschriften hineingucke, aber nur Zitatoren finde, die einem Vollkommenheit vorzugaukeln versuchen. Ich kenne zwar viel zu wenig von Ihrer Arbeit, aber ich war sehr glücklich, bei zwei Projekten Ihren Arbeitsstil kennen zu lernen, der gefiel mir.

GRÜNTUCH ERNST Mit Ihrem ganzheitlichen Ansatz und Ihrer gestalterischen Kraft haben Sie nicht nur unsere Generation beeinflusst und eine Richtung gegeben. Wo sind Ihre Wurzeln?
FREI OTTO Ich komme ja aus einer Bildhauerfamilie, was mich vertraut machte mit der Frage »Wie entsteht eine Skulptur«. In der Kunst ist dies eine Frage unendlicher Freiheit, die man als Architekt zwar auch hat, aber nie nutzen kann, ja sogar nie nutzen darf. Dies ist eine Schlüsselfrage, was man unter Architektur versteht. Ich bin der Ansicht, dass sich der Architekt mit der Natur viel mehr auseinandersetzen muss, weil von der lebenden Natur, von Luft, Wasser und Granulat alles abhängt.

FREI OTTO INTERVIEW WITH ARMAND GRÜNTUCH AND ALMUT ERNST

"EVERYTHING DEPENDS ON LIVING NATURE, ON AIR, WATER AND GRANULATES"

GRÜNTUCH ERNST Your work is very topical for us and our generation of young architects. All your approaches, your experimental work and search for integrated solutions are now being studied very carefully again. This generation has a new sense of realism, it needs experiments and a holistic quality, so it seems closer to you than its predecessor generation of architects, in the eighties.

FREI OTTO You are certainly right, but your generation is very divided, even though it has enormous potential. It's many years since there has been such a lack of a convincing fashion that demands to be followed. There is complete freedom of thought again at last.

The fifties and sixties were my main 'input period', you could do and think almost anything then. And we had quite a lot of room for manoeuvre until the mid seventies. But after that the great architectural trends came along, postmodernism, deconstructivism or whatever they were called, all the fashions I didn't get involved in, and they restricted freedom. We never talked about façades in the late sixties.

GRÜNTUCH ERNST That's right. We've just been taking a good look at Yona Friedman's work – the absence of any kind of façade was very striking there.

FREI OTTO We're weren't interested in façades either. We were interested in what happens with people. How do they live in relation to and with each other, that was the beginning and end of what we were bothered about: not formal adaptability, but adapting to changing functions flexibly and with an open mind. And then came 1972, the first modern buildings were pulled down in the USA. There was a general day of reckoning with modernism and suddenly everything had gone. Then the building as super-sculpture came back to Europe from the USA via Britain, and content was suddenly less important.

GRÜNTUCH ERNST Yes, that's true. We examined this conflict when we were students, particularly at the AA as well. All the content was standardized and unified in the teaching too.

FREI OTTO That's just what happened. It came as a great shock to my generation. But it was a shock we weren't aware of till later. Before that, people just used to talk about humanity in building, and they really meant it, that was their top priority. But suddenly it was less important for a building to be good for people, it had to be good aesthetically. And then we had nineties aestheticism, where it didn't matter what happened inside the building. That's why I'm so pleased today – and this applies to your buildings as well – to see people starting to do things that don't necessarily pick up what we did in the sixties and seventies, but that do address how people relate to each other and to nature again, and take these things seriously.

GRÜNTUCH ERNST I think that planning seems to be getting more open-minded again today, people have got tired of buildings in historical clothing. Many of our generation, whether they are architects or clients, are plucking up courage to step into the unknown again. Do you think it's a problem that everything is possible today?

FREI OTTO Everything is possible, yes! But I think that's very good, that's what we were fighting for, for everything to be possible. But we didn't have aesthetic criteria in the forefront of our minds, but holistic, humane ones.

GRÜNTUCH ERNST We think that the holistic approach depends to a large extent on cooperation between different disciplines that bring their different abilities with them and are also ready to questions things that are already there.
FREI OTTO Yes, but I think society does not necessarily need interdisciplinary cooperation. What's missing today are people like general medical practitioners who understand a bit about everything and can convey it to others. We only need a few people who can think in an interdisciplinary way to some extent. In my experience architects are most likely to be able to do this in technology and the environment, where it's about people.

GRÜNTUCH ERNST You accord architects massive omnipotence, but can architects work as generalists at all among this increasing specialization?
FREI OTTO I'm convinced of it. For example, there are perhaps still two or three holistic biologists in Germany, who can see the whole world we live in as one great unit, in which nature, all living things, follow a single construction principle. That has to be understood. And that is easier for architects, because they are used to working with different materials and different disciplines, and are constantly questioning the boundaries between them.

GRÜNTUCH ERNST How do you see the relationship between engineer and architect in this?
FREI OTTO When I came to Stuttgart from Berlin, that was in 1964, I was supposed to occupy the position between architects and engineers at Stuttgart University, acting as an intermediary between the two fields, and conducting research. At that time there was only one Stuttgart school, but this then split, and then the engineers became stronger than the architects. Things moved in a different direction here from Britain, where the architects were able to tie the engineers to themselves much more closely, indeed even took over a lot of the engineers' work. That is why we now talk about engeenering. But I am also very critical of the fact that most British engineers are service providers who no longer dare to contradict the architects, and will perform any service without showing any will of their own. And the architects exploit their position without any sense of self-criticism. I think it's important for engineers to contradict architects from time to time. It's essential to productive cooperation.

GRÜNTUCH ERNST I'm reminded there of the competition for the new European Central Bank headquarters in Frankfurt. First of all we telephoned, and then you exchanged a few sketches with us. We suddenly understood why you were so vehemently adopting another position. We suddenly realized why you had said: "If it's going to be five independent buildings, I'm essentially not interested in the project. In my view, it only makes sense if it's going to be one building".
FREI OTTO It was supposed to be a bank and so it had to be ONE building, that's simple enough.

GRÜNTUCH ERNST Then you quickly sent a few more sketches over. Even though we were quite far advanced with our project at the time, you hit on precisely the point where the weakness of our project lay. It was hard to change the concept again. But as architects you've ultimately got to be self-confident enough to realize this and draw the right conclusions.
FREI OTTO But very few engineers offer this kind of analysis, this kind of resistance. Most of them just wait for a list of requirements to work their way through. I have met few engineers who worked differently, who wanted more, and could do it. Engineers that spoke an incredibly clear language then, like Fritz Leonhardt, Ove Arup and Ted Happold.

GRÜNTUCH ERNST What's your impression of working with the younger generation of architects?
FREI OTTO I still think it's wonderful when colleagues, and particularly young colleagues, come to me and we can talk to each other, just as we're sitting together today. If I can help them, it's particularly good. It's particularly interesting with Shigeru Ban, for example, because he's interested in the philosophical basis of architecture and construction. It only gets difficult with architects that have to create formally, who say: "I am the great sculptor. I'm making a sculpture 200 metres high. The engineer is supposed to help me to make that a reality." Working together doesn't make any sense there, as the engineer is nothing more than a service provider. Abstract thought is only any use if the basic features of our philosophies can get close to each other to some extent.

GRÜNTUCH ERNST We'd like to go back to your idea of the humane. What does making architecture for people mean?
FREI OTTO Architecture must be good for people. I'm always very careful about calling them users. We've got new clients today, the developers, who talk about users all the time. That always makes me wonder: "Do they mean good for the users, the human beings who'll be living in their building, or will have to, or just 'good' for themselves, for the developers?" But I have to say that 'good' is one of my priorities. If there is an aesthetic quality as well, if a building is 'good' and beautiful, then that's a great moment for architecture. By that I don't mean trying to be aesthetic, but a beauty that arises from the good. But when does that ever happen?

GRÜNTUCH ERNST Technical progress has made almost everything possible today. Isn't that a new opportunity for engineers and architects to create new buildings together?
FREI OTTO Of course it is. As far as form is concerned, new materials and constructions produce new forms. In major projects in particular the constructions control the forms. But in small projects they can do almost everything without really coming to terms with the construction.
If we work with high-calibre materials today like certain fibres, then we can accommodate almost all the forces like wind and snow with very little effort, which opens up some fascinating possibilities. Or we take some Teflon sheeting and simply inflate it, and then the building actually does weigh only 60–100 grams per cubic metre and can withstand anything. We can make a paradise, as my English friends have done with Nicholas Grimshaw for the 'Eden Project'. It's not until we see this that we realize how far from content we are with everything we've done so far.

GRÜNTUCH ERNST But you've created some fascinating buildings that really are beautiful?
FREI OTTO I would prefer to say that they are truly good. You can make a beautiful building and kill people with it. Beauty does not yet have an ethic, beauty is abstract. I like to think that three positions are needed today to do justice to major projects. You need an outstanding engineer, architects working holistically and one more scientist. These three are necessary to bring off a solution that really is holistic, which is becoming increasingly difficult, as clients present very unfocused briefs nowadays.

GRÜNTUCH ERNST That's just how it is. It reminds us of an unforgettable line by the unforgotten Cedric Price. He once said: "There is a solution to every problem, but what is the problem?" The basic questions are often not asked, briefs are simply accepted, and then there can be no exchange. But for us the question always arises of how to deal with compromise. We often get the impression that some aspect or demand can relativize an ideal solution. Shouldn't we work harder on making sure that a solution is perfect to the last degree?

FREI OTTO One doesn't have to. We never create a building that is absolutely perfect. My basic view is that every thing is far from the ideal. We just have to come to terms with that.

GRÜNTUCH ERNST So that means that true goodness or true beauty are essentially something imperfect?

FREI OTTO You are right there. But a large proportion of your generation doesn't understand: I look at the enormous mountain of architecture magazines from time to time, but all I find are quotation merchants trying to lead us to believe they have created perfection. I know far too little of your work, but I was very happy to get to know your working style in two projects, and I liked it.

GRÜNTUCH ERNST You have influenced and given a direction to more than our generation with your holistic approach and your creative power. Where are your roots?

FREI OTTO I come from a family of sculptors, so I am familiar with the question 'How does a sculpture come into being?' In art, this is an infinitely free question. We have it as architects as well, but we can never use it, in fact we are never permitted to use it. This is a key question, what do we understand by architecture. I am of the opinion that architects have to address nature much more, because everything depends on living nature, on air, water and granulates.

MICHAEL MÖNNINGER

SCHULTERSCHLUSS ZWISCHEN HAUSGENERATIONEN ... VOLLENDUNG DES BERLINER ERSATZ-ZENTRUMS: EIN STRAHLENDER LÜCKENFÜLLER FÜR DEN HACKESCHEN MARKT

Wollte Walter Ruttmann seine »Sinfonie der Großstadt« von 1927 heute noch einmal filmen, bliebe ihm im runderneuerten Berliner Zentrum wohl kaum ein anderer Drehort als diese Straßenecke. Zwar wäre es übertrieben, die Einmündung der Rosenthaler Straße auf den Hackeschen Markt als lebensgefährlich zu bezeichnen. Aber eine gewisse Steigerung des Nervenlebens verspürt man beim Eintritt in dieses Knäuel aus Fahrbahnen, Gleisen und Menschenschlangen schon. Die Hoch- und Straßenbahnen kreischen wie andauernder Luftalarm, und das Vorwärtskommen auf den gedrängten Trottoirs erfordert eine Geschicklichkeit wie beim Schattenboxen. Aber dafür bewegen sich die Autos in diesem Getümmel endlich, wie es sich gehört: wie gut abgerichtete Haustiere friedlich bei Fuß.

Die Beliebtheit des alten Hackeschen Marktes, der als ehemalige Bastion im Berliner Festungsring seit dem 18. Jahrhundert das Zentrum mit den nördlichen Vorstädten verbindet, hat viele Gründe. Der sichtbarste mag der verquere, unregulierte Stadtgrundriss sein, der eine weitaus ältere historische Formation zeigt als die heute idealisierte Stadt der Gründerzeit. Obwohl der Hackesche Markt nach 1990 zum Großteil neu bebaut und auch gesellschaftlich aufgemischt wurde, bewegen sich die Neubürger und Besucher wie großstädtische Wiedergänger, die vom lange versunkenen Amüsierviertel der Friedrichstraße bruchlos in die Spandauer Vorstadt übergewechselt zu sein scheinen.

Dass das Publikum häufig in Rollkommandostärke auftritt, was den örtlichen Ureinwohnern wie eine Stampede der Spießer vorkommt, rührt aber vor allem von der Leere im benachbarten historischen Zentrum am Roten Rathaus her. Der Touristensturm auf das Ersatzzentrum des Hackeschen Marktes zeigt, dass die Leute es satt haben, wie Freiwild auf den Siedlungsweiden der Moderne herumgetrieben zu werden.

Obwohl das Sanierungsgebiet seit 1993 als geschütztes Flächendenkmal allem Erneuerungseifer enge Bauschranken setzt, ist in einer letzten, hoffnungslos verzwickten Baulücke neben den renovierten Hackeschen Höfen ein Neubau entstanden, der allen verzweifelten Moderne-Suchern im konservativen Berliner Baugeschehen wie eine profane Erlösung vorkommen muss: dass es doch noch ein Leben vor dem befürchteten Hirntod durch zu viel Traufhöhenklassizismus gibt.

Das junge Berliner Architektenehepaar Armand Grüntuch und Almut Ernst fand bei seinem ersten großstädtischen Gesellenstück traumhafte Bedingungen vor: eine vitale Umgebung, in der auch ohne Architekturakrobatik bereits die Luft brennt, einen geschmackssicheren Bauherrn in Gestalt des Leuchtenfabrikanten Gantenbrink (»Bega«-Leuchten) aus Menden, dem das Haus zwölf Millionen Mark netto wert war. Und schließlich sorgte der Riesenblock der Hackeschen Höfe als maßstabsgebender Nachbar dafür, dass bei der Lückenfüllung jede modernistische Tiefstapelei lächerlich geworden wäre. Jetzt zeigen die beiden völlig verschiedenen Hausgenerationen einen nicht mehr für möglich gehaltenen Schulterschluss: Alt- und Neubau haben die gleiche Geschosshöhe von sage und schreibe 3,50 Metern, und trotz der völlig entgegengesetzten Tektonik weist der Glasschrein die gleichen horizontalen Gesimsbänder und die durch Mattglas angedeutete Pfeilergliederung wie der Veteran nebenan auf. Wo sonst die Berliner Stadtreparateure auf Grund der Höhenbeschränkungen zwei

zusätzliche Etagen unter die Traufkanten klemmen, führt der verglaste Stahlbeton-Skelettbau mit doppelter Energiespar-Fassade den wahren Luxus historischen Bauens fort: hohe, große Räume. Bei niedrigeren Geschossen hätte der Bauherr zwar mehr Nutzfläche ins Vorderhaus pressen können. Aber angesichts der zulässigen Maximalverdichtung von stolzen 3 000 Quadratmetern Bruttogeschossfläche auf dem nur 830 Quadratmeter großen Grundstück hätte dafür der rückwärtige Flügel kräftig abgespeckt werden müssen. Doch auch hier haben die Architekten geklotzt und neun Wohnungen (zwischen 70 und 180 Quadratmetern für 22 bis 25 Mark netto) mit derselben Deckenhöhe und zudem mit bodentief verglasten Balkonfronten in Flügelform ausgestattet, die den Hofblick erträglich machen.
Anders wäre in diesem Schacht kein Wohnen möglich gewesen. Doch mit hohen Räumen, das wussten schon die Städtebauer vor 1900, bekommen selbst dicht gepackte Hinterhäuser jenes Quantum Tageslicht, für das die Nachkriegsmoderne ihre flächenfressende Flachware weit in der Botanik verstreuen musste.
Dass dichtes Bauen enorme skulpturale Raumfantasie erfordert, bewiesen die Architekten auch bei der Gebäudeerschließung. Die Fluchttreppenhäuser hätten bei konventioneller Platzierung an den Gebäudekanten nur freudlose Bunkertürme ergeben. Stattdessen gruben die Planer hinterrücks eine haushohe Schlucht durch die gesamte Gebäudetiefe. Das Haus klebt nicht an der Brandwand des Nachbarn, sondern lässt einen überdachten Gebirgskamin offen, der genügend Entfaltungsraum für Freitreppen und innere Laubengänge zu den Hof-Wohnungen schafft; durch diesen Kunstgriff konnten die Wohnungen auch durchgesteckt und querbelüftet werden. Und wo im Vorderhaus ein abgesenkter Glasturm die Treppe vermuten lässt, fanden zwei doppelgeschossige Konferenzräume Platz, die die Benutzer mit bloßer Luft über den Köpfen in Palastlaune versetzen.
Während ihrer Lehrjahre im Büro des britischen Flughafenarchitekten Norman Foster haben Grüntuch/Ernst eine Vorliebe für das neusachliche Kältepathos schimmernder Industriematerialien entwickelt. Geätztes Glas, silberne Armaturen, vorgefertigte Aluminiumprofile für die Riesenscheiben, schwarze Granitböden und ein bläulich schimmernder Aachener Maas-Kalkstein als Wandbehang erzeugen einen enormen sinnlichen Durchzug. Solche ästhetische wie konstruktive Reduktion dient hier allerdings nicht als heroisches Signum vorgefertigter Fabrikware, sondern macht den eingezwängten Neubau durch Verschlankung überhaupt erst bespielbar.
Auch die Dachlandschaft bekam hinter dem behördlich erzwungenen Mansard-Stehkragen einen ungewöhnlichen Nutzwert als Kinderspielplatz, der anderswo tief im Hof begraben liegt. Und hinter dem Glassturz an der Straßenseite liegt auch die Maisonettewohnung der Architekten, in der trotz automatischer Belüftung und Verschattung zu jeder Jahreszeit üppige Treibhauswärme herrscht. Nicht nur die vorderen Büroetagen, sondern auch sämtliche Wohnungen bekamen offenfließende Grundrisse. Das weitet die stattlichen Raumdimensionen zusätzlich aus, erfordert aber fürs Familienleben die Nachrüstung von akustischen Raumteilern.
Die Freude beim äußeren Anblick dieses Baukunststückes wird noch vom inneren Ausblick durch die Panoramascheiben auf den Hackeschen Markt mit seiner östlichen Hochhauskulisse, dem Roten Rathaus und dem Fernsehturm zu einer Ruttmann'schen Stadtsinfonie gesteigert. Als Dank dafür, dass die älteren Hausnachbarn ein Plätzchen für den strahlenden Lückenfüller übrig gelassen haben, zeigt der Neuling seiner Umgebung, wie schön die Stadt ist. Mehr kann man von Architektur einfach nicht verlangen.

»SCHULTERSCHLUSS ZWISCHEN HAUSGENERATIONEN«, MICHAEL MÖNNINGER. AUS: BERLINER ZEITUNG, 11. OKTOBER 2000

MICHAEL MÖNNINGER

SOLIDARITY BETWEEN BUILDING GENERATIONS ... COMPLETION FOR BERLIN'S SUBSTITUTE CENTRE: A GAP RADIANTLY FILLED IN THE HACKESCHER MARKT

If Walter Ruttmann were to want to remake his 1927 film 'Symphony of a Metropolis' today, there would probably be no other location in central Berlin, which has been completely renovated, than this street corner. It would be an exaggeration to say that the junction of Rosenthaler Strasse and Hackescher Markt is highly dangerous, however, one does sense a certain nervous frisson when entering this tangle of roads, rails and swarms of people. The trains and trams squeal like a permanent air-raid warning, and making headway on the crowded pavements needs similar skills to shadow-boxing. But the cars do at last behave in a seemly fashion in the thick of all this: they move tranquilly to heel, like well-trained pets. The old Hackescher Markt is a former bastion in the Berlin ring of fortifications, and has linked the centre with the northern suburbs since the 18th century. It has always been popular, and for good reasons. The most obvious one is possibly the weird, irregular urban ground plan, which displays a much older historical pattern than the late 19th-century city that is so idealized today. Even though the Hackescher Markt has been largely redeveloped and has also seen a change in its social mix since 1990, the new citizens and visitors move like metropolitan spirits returning from the dead, transferring seamlessly from the long-vanished Friedrichstrasse night-club district into the Spandauer Vorstadt.

But the public frequently appear in raiding party strength, seeming like a stampede of petit bourgeois to the original inhabitants of the area. This is probably due above all to the emptiness of the nearby historical centre around the Rotes Rathaus. The storm of tourists into the substitute centre at the Hackescher Markt shows that people are fed up with being driven like game round the modernist housing estate pastures. Even though strict building restrictions have been placed on the listed redevelopment area since 1993, preventing overzealous renewal, a new building has gone up in one last, hopelessly complicated gap in the buildings by the renovated Hackesche Höfe. It must seem like a secular redemption to all the desperate seekers for modernism on the conservative Berlin building scene: that there is still life before the feared brain-death from a surfeit of eaves-height-driven classicism.

The young Berlin architects Armand Grüntuch and Almut Ernst, a married couple, had dream conditions for their first metropolitan test-piece: vital surroundings, fizzing with excitement even without any architectural acrobatics, a client with assured taste in the form of lighting manufacturers Gantenbrink ("Bega" lamps) of Menden, for whom the building was worth twelve million marks net. And finally the gigantic block that is the Hackesche Höfe was there as a neighbour to provide scale, ensuring that any modernistic understatement would have looked completely ludicrous.

Now the two completely different generations of buildings show a solidarity that would not have been thought possible: the old and the new buildings have the same floor-to-floor height of 3.5 metres, believe it or not, and despite the absolutely opposing tectonics the glass shrine has the same horizontal cornice bands and pier articulation, indicated by matt glass, as the veteran next door. Where otherwise Berlin urban renewal merchants cram two additional storeys under the eaves because of the height restrictions, the glazed reinforced concrete skeleton structure with its double energy-saving façade continues the true luxury of historical building: large, high rooms.

It is true that the client could have stuffed more usable space into the front building with lower floor-to-floor heights. But given the admissible maximum concentration of a proud 3,000 square metres of gross floor area on a plot of only 830 square metres, the wing at the back would have had to be considerably slimmed down. But here two the architects lashed out and provided nine dwellings (between 70 and 180 square metres for 22 to 25 marks net) with the same ceiling height and also with floor-to-ceiling glazed balcony façades forming a curved wing, making the courtyard view tolerable.

If things had been done differently, it would not have been possible to live in this shaft at all. But provided the rooms are high, as urban developers knew even before 1900, even tightly packed buildings in backyards get the quota of daylight for which postwar modernism had to scatter its land-devouring flat goods far into nature.

The architects proved that dense building requires enormous sculptural spatial imagination in terms of access to the building as well. If the fire escapes had been placed conventionally on the edges of the building this would just have produced joyless bunker towers. Instead the planners dug a gorge as high as the building through its whole depth. The building is not stuck on to its neighbour's end wall, but leaves a roofed mountain chimney open, thus creating enough room to develop open staircases and internal gallery access to the courtyard housing; this trick also meant that the dwellings could be pierced and ventilated laterally. And at the point in the front building where a low glass tower suggests a staircase, the architects placed two conference rooms, each of double floor height. The users have so much air above their heads they feel they are in palaces.

During their apprentice years in the practice of the British airport architect Norman Foster, Grüntuch/Ernst developed a preference for the cold, new-functional drama of shimmering industrial materials. Etched glass, silver fittings, prefabricated aluminium profiles for the giant panes, black granite floors and a Maas limestone from Aachen with a bluish shimmer as a wall cladding create an enormous sensual thrust. But this kind of aesthetic and structural reduction is not used as a heroic sign of prefabricated factory goods here: the new building, crammed into a gap, would not work at all without this trimming down.

And the roofscape, behind the mansard high collar which the authorities insisted on, received an unusual added value as a children's playground — something that is usually buried deep in the courtyard. And behind the plunging glass on the street side is the architects' maisonette home, which is as sumptuously warm as a greenhouse in every season, despite automatic ventilation and shading. All the dwellings, as well as the offices, have open-flowing ground plans. This additionally increases the imposing size of the rooms, but acoustic room dividers have to be fitted for family life.

The joy produced by the exterior view of this great architectural achievement is further heightened by the view from the inside through the panoramic windows of the Hackescher Markt in its eastern high-rise setting, the Rotes Rathaus and the television tower to become a Ruttmannesque urban symphony. As if to say thank you to the older neighbouring buildings for leaving a little space left over for this radiant gap-filler, the newcomer shows its surroundings how beautiful the city is. You simply cannot ask any more of architecture.

'SCHULTERSCHLUSS ZWISCHEN HAUSGENERATIONEN', MICHAEL MÖNNINGER. FROM: BERLINER ZEITUNG, 11 OCTOBER 2000

PETER RICHTER

NEUE DEUTSCHE ARCHITEKTUR (2)

EINFACH SEXY ... DAS NEUE BERLINER BÜROHAUS AM HACKESCHEN MARKT IST TYPISCH FÜR DIE ARCHITEKTEN GRÜNTUCH UND ERNST

Und weil das Haus so schön geworden ist, zogen sie gleich selbst mit ein. Almut Ernst und Armand Grüntuch arbeiten jetzt am Hackeschen Markt. Zusammen mit den zwölf Mitarbeitern schauen sie auf eine Sinfonie der Großstadt, die sie gottlob nicht hören müssen. Gute Fenster eben. Eigentlich nichts als Fenster.

Am lebendigsten Ort Berlins, an diesem Wiedergänger der zwanziger Jahre hat das jungen Architektenteam etwas gemacht, was man kaum noch für möglich gehalten hätte. Sie haben die gründerzeitliche Stadt fortgeschrieben, und zwar im Stil der selbstbewussten Moderne: Vorderhaus und Seitenflügel ... aber nicht versteinert, sondern verglast. Sie haben in einer verzwickten Baulücke mit dem Kunstgriff eines abgesenkten Treppenturmes viel niedrigere Nachbarn mit dem Koloss der Hackeschen Höfe verbändelt. Sie haben die alten Geschosshöhen aufgenommen und damit den Beweis erbracht, dass auch neue Häuser nicht aussehen müssen wie zusammengequetschte Ziehharmonikas: Sie haben dem Platz ein Gesicht gegeben, in das man schauen möchte. Sie haben mit ihrer Treppe meisterhaft den Außenraum entlang einer endlosen Brandwand bespielt. Das saugt den Blick unweigerlich in die Tiefe. Und auf dem ersten Absatz dann der Blick zurück nach vorn: der Bahnhof, das Rathaus, der ganze Moloch. So sehr auf das Vibrieren der Großstadt bezogen, so eigentlich »berlinerisch« ist seit Gerhard Spangenbergs Taz-Anbau kaum mehr ein Haus geraten.

Dazwischen liegen immerhin mehr als zehn Jahre und all die zwanghafte Beschwörung urbanen Geistes durch steinverkleidete Investorenbunker. Man braucht halt einen mutigen und generösen, also einen guten Bauherrn ... und natürlich noch bessere Architekten. Solche wie das Architektenpaar Ernst und Grüntuch, die ... 34 und 37 Jahre alt ... nun endlich in der Mitte angekommen sind. Als sie zur Lehrtätigkeit an der Hochschule der Künste vor einem knappen Jahrzehnt aus London eintrafen, da hatten sie in der Tat auch nicht das richtige Rüstzeug, um sich in die Phalanx der Westberliner Großbaumeister einzureihen ... wenn sie das denn je gewollt hätten.

Im Gepäck war vielmehr das kältetechnische Pathos ihrer jeweiligen Lehrmeister Will Alsop und Norman Foster. Mendelsohn findet Grüntuch aber ebenfalls toll. Und auch Niemeyer. Das alles ist ein bisschen zu viel scharfer Swing für die scharfkantige Berliner Askese jener Jahre. Als die beiden im Schatten ihrer Lehraufträge langsam ihr Büro aufbauten, war die erste Visitenkarte, die sie ablieferten, dann zwar auch kleingedruckt, aber ziemlich brisant. Mit einem technizistischen Vordach am Hotel Konsul in der Knesebeckstraße verschreckten sie damals die biederen Kudamm-Flaneure. Und damit es stimmig wird, möbelten sie dann gleich noch die muffige Empfangshalle auf: Frische statt Heimeligkeit.

Das ist natürlich so eine Sache, wenn es den Verantwortlichen zunächst eher darum geht, alte Identitäten wieder aufzufrischen. Deshalb blieben neben vielen anderen auch die etwas sehr ambitionierten Pläne für eine Havelbrücke in Spandau Papier. Statt signalhaft leuchtender Calatrava-Segel gibt es dort nun gemauerte Ziegel. Über das Aus in der zweiten Runde des Reichstagswettbwerbs muss man sich freilich weniger grämen. Die Idee, den geschichtsträchtigen Torso zum öffentlichen Foyer zu machen und den Plenarsaal auszulagern, hatten andere ebenso vergeblich. Vielleicht hätte man die Abgeordneten auch nicht gleich in den Sand setzen sollen unter eine flache Kontaktlinse. Die Peripherie ist für gewagte Formen womöglich auch nicht dankbarer ... aber hier, im kleinen Maßstab, lassen sie sich offenbar einfacher durchsetzen. Im Plattenbaubezirk Hellersdorf wird demnächst eine Förderschule fertig, die aus dem tristen Thema »Klassenhaus, Hof, Turnhalle« vermittels tief abgetreppter Terrassen und flexibler, farbiger Fassadenelemente aus Stoff ein Maximum an guter Laune herausholt. Wenn man nach dem gestalterischen Credo fragt, dann hört man Dinge wie: Offenheit, Funktionalität Kommunikation, Low Tech. Letzteres soll heißen, dass die Häuser augenscheinlich aus dem Alter heraus sind, wo man sämtliche Technik stolz wie einen fiependen Gameboy vor dem Bauch trägt. Sie wird auch nicht in abgehängten Decken oder aufgeständerten Böden kaschiert, sondern in die Bauteile eingearbeitet. Das wiederum schafft Platz für noch filigranere, transparentere Fassaden. Ob diese Transparenz tatsächlich den öffentlichen Raum fortsetzen kann ... oder ob dieser Raum dann nicht doch letztlich an den Schlüsselgewaltigen abprallt, das sei mal dahingestellt.

Jedenfalls wäre es vermutlich eine nette Geste geworden, die Grüntuch und Ernst für ein dreieckiges Geschäftshaus am arg verkanteten Checkpoint Charlie vorgeschlagen hatten: Die Geschosse stapelten sich da jeweils mit Überbiss aufeinander und ließen unten, wo das Haus nur mit einer Spitze noch aufsaß, zumindest die Illusion eines freifließenden Stadtraumes. Welcher Gewinn tatsächlich in solchen Verlandschaftlichungen der Architektur liegen kann, das wird sich demnächst am Hamburger Hafenrand erweisen, wo das Architektenteam derzeit ein Bürohaus errichtet; der hochgestelzte Verbindungstrakt soll den freien Durchblick von der Straße aufs Wasser garantieren. Es ist im Grunde nichts als ein gläserner Kubus. Sämtliche Funktionen sind in drei lustig bunten Türmen komprimiert, deren Enden als skulpturale Formen den Kapitänen zurückwinken werden, die da auf ihren Riesenpötten vorbeigleiten.

Den enormen ästhetischen Anspruch solcher Entwürfe schaufelt vor allem Armand Grüntuch gern unter ein funktionalistisch cooles Understatement. Dabei haben sie so namhafte Konkurrenten wie Sawade und Kleihues um die leider erst mal auf Eis gelegte Eternit-Hauptverwaltung in Berlin-Rudow garantiert nicht nur deshalb aus dem Rennen geschlagen, weil sie mit dem Baustoff Eternit etwas weniger anbiedernd umgegangen sind, sondern, weil sie ihn effektvoller eingesetzt haben; nicht nur, weil sie dem Haus eine perfekte Klimatechnik konfektioniert haben, sondern weil diese auch zum ästhetischen Moment in der Fassade wird; nicht nur, weil die sanften Schwünge des amorphen Baus zwischen Werkhallen und Wohnumgebung vermitteln, sondern weil diese Schwünge einfach auch sexy sind.

Ähnliches gilt für die androgyne Fassade am Hackeschen Markt. Dahinter sitzen nun Architekten, die allen Heimeligkeitssehnsüchten ihrer Umwelt ein lautes »Ja« zu neuen Arbeitsstrukturen, kühlen Großraumbüros, ständiger Flexibilität entgegenrufen. Neue Sachdienlichkeit könnte man diese Attitüde nennen. Aber mit den iMac Computern haben sie dann doch ziemlich sinnliche Verheißungsapparate auf den Tischen stehen, blau funkelnde Schatzkisten, die geheimnisvoll von schnurrender Technik und jeder Menge Spaß künden. Und so was holen sie dann da auch raus.

»EINFACH SEXY«, PETER RICHTER. AUS: SÜDDEUTSCHE ZEITUNG, 6. DEZEMBER 2000

PETER RICHTER

NEW GERMAN ARCHITECTURE (2)

SIMPLY SEXY ... THE NEW BERLIN OFFICE BUILDING ON THE HACKESCHER MARKT IS TYPICAL OF ARCHITECTS GRÜNTUCH AND ERNST

And because the building has turned out to be so beautiful, they immediately moved into it themselves as well. Almut Ernst and Armand Grüntuch now work on the Hackescher Markt. They and their twelve colleagues look out over a metropolitan symphony that they fortunately don't have to listen to. Good windows, indeed. Actually nothing but windows.

At the liveliest spot in Berlin, at this spirit returned from the twenties, the young team of architects have done something that one would scarcely have thought possible. They have continued the late nineteenth century city, in a self-confidently modern style: front building and side wings ... but not in stone, in glass. Faced with a tricky gap in the buildings, they have used the trick of a low staircase tower linked much lower that neighbours with the colossus that is the Hackesche Höfe. They have taken up the old floor-to-floor heights and thus proved that new buildings need not look like squashed concertinas: they have given the square a face that is pleasant to look at. With their staircase they have made masterly use of the external space along an endless fire wall. That means you absolutely have to look more deeply inwards. And then at the first landing your eye comes back to the front again: the station, the Rotes Rathaus, the whole voracious urban giant. There is scarcely a building since Gerhard Spangenberg's Taz extension that is so in tune with the big-city vibe, so truly 'Berlin-ish'. Anyhow there are over ten years between them and all the compulsive invoking of urban spirit with stone-clad developers' bunkers. What you need is a courageous and generous, in other words a good client commissioning the building ... and of course even better architects. Like the architect-couple Ernst and Grüntuch who ... at the ages of 34 and 37 ... have now at last arrived in the centre. When they came back from London just over ten years ago to teach at the Hochschule der Künste they really didn't have the requisite know-how to join the ranks of major West Berlin architects ... if they had ever wanted to.

What they had in their luggage was the coldly technical drama of their former teachers Will Alsop and Norman Foster. But Grüntuch thinks Mendelsohn is fantastic as well. And Niemeyer. All that swings a bit too sharply for the sharp-edged Berlin asceticism of those years. As the two architects gradually built up their practice in the shadow of their teaching jobs, the first visiting card they provided was in small print, but pretty explosive. They frightened off the unsophisticated Ku-Damm flâneurs of the day with a highly technical canopy for the Hotel Konsul in Knesebeckstrasse. And to make it all fit together they then upgraded the furniture in the stuffy lobby: fresh rather than cosy.

It is of course a bit tricky when the people responsible are concerned first and foremost with freshening old identities up again. It was for that reason that the somewhat highly ambitious plans for a bridge over the Havel in Spandau never got off the drawing-board. There is brickwork there now, rather than a Calatrava sail, glowing like a signal. They should worry less about going out of the Reichstag competition in the second round. The idea of making the historic torso into a public foyer and shifting the plenary chamber out came to many people, equally in vain. And perhaps it would have been better not to put the members straight out into the sand under a flat contact lens. The outskirts are probably also not more grateful for daring shapes ... but here, on a smaller scale, it is admittedly simpler to push them through. A special school is just about to be completed in the slab-construction district of Hellersdorf. This wrings the maximum of good humour out of the gloomy theme of 'classroom block, yard, gym' by using deeply stepped terraces and flexible, colourful façade elements in fabric.

If you ask about their creative credo you hear words like: openness, functionality, low-tech. The last is supposed to mean that that the buildings are obviously beyond the age where all the technology is flaunted like a beeping game-boy. And it is also not concealed in false ceilings or raised floors, but built into the structural components. That in its turn makes room for ever more filigree, transparent façades. It remains to be seen whether this transparency actually can extend public space ... or whether this space finally bounces off those in charge of the keys after all.

In any case, the suggestion that Grüntuch and Ernst made for a triangular commercial building at the horribly cramped Checkpoint Charlie would presumably have turned out to be a nice gesture: the storeys there were piled one on top of the other with an overbite in each case, and left an illusion of free-flowing urban space at the bottom, where the building touched the ground with a tip alone.

It will shortly become clear what advantage actually lies in such landscaping of architecture by the edge of Hamburg harbour, where the architectural team is constructing an office block; the stilted connecting wing is intended to guarantee a clear view from the road through to the water. Essentially it is nothing more than a glass cube. All the functions are compressed into three cheerfully coloured towers. The tops of these are sculptural forms that will wave back at the captains as they glide by in their enormous tubs. Armand Grüntuch in particular likes to shovel all the enormous aesthetic demand made by such design under the heading of functionalist-cool understatement. But here the couple have definitely not knocked such distinguished rivals as Sawade and Kleihues out of the running for the Eternit head office in Rudow, Berlin — now unfortunately on ice — merely because they handled Eternit as a building material somewhat less in a way aimed at currying favour, but because they used it more effectively: not just because they put together some perfect air-conditioning technology, but because this also becomes the aesthetic element in the façade; not just because the gentle curves of the amorphous building mediate between factory halls and a residential environment, but because these curves are simply sexy as well.

The same applies to the androgynous façade in the Hackescher Markt. Behind this, two architects are now sitting who shout back a loud 'yes' to new working structures, cool open-plan offices and constant flexibility as a response to any longing for cosiness around them. This attitude could be called a new usefulness. But the iMac computers they have put on their tables are fairly sensual apparatuses of promise, sparkling blue treasure-chests that mysteriously proclaim humming technology and any amount of fun. And that's just what they get out of them.

'EINFACH SEXY', PETER RICHTER. FROM: SÜDDEUTSCHE ZEITUNG, 6 DECEMBER 2000

OLIVER ELSER

WO, WENN NICHT HIER? ... DAS GLÄSERNE BERLIN: EIN HAUS AM HACKESCHEN MARKT VON GRÜNTUCH/ERNST ARCHITEKTEN

Was ist dieser Bau schon gelobt worden! Kaum setzt im steinseligen Berliner Klima ein Architekt eine große Glasscheibe ein, greift in den Farbtopf oder zieht ein paar schräge Linien, stehen die Kritiker Schlange, um zu applaudieren. Daß es dem jungen Architekturbüro Grüntuch/Ernst ausgerechnet am Hackeschen Markt, in der heimeligen Pseudo-Altstadt Berlins, gelungen ist, mit einem unverkennbar modernen Bau aus der Reihe des historischen und historisierenden Durchschnitts zu tanzen, gilt als kleine Sensation. Über die dann auch gerne und viel eher berichtet wird, als über die recht zahlreichen gelungenen Neubauten in den Seitenstraßen, die weniger stark auf Kontraste setzen. In der eindeutigen Vorliebe für alles Gläserne, angeblich Moderne schwingt noch ein Rest jenes erbitterten Streits um Stein und Glas, der Mitte der neunziger Jahre mit einer Niederlage der vermeintlich fortschrittlichen Fraktion endete, zu deren Vorkämpfern sich stolz fast die gesamte Architekturpresse zählte.

Es ist anzunehmen, daß das junge Architektenpaar Almut Ernst und Armand Grüntuch gar nicht weiter darüber nachdachten, ob und wie sie zu Lieblingen der Architekturkritik werden könnten, sondern einfach loslegten, als ihnen ein ungewöhnliches Angebot gemacht wurde. Ein Lampenhersteller, für den sie bereits kleinere Aufträge erledigt hatten, bat um einen Entwurf für ein Wohn- und Geschäftshaus, mit dem der Bauherr nicht kurzfristige Profite anpeilte, sondern eine Kapitalanlage für kommende Generationen schaffen wollte.

Während üblicherweise die Architektur erst dann beginnt, wenn ein Maximum vermietbarer Fläche aus einem Baukörper herausgequetscht ist, konnte in diesem Fall zunächst viel grundsätzlicher gefragt werden, welche Qualitäten eigentlich in einem solchen Baulücken-Grundstück verborgen liegen. Mit reizender Naivität fanden die Architekten Gefallen an den gewaltigen Brandwänden, die das Baugelände einschließen und entschieden, zu einer der Wände mit einer breiten Fuge Distanz zu halten. Städtebaulich ist diese Haltung sofort nachvollziehbar. Zur rechten Seite schließt das Gebäude an die wuchtigen Straßenfront der Hackeschen Höfe an und übernimmt mit abstrakten Mitteln deren Fassadenproportionierung, links hingegen läßt es genau an der Stelle einen Spalt, wo die niedrigere und wenig einheitliche Bebauung der Oranienburger Straße beginnt. Im Prozeß der architektonischen Formgebung aber wurde aus der Lücke ein selbständiger Gebäudeteil, ein in Stein gerahmter Kasten, dessen matierte Glasflächen bei Tage betrachtet den Eindruck erwecken, daß sich darin das Treppenhaus verbirgt. Erst wenn am Abend das Licht angeschaltet wird, zeigt sich ein atemberaubender Maßstabssprung, denn statt des erwarteten Treppen-Zickzacks treten zwei jeweils doppelgeschossige Konferenzräume hervor, durch deren gläserne Rückwände der Blick weit in die nun wirklich erlebbare Fuge hineinwandert. Vom spröden Charme der Brandwand ist dort zwar nichts mehr zu finden. Dafür aber ist eine Schlucht entstanden, die zu den ungewöhnlichsten Innenräumen in der jüngeren Berliner Neubaugeschichte zählt und mit schräg zulaufenden Wänden das coole Understatement der Außenfassade angenehm relativiert.

Der Besucher gelangt durch diese Gebäudefuge in den hinteren Teil des Hauses, wo sich sieben Wohnungen zu einem kleinen Hinterhof öffnen. Auch dort wird der asketische Minimalismus der

Straßenseite in freie Formen aufgelöst. Der dem Wohnen vorbehaltene Seitenflügel wölbt sich vor und zurück, antwortet mit dieser vielleicht etwas kapriziösen Figur aber sehr pragmatisch auf die beengten Verhältnisse. Den von der Bauordnung vorgeschriebenen Kinderspielplatz wollten die Architekten dennoch nicht in dem trotz aller Raffinesse eher schattigen Hof anlegen. Mit einem Trick gelang es, die Vorschriften zugunsten des sicherlich spektakulärsten Sandkastens der Stadt umzudeuten. Auf dem Dach des Wohnflügels sorgt nun eine Videokamera für die geforderte »Einsichtigkeit« der spielenden Kinder, die sich darüber freuen können, auf die Dächer des Bezirks Mitte herabzuschauen, während ihre Eltern ihnen auf dem Fernsehschirm dabei zusehen.
Die beiden schrägen Dachgeschosse des Vorderhauses sind ebenfalls dem Wohnen vorbehalten und gewähren einen nicht minder überwältigenden Blick in Richtung Fernsehturm. Aber auch von den darunterliegenden Großraumbüros mit ihren großzügigen Deckenhöhen und aus den zweigeschossigen Konferenzräumen erscheint die Stadt wie ein grandioses Panorama. Die Verwendung riesiger Glasflächen ist an diesem Standort keine ideologische Frage. In Berlin sind die Orte rar, an denen die Aussicht nicht von der gegenüberliegenden Häuserzeile begrenzt wird. Kein Zweifel, es ist das richtige Haus an diesem Platz.

»WO, WENN NICHT HIER«, OLIVER ELSER. AUS: FAZ, 15. FEBRUAR, 2001

OLIVER ELSER

WHERE, IF NOT HERE? ... GLASS BERLIN:
A BUILDING ON THE HACKESCHER MARKT BY GRÜNTUCH/ERNST ARCHITECTS

How this building has been praised already! An architect has only to place a large sheet of glass in the stone-minded climate of Berlin, get out a paint-pot or draw a few diagonal lines for the critics to start queuing up to applaud. It is seen as a minor sensation that the young architecture practice of Grüntuch/Ernst has succeeded in behaving a little differently from the historical and historicizing average by producing an unmistakably modern building. And then people want to write about it much more than the very many successful buildings in the side streets that invest less in contrasts. This unambiguous preference for everything that is made of glass and allegedly modern still carries a remaining hint of the bitter quarrel about stone and glass that ended in the mid nineties with the defeat of the supposedly progressive faction, among whose champions almost the entire architectural press counted themselves.
It is to be assumed that the young architect-couple Almut Ernst and Armand Grüntuch did not give much thought to whether and how they could become the architecture critics' darlings, but simply let rip when an unusual offer came their way. A lamp manufacturer for whom they had already done smaller jobs asked for a design for a block of flats and offices with which the client was not aiming for short-term profit, but wanting a capital investment for coming generations. Architecture usually begins when the maximum of rentable space has been squeezed out of a building. In this case, however, it was possible to ask much more fundamental questions about what qualities are actually concealed in a gap building plot of this kind. With charming naïveté, the architects fell for the massive fire walls that enclose the building site and decided to keep their distance from one of the walls with a wide gap. On the right-hand side, the building

is next to the weighty street façade of the Hackesche Höfe. It takes on their façade proportions by abstract means, but on the left-hand side it leaves a chink at the precise point where the lower and less uniform buildings in Oranienburger Strasse begin. But during the architectural shaping process the gap became a part of the building in its own right, a stone-framed box whose frosted glass surface gives the impression in daylight that the staircase is concealed inside it. It is only when the lights come on in the evening that a breathtaking leap of scale is revealed: instead of the expected zig-zag of the steps, two conference rooms emerge, each two storeys high, and from their glazed rear walls the eye can roam into the gap, which can now be experienced to the full. There is certainly now no sense at all of the fire wall's brittle charm. But instead a gorge has been created that counts as one of the most unusual interiors in recent Berlin new building history, relativizing the cool understatement of the exterior façade with walls that run diagonally towards each other.

The visitor reaches the rear part of the building through this gap, where seven dwellings open on to a small back yard. Here too the ascetic minimalism of the street side dissolves into free forms. The side wing reserved for housing curves to and fro, responding perhaps somewhat capriciously but very pragmatically with this figure to the cramped conditions. But the courtyard is shady despite all its refinement, and the architects did not want to put the children's play area prescribed by the building regulations there. A skilful trick reinterpreted the regulations to produce what is certainly the most spectacular sandpit in town. A video camera on top of the residential wing now provides the prescribed 'clear view' of the children at play, while they have the pleasure of being able to look down at the roofs of the Mitte district as their parents watch them on television. The two slanting attic storeys of the front building are also reserved for housing, and offer a no less overwhelming view towards the television tower. But the city also seems like a grandiose panorama from the open-plan offices underneath with their generous ceiling heights, and from the two-storey conference rooms. Using large areas of glass was not an ideological matter at this location. There are very few places in Berlin in which the view is not impeded by the row of buildings opposite. There is no doubt that this is the right building in the right place.

'WO, WENN NICHT HIER', OLIVER ELSER. FROM: FAZ, 15 FEBRUARY 2001

CLAUS KÄPPLINGER

IMMATERIALITÄT MITTELS FARBE

Dass Farbe mehr sein kann als nur ein Anstrich, stellen die Architekten Grüntuch/Ernst eindrucksvoll unter Beweis. Für die behinderten Schulkinder ist die sparsame, aber wohl überlegte Farbgebung Therapie und Orientierung zugleich.

»Was ist kindergerecht?« Über diese Frage streiten sich deutsche Architekten schon seit Jahren gerne und leidenschaftlich. Bunt, kleinteilig und verspielt soll es sein, meinen die einen. Überschaubar, klar strukturiert und diszipliniert, behaupten hingegen die anderen. Wie wohl bei kaum einem anderen Thema treffen beim Schulbau unterschiedliche Ansichten von Kind und Welt aufeinander. Unversöhnlich stehen sich oftmals zwei Lager gegenüber, die glauben, im Besitze der einzigen Wahrheit zu sein.
Die Berliner Architekten Armand Grüntuch und Almut Ernst fühlen sich keinem Lager zugehörig und ihr neuer Schulbau für 120 schwer geistig und körperlich behinderte Kinder entzieht sich auch derartigen Zuordnungen. Schließlich stellte diese Schule von ihrem Zweck und Ort besonders viele Anforderungen an die Architekten, die nach sehr individuellen Antworten verlangten. Denn wenig attraktiv war ihr Standort am äußersten östlichen Rand Berlins, am Ende der Plattenbausiedlung Hellersdorf zwischen einer Gleisstraße, dem Torso eines DDR-Schulkomplexes und einer unansehnlichen Wildnis. Äußerst klein bemessen war ebenfalls das Grundstück, das zu zwei Dritteln bebaut werden musste. Und groß waren auch die Vorbehalte der Behörden, die noch mehr als sonst nach Schutz und Sicherheit für die Kinder verlangten, was wohl konsequent umgesetzt zu einer völlig hermetisch geschlossenen Bewahranstalt geführt hätte. Einer aufgeschlossenen Wettbewerbsjury und Schulleitung ist es zu verdanken, dass es anders kam, dass eine sensuell anregende Insel in der Verlorenheit der Peripherie entstand. Mit zwei Riegeln, einem terrassierten Schulhaus und einem leicht konvex gebogenen Sporthallenkörper wurde die strenge Geometrie der Plattenbausiedlung zwar aufgenommen, aber zugleich aufgelockert. An den Nord- und Südrand des Grundstücks wurden dazu die beide Gebäude gesetzt, die an der Westseite noch durch einen gläsernen Verbindungsgang ergänzt wurden, dessen farbige Glasfelder nun der Schule viel Distanz wie Attraktion verschaffen. Hart und orthogonal sind die Fassaden zur Umgebung ausgeführt, mit freierer Geometrie und viel Offenheit die Binnenfassaden gestaltet, die die Schulgebäude vor allem zueinander öffnen und beziehen. Südseitig verjüngt sich so das dreigeschossige Schulhaus nach oben von 26 auf 22 Meter Gebäudetiefe, das sich zum grünen Pausenhof mit breit vorgelagerten Terrassen und Wintergärten orientiert und öffnet. Seine Haut ist hier nicht mehr durch hellgraues Kleinmosaik, sondern glänzendes Aluminiumblech und leicht gefärbte Textilmarkisen geprägt. In fünf »Häusern« von je zwölf Metern Länge sind hier alle Klassenräume gen Süden zur transparenten Sporthallenseite organisiert, die ... durch die gläsernen Vertikalen der Wintergärten klar voneinander getrennt ... über jeweils eine eigene Terrasse verfügen.
Viel Ausblick und Außenraum, viel Tageslicht und Luft zu ermöglichen, war nicht zuletzt die zentrale Intention der Architekten, um den behinderten Kindern Erfahrungen zu vermitteln, die ihnen zumeist in den Plattenbauwohnungen verwehrt sind. Wozu unter anderem die perforierten Aluminium-

brüstungen der Terrassen auch große Pflanzbeete mit einschließen, die zur individuellen Begrünung und Pflege animieren sollen. Und auch der Weg zu den Klassenräumen, denen jeweils ein Nebenraum mit Küchenzeile beigeordnet ist, führt zumindest visuell stets nach außen, zu den Wintergärten, die den Eingangsbereich der Klassenräume angenehm licht und abwechslungsreich gestalten.
Dabei trägt die geringer werdende Gebäudetiefe den unterschiedlichen Graden an Mobilität der Kinder Rechnung, gewährt den auf Rollstühlen angewiesenen Kindern im Erdgeschoss mehr Schutz und Raum. Geschützter Raum, der sie jedoch nicht einkapseln, sondern immer wieder ihre Neugierde und Konzentration anregen soll. Dafür wurde das Innere des Gebäudes überraschend weit und vielfältig gestaltet. Über die ganze Länge des Hauses verläuft ein Erschließungsweg, in dem Farben ... vor allem als Lichtreflektoren und Orientierungshilfen ... eine große Bedeutung zukommt.
Durch die Schleuse des westlichen, gläsernen Verbindungsgangs wird die Schule betreten, die den Eintretenden mit ihrem Spiel unterschiedlich grün getönter Glasfelder beruhigend umfängt. Ihm folgt ein eingeschossiger Korridor, eine große Halle und dann wieder die Fortsetzung des Korridors. Mit sanften Schwüngen verengt und weitet sich dieser Erschließungsweg. Mit großer Geste öffnet sich hier die Schule mit einer zweigeschossigen Halle ein einziges Mal zur Straße und zu den Nachbarschulen.
Dabei dient diese Halle nicht nur als Schlechtwetterpausenhof und Aula, sondern einmal mehr auch der zumindest visuellen Verbindung der verschiedenen Räume. Als Empore zieht sich so die Erschließung des ersten Obergeschosses ebenfalls durch die Halle, währenddessen knapp vor ihr schmale, lang gestreckte Lichtkamine den Raum in ein wohliges Rot tauchen. Durch das zweite Obergeschoss und Dach stoßen die Lichtkamine, deren Nordseiten mit einem derart leuchtendem Rotanstrich versehen wurden, dass nun das Licht ausgesprochen intensiv in das Haus einfallen kann.
Doch nicht nur große, sondern auch viele sehr kleine Lichtöffnungen und Farbakzente finden sich hier ein. So setzen die Architekten schmale, horizontale Farbbänder in wechselnder Höhe und Rot- bis Orangetönung auf die weißen Korridorwände der Klassenzimmer, die an ihren Enden jeweils eine Fensternische besitzen, die nun dem Einblick in das Klassengeschehen oder als Schaufenster für das Gebastelte und Gemalte dient. Und immer wieder durchschneiden die Lichtöffnungen der Wintergärten das Innere der Schule, die sich so eng mit ihrem Außenraum verzahnt. Wobei die Öffnung zur Umgebung geschickt durch Farbe gefiltert und minimiert wird, wo etwa wie in den drei nordseitigen Treppenhäusern oder den Quergängen der Sporthalle das Außen- und das Tageslicht nur orangefarben gedämpft eindringen kann.
Farbige Folien auf den großen Glasfeldern machten diesen Effekt möglich, der wiederkehrend von überaus rigiden Budgetkürzungen bedroht war. Von ehemals 29 auf 18 Millionen Mark mussten die Kosten vom Wettbewerb 1993 bis zur Fertigstellung 2002 reduziert werden. Dabei fiel den Kürzungen eine ursprünglich vorgesehene Solar-Absorber-Fassde ebenso wie manches andere Materialdetail zum Opfer. Die Ausführungsqualität mag auch darunter gelitten haben, was aber nur bei der zweischichtigen Glasfassade des westlichen Verbindungsganges wirklich schmerzt. Hingegen gelang den Architekten ohne Abstriche die Umsetzung ihres räumlichen Konzepts, das auf ein Wechselspiel von Abgrenzung und Öffnung, von Abschirmung und unterschiedlichen Graden der Transparents zielte.
Offen und transparent zeigen sich so die Gebäude zueinander, während die Umgebung nur in Sequenzen mit der Förderschule in Kontakt gesetzt wird. Überaus konsequent und durchdacht gaben die Architekten der Nutzungs- und Anmutungsqualität den Vorzug, investierten das schmale Budget lieber in die

Gestaltung der Innenräume als für aufwändige Oberflächen. Für den schwellenlosen, behindertengerechten Austritt auf die Terrassen nahmen so etwa die Architekten eine Abtreppung der Raumhöhen in den Klassenzimmern hin, um ihnen dann aber als Kompensation überaus nutzungsfreundliche Wandschränke zu verschaffen, die als leuchtend-farbige Schiebeelemente nun die Räume bereichern.
Mit dem einfachsten Mittel der Farbe entwickelten Armand Grüntuch und Almut Ernst ein abwechslungsreiches Spiel mit Raum und Licht, mit Durchdringung und Sequenzen. Ein Spiel, das Farbe vor allem immateriell als Filter und Reflektor wirken lässt, das die Kinder zwischen 6 und 19 Jahren alt offenbar bereitwillig angenommen haben, von denen nun viele nach Auskunft eines Lehrers ausgeglichener wirken. Bunt, aber diszipliniert ist der Charakter ihrer Schule, die sehr selbstbewusst den ihr zugestandenen Raum besetzt. Kaum zu beschreiben, nur vor Ort zu entdecken, sind die vielen überraschenden räumlichen Verknüpfungen und gemeinsamen Blickachsen durch beide Gebäude, die Schulhaus wie Sporthalle auszeichnen.

»IMMATERIALITÄT MITTELS FARBE«, CLAUS KÄPPLINGER. AUS: DB – DEUTSCHE BAUZEITUNG, 3/03

CLAUS KÄPPLINGER

IMMATERIALITY THROUGH COLOUR

Architects Grüntuch/Ernst have delivered impressive proof that colour can be something more than just paint. For handicapped schoolchildren, economical but thoughtful use of colour can be both a therapy and a way of getting their bearings.

'What is suitable for children?' German architects have been bickering about this question for years, happily but heatedly. Some say things should be colourful, intricate and playful. Then others say: manageable, clearly structured and disciplined. Different views about children and the world probably crop up more in relation to school-building than to any other subject. Often two camps face each other quite irreconcilably, each believing that they are completely in the right.
The Berlin architects Armand Grüntuch and Almut Ernst do not feel that they belong in any particular camp. Their new school for 120 severely mentally and physically handicapped children cannot be placed in any particular category of this kind either. Ultimately the location and purpose of this school made heavy demands on the architects that required highly individual answers. For one thing, its location on the extreme eastern outskirts of Berlin was not at all attractive. It is at the end of the Hellersdorf slab construction housing estate, between rail tracks, the torso of a GDR school complex and an unprepossessing wilderness. And the plot was very small as well; two-thirds of it had to be built on. The authorities laid down the law to a very large extent as well, demanding more than the usual levels of protection and safety for the children. If this had been taken literally, the school would probably have ended up as a hermetically sealed children's home. An open-minded competition jury and school management team are to be thanked for the fact that a sensually stimulating island was created amidst the desolation of the outskirts. The strict geometry of the slab construction estate was taken up by the two sections of the building, a terraced class-

room block and a sports hall section with a slightly convex curve, but some variety was introduced as well. These two buildings were placed on the north and south edges of the site, and complemented on the west side by a glazed connecting corridor whose coloured glass distances the school as well as making it very attractive. The façades facing the surrounding area are hard and orthogonal, and the inner façades are designed with much freer geometry and a great deal of openness, which above all serves to open and relate the school buildings to each other. On the south side the three-storey classroom block tapers towards the top from 26 to 22 metres deep, opening on to and addressing the green playground with broad terraces and conservatories in front. Here the characteristic feature of the skin is not small, light grey mosaic, but gleaming sheet aluminium and delicately coloured fabric awnings. All the classrooms are accommodated here in five 'houses', each twelve metres long, facing towards the south and the transparent sports hall side. Each classroom has its own terrace, and they are clearly separated from each other by the glazed verticals of the conservatories.

The architects ultimately intended to make it possible for the handicapped children to enjoy views of the outside world and outdoor space, a lot of daylight and air, thus opening up experiences to them that are usually not available in slab construction flats. This is one of the reasons why the perforated aluminium balustrades on the terraces also include large planting beds, intended to stimulate individual cultivation and care. And the route to the classrooms, each of which has a side room equipped as a kitchen, leads outwards, visually at least, to the conservatories, which make the entrance area to the classrooms feel pleasantly light and varied.

Here the reduction in the building's depth takes account of the children's differing degrees of mobility, affording more protection and space on the ground floor for the children who have to use wheelchairs. This is protected space, but it constantly stimulates their curiosity and concentration, rather than hemming them in. This is why the interior of the building is designed to be surprisingly extensive and diverse. An access route runs along the whole length of the buildings. Here colours are very important ... above all in reflecting light and providing orientation aids.

The school is entered via the glazed connecting corridor on the west side, which acts as a sort of lock. It embraces people comfortingly as they come in with an interplay of glass panels in different shades of green. This is followed by a single-storey corridor, a large hall, and then a continuation of the corridor. This access route gets narrower and wider in gentle curves. The school makes a gesture here, opening up just once to the street and the neighbouring schools with a two-storey hall.

This hall is not just used for playtime in bad weather and as an assembly hall, but once again to link the different spaces, at least visually. Access to the first floor is also via the hall, in the form of a gallery, while just in front of it, long, narrow light chimneys bathe the space in a cosy red. The light chimneys thrust through the second floor and the roof. Their north sides are painted in a glowing red that pours the light into the building with a particularly intense quality.

But there are a lot of very small apertures admitting light and colour accents here, as well as larger ones. For example, the architects have placed narrow, horizontal bands of colour on the white corridor walls of the classrooms, at varying heights and in shades of red and orange. There is a window niche at the end of each classroom that gives a view of what is happening in class or can be used to display paintings and craft work. And the lighting apertures regularly cut through the interior of the school, which is so closely linked with its external areas. But this openness to the surrounding area is skillfully filtered and minimized by

colour, for example on the three staircases on the north side or the lateral corridors in the sports hall, where daylight is allowed to penetrate only in a muted shade of orange.
Coloured film on the large glass panes make this effect possible; the project was repeatedly threatened by extremely rigid budget cuts. Costs had to be reduced from 29 to 18 million marks from the competition in 1993 to completion in 2002. The solar absorption façade that was originally planned fell victim to the cuts, and so did a lot of other material details. The quality of finish may have suffered as well, but this is only really painful in the case of the double glass façade of the western linking corridor. But the architects were able to implement their spatial concept without concessions; this is based on the interplay of limitation and openness, of screening and differing degrees of transparency.
So the buildings are transparent in relation to each other, while the surrounding area is permitted to make contact with the special school only at certain points. The architects gave consistent and thoughtful priority to qualities that make the building attractive to its users, preferring to invest the tight budget in interior design rather than elaborate surfaces. For example, the architects accepted tapering the classroom height in order to provide level access suitable for the handicapped children to the terraces, but to compensate for this they gave the rooms wall cupboards that are extremely user-friendly, and these now enrich the rooms as sliding elements, glowing with colour.
Using absolutely simple colour resources, Armand Grüntuch and Almut Ernst developed a varied interplay of space and light, of penetration and sequences. It is an interplay that makes colour work above all immaterially, as a filter and reflector. The children, who are aged between 6 and 19 years, have obviously been very ready to accept this, and a teacher states that many of them now seem much more stable. Their school in colourful but disciplined in character, and occupies the space allocated to it with great self-confidence. It is almost impossible to describe all the surprising spatial links and shared sightlines that run through the two sections, providing distinctive features for both the classroom block and the sports hall; they have to be experienced on the spot.

'IMMATERIALITÄT MITTELS FARBE', CLAUS KÄPPLINGER. FROM: DB – DEUTSCHE BAUZEITUNG, 3/03

KAYE GEIPEL

MIT LEUCHTENDEM TREPPENHAUS ... BÜROGEBÄUDE AM ELBUFER, HAMBURG

Manchmal gibt es Zufälle, bei denen eine unsichtbare Hand ein maliziöses Spiel im Sinn gehabt haben könnte. Merian ... einst die bildungsbeflissene Zeitschrift für das Städte-Fernweh der Westdeutschen, heute ein Magazin, das etwas unentschieden zwischen Seriösität und Serviceblatt mit Shopping- und Freizeittipps pendelt ... hat in der Novemberausgabe die eigene Stadt Hamburg vorgestellt. Am Ende des Heftes befindet sich wie üblich der ausklappbare Stadtplan, der die Sehenswürdigkeiten lokalisiert. Architekten sind in diesem Plan natürlich nicht verzeichnet, obwohl sich die Autoren Mühe gaben, auch neue Hamburger Architektur aufzuzeigen. Eingestreut zwischen »Elbtunnel« und »Altonaer Fischereihafen« findet sich dann aber plötzlich der lapidare Eintrag »Bürohaus von Grüntuch/Ernst« ... so als müsse an dieser Stelle eine Ausnahme gemacht werden.

Das gerade fertiggestellte Gebäude ganz aus Glas hat eine Hervorhebung verdient. Für die Bauherren Hermann Ebel und Frank Leonhardt errichtet, ist das Bürohaus eines der vier neuen Gebäude, die als Teil der vom ehemaligen Stadtbaudirektor Egbert Kossak iniziierten neuen »Perlenkette« die Elbbebauung nach Westen verlängert. Stadteinwärts liegt das Kreuzfahrtcenter und die inzwischen recht dichte Bebauung am Holzhafen, die sich zu einer Art offenen Shopping Mall für jede Art von Design verwandelt. Im Westen der vier neuen Bürogebäude hingegen gibt es das Augustinum, den Museumshafen und dann den Spazierweg zu Füßen der Elbchaussee-Villen Richtung Blankenese.

Der in allen Geschossen brüstungslos verglaste, zum Wasser weit auskragende Bau von Grüntuch und Ernst ist inmitten der eher geschlossenen Bauweise längs des Hafens zwar kein Sonderbau, aber eben sichtbar anders gestaltet. Sein auf den ersten Blick übersichtlich-modernes Entwurfskonzept zeigt im Rückblick jene mühsam-verzwickte, für Hamburg nicht untypische Auseinandersetzung mit architektonischer und städtebaulicher Neuerung. Es begann mit einem 1996 von der Stadtentwicklungsbehörde STEB ausgeschriebenen Gutachterverfahren für die vier »Perlen«. Der preisgekrönte Entwurf der Berliner Architekten für Neumühlen 13–15 trug bereits die wichtigen Insignien des realisierten Projekts: offene Bürogrundrisse, Ganzglasfassade für die Seiten des U's und eine ebenfalls verglaste, aber anders detaillierte Straßenfassade mit farbig leuchtendem Treppenhaus. Nach dem Wettbewerbsentscheid besann sich die Stadt plötzlich darauf, dass der hochwassergefährdete Standort sicherer gemacht werden müsse: Die vier Bürohäuser sollten als »Polderbebauung« auf ein zusammenhängendes Fundament gestellt und dieser Unterbau mit Garagen gefüllt werden. Tore am Anfang und am Ende der Straße würden dann den Schutz der Häuser auch bei Sturmflut garantieren. Dass diese monumentale Schutzmauer architektonisch keine kluge Idee war, muss den Beteiligten schon damals klar gewesen sein. Ein dreieinhalb Meter hoher Polder ist fußläufig schwer zu erschließen, außerdem verniedlicht er die Proportionen der fünfgeschossigen Häuser. Städtebaulich ist der Nachteil noch gravierender. Die nach Osten fortgesetzte Hafenbebauung endet heute in einer Art Graben, einer räumlichen Sackgasse zwischen dem Garagen-Polder und der stark ansteigenden Elbchaussee. Dies ist umso unverständlicher, vergleicht man sie mit der Qualität der Uferbebauung flussaufwärts im Holzhafen: Dort hat man sich gerade darauf eingelassen, die architektonisch reizvolle, aber relativ ungeschützte Enge der alten Hafenbebauung zum Thema der neuen Bebauung zu machen. Die dichte

und schmale, aber zum Wasser immer wieder direkt geöffnete Bebauungsstruktur ermöglicht eine ästhetisch abwechslungsreiche Konzeption der kilometerlangen Uferbebauung.
Es wurden dann ... man hat es voraussehen können ... Landschaftsplaner beauftragt, um den störenden Polder optisch »verschwinden« zu lassen; rampenähnliche Zugänge wurden entwickelt und selbst an eine völlige Begrünung war gedacht, die allerdings nicht zur Ausführung kam. Schließlich meldeten sich aus prominenter Lage die Bewohner der großen Villen hangaufwärts zu Wort. Ihnen war inzwischen aufgefallen, dass die hochgestemmten Bürobauten die Aussicht stören könnten. Der absurd klingende Kompromiss sah vor, die Dächer der vier Häuser als Wasserflächen auszubilden, damit der Fluss auf diese Weise wieder »näher an die ursprüngliche Bebauung rückt«.
Das Hin- und Her der städtebaulichen Rahmenbedingungen bewog die Architekten Grüntuch und Ernst, ihre seinerzeit noch ohne Polder entwickelte Planung zu überdenken. Sie entschlossen sich, das Grundkonzept beizubehalten, es allerdings in zweifacher Hinsicht noch deutlicher zu machen. Der Mittelteil zwischen den beiden Büroflanken sollte so schlank und durchsichtig wie möglich werden, um eine visuelle Durchlässigkeit vom darüberliegenden Park aus zu erreichen. Zum anderen wollten sie den U-förmigen Baukörper so leicht wie möglich auf dem Polder aufliegen lassen, um die Transparenz auch im Querbezug längs der Elbe zu nutzen. Dass die städtebauliche Vorgabe des »Aufsitzens« nicht zu plumper Schwerfälligkeit geriet, ist heute vor allem auf die Grazilität der Fassadendetailierung zurückzuführen und auf die stützenlose, mit einer inneren Diagonalverstrebung erreichten Auskragung. Leichter und durchsichtiger kann man ein Bürohaus kaum gestalten. Allerdings sind mit dieser Transparenz einschränkende Konsequenzen verbunden, die die Arbeitsplätze betreffen. »Auch der einzelne Mitarbeiter wird bei einem solchen Konzept transparenter«, räumen die Architekten ein. Gleichzeitig ist damit auch eine moderne und offene Auffassung von Arbeit verknüpft, die vielfach gewünscht wird. Wenn die Mieter jetzt einziehen, werden sie vom Elbufer aus genau beobachtet werden können. Billige Trennwände kommen, ebenso wie unaufgeräumte Schreibtische, eigentlich nicht in Frage.
Dafür werden die zukünftigen Nutzer durch Qualitäten entschädigt, die es in anderen Bauten nicht gibt. An dem nebeligen Dezembertag verschlug es dem Besucher fast den Atem, als plötzlich die haushohe rote Bordwand eines Schiffs auf passierte. Nicht einmal Heizkörper verstellten den Blick, die Installationen sind in den äußeren Randbereichen der Decken untergebracht. Im Sommer können die Schiebetüren so geöffnet werden, dass schließlich nur noch die rahmenlose Verglasung von außen trennt. Für die Vermarktung sind solche inneren Qualitäten des Hauses hilfreich. Aber selbst im diskreten Hamburg genügen sie nicht mehr. Gefordert ist die »emotionale Seite« der Architektur. In diesem Bau ist es die textile Bespannung der Treppenhäuser, die nachts farbig beleuchtet wird und für die »adressbildende« Identität sorgt. »Haus mit den farbigen Säulen« ... dieses Attribut hat vermutlich auch beim Eintrag im Merianheft geholfen.
Im Rückblick auf den sieben Jahre währenden Planungsprozess würden sich die Berliner Architekten heute mehr Freiheit bei der Umsetzung der vorgegebenen Typologie wünschen ... das rigorose U scheint für eine Uferbebauung mit Bürogebäude nicht besonders geeignet zu sein. Der umschlossene Hof lässt sich, aufgepackt auf das Poldergeschoss, nur schlecht nutzen und die Forderung der konsequent transparent gehaltenen Rückseite ... Voraussetzung für die Durchsicht von den höher gelegenen Grundstücken, setzt die Bereitschaft der Bauherren voraus, einen so großzügigen Eingangsbereich zu akzeptieren.

Zu einer anderen Folge der städtebaulichen Konsequenz, vier gleiche U's zu realisieren, können die Architekten sich nicht äußern. Die Gebäude zeigen nämlich fast lehrbuchartig, wie man eine solche Typologie bewältigt und wo Fehler gemacht werden können. Der ebenfalls ganz in Glas gehüllte Bau von BRT missfällt vor allem wegen seiner unglücklich abgestützen Auskragung zur Elbe hin. Der Loch- und Bandfassade kombinierende Bau von BHL ist in seiner Fassadenproportion bestenfalls Mittelmaß, und der mit verbastelten Vordächern und ähnlichen Kinkerlitzchen ausgestattete Bau des Designarchitekten Antonio Citterio fällt ganz aus der Reihe. Eleganz in der Architektur, so heißt es, ist eine schwierige und kaum messbare, weil subjektive Qualität. Hier an der Elbe lässt sich das Gegenteil im Vergleich der vier Bauten belegen. Das mag überheblich klingen. Angesichts der zunehmenden Bereitschaft, in Glas zu bauen, wird aber der Blick für die genauen Unterschiede ... der beim Bauen mit dem abstrakten Material offensichtlich nicht so leicht fällt ... wieder wichtiger.

»MIT LEUCHTENDEM TREPPENHAUS«, KAYE GEIPEL. AUS: BAUWELT, 3/03

KAYE GEIPEL

A GLOWING STAIRCASE ... OFFICE BUILDING ON THE BANK OF THE ELBE, HAMBURG

Coincidences sometimes occur that suggest an invisible hand playing a malicious game. Merian was once a highly improving West German magazine aimed at people who hankered for distant cities. It now swings somewhat uneasily between seriousness and shopping and leisure services. Merian chose to present its home town of Hamburg in the November issue. As usual there is a fold-out town plan at the back, identifying where the sights are. Of course architects are not listed on this plan, even though the authors made an effort to pick out recent Hamburg architecture as well. But then suddenly, scattered in between 'Elbtunnel' and 'Altona fish dock', we find the terse entry 'office building by Grüntuch/Ernst' ... as though an exception had to be made in this case.

This recently completed building, entirely in glass, deserves to be singled out in this way. It was commissioned as offices for Hermann Ebel and Frank Leonhardt, and is one of four new buildings extending development westwards along the Elbe, part of the 'string of pearls' initiated by the former city building director Egbert Kossak. On the way back into the city is the cruise centre and the Holzhafen (timber harbour) development, which is now quite dense, transforming the area into a kind of open shopping mall for all kinds of design. Then west of the four new office buildings are the Augustinum, the museum harbour, and then the footpath below the villas on the Elbchaussee leading out towards Blankenese.

Grüntuch and Ernst's building is glazed without parapets on all floors, and thrusts out far towards the water. It is not a special structure amidst the essentially closed buildings along the harbour, but it is quite obviously differently designed. Its design concept seems manageably modern at a first glance, but in retrospect it demonstrates a laboriously complicated attempt to come to terms with architectural and urban innovation that is by no means atypical of Hamburg. It started in 1996 with a competition announced by the STEB urban development authority for the four 'pearls'. The Berlin architects' prize-winning design for 13-15 Neumühlen already contained all the major features of the realized project: open-plan

offices, totally glazed façades for the side of the U and a street façade that was also glazed but differently detailed, with a stairwell in glowing colours. After the competition results had been announced, the city suddenly decided that the site needed to be better secured against the risk of flooding: the four office buildings were to be placed on shared foundations as a 'polder' development, and this substructure was to be filled with parking facilities. Gates at the beginning and end of the road would then guarantee that the buildings were protected even against storm tides. The participants must have realized even then that this monumental protective wall was not a particularly bright idea. A polder three-and-a-half metres high is difficult to access on foot, and it also trivializes the monumental proportions of the five-storey buildings. The urban disadvantages are even more serious. The harbour development as continued eastwards now ends in a kind of ditch, a spatial cul-de-sac between the garage polder and the steep rise of the Elbchaussee. This is all the more incomprehensible if compared with the quality of the riverside development upstream in the Holzhafen: there it has just been decided that the architecturally attractive though relatively unprotected construction of the old harbour facilities should be the theme of the new development. The development structure is dense and narrow, but constantly opens up directly on to the water, making it possible to realize an aesthetically varied concept for the kilometres of riverside development.
And then ... people should have seen it coming ... landscape architects were commissioned to make the annoying polder "disappear"; ramp-like access routes were developed, and full planting was even considered, but this was never carried out. Finally the residents of the large villas up the slope intervened from their eminent height. They had realized in the mean time that the high office buildings could interfere with their view. An absurd-sounding compromise suggested making the roofs of the four buildings into expanses of water, so that the river could be "shifted nearer to the original buildings" in this way.
The toings and froings about urban development requirements prompted architects Grüntuch und Ernst to rethink their original plans, which had not included a polder. They decided to retain the basic concept but to make it even more lucid in two respects. The centre section between the two office flanks was to become as slender and transparent, so that it was possible to see right through it from the park opposite. And then they wanted the U-shaped building to sit on the polder as lightly as possible, so that they could also make maximum use of transparency laterally along the Elbe as well. The town planning requirement that the building had to "sit up" like this could have made it clumsy and heavy. That it isn't, is due above all to the gracefulness of the façade detailing and to the support-free overhang, achieved through internal diagonal bracing. It would scarcely be possible to make an office building more light and transparent. Though this transparency does impose limitations affecting the workstations. The architects admit that "even the individual employee becomes more transparent with a concept of this kind". At the same time this is also associated with a modern and open view of work that is welcomed in many quarters. When the tenants move in, people will be able to watch them closely from the banks of the Elbe. Cheap screens are out of the question, and so are untidy desks. But the future users will be compensated for this by many qualities that other buildings cannot offer. On a foggy December day a visitor's breath was practically taken away when the red side of a ship suddenly loomed up, as high as a house. Not even the radiators impede the view, the services are accommodated in the outer edges of the floors. In summer the sliding doors can be opened in such a way that ultimately only the unframed glazing comes between the employees and the outside world.
Internal qualities like this in the building are helpful for marketing. But even in discreet Hamburg they are no longer enough. What is wanted is the 'emotional side' of architecture. In this building it is the textile

covering of the stairwells, which is lights up colourfully at night, providing the kind of identity that makes an 'address'. The "building with the coloured columns" ... this attribute in the Merian magazine entry presumably helped as well.
Looking back at the seven-year planning process, the architects would probably want more freedom in implementing the prescribed typology ... the rigorous U does not seem particularly well suited to a riverside office development. The enclosed courtyard is not much use once it is unpacked on to the polder area, and the demand for a consistently see-through rear section ... so that the owners of the plots above can see through ... means that the clients have to be prepared to accept an entrance area on this generous scale. The architects cannot comment on one other urban development consequence of realizing four equal U-shapes. The buildings are almost a copy-book demonstration of how this kind of typology can be managed and where mistakes can be made. The BRT building, which also has a fully glazed envelope, is displeasing above all because of its unhappily supported overhang towards the Elbe. The BHL building, combining a perforated and a ribbon façade, is at best mediocre in its façade proportions, and the building by the design architect Antonio Citterio with its botched canopies and similar brick braiding is completely out of order. Elegance in architecture, so they say, is a difficult quality, almost impossible to measure because it is so subjective. Here on the Elbe the opposite can be proved by comparing the four buildings. That may sound arrogant. But given an increasing readiness to build in glass, an eye for precise differences ... which is obviously not so easy when building with this abstract material ... becomes more important again.

'MIT LEUCHTENDEM TREPPENHAUS', KAYE GEIPEL. FROM: BAUWELT, 3/03

CLAUS KÄPPLINGER

BLAULEUCHTENDER KRISTALL ODER DIE SCHÖNHEIT DER KONSTRUKTION

Als »Perlenkette« bezeichnete Hamburgs langjähriger Stadtbaudirektor Egbert Kossak eines seiner letzten Stadtumbauprojekte, vier Perlen, vier Bürobauten, die die Stadt entlang des Elbufers nach Westen erweitern sollten. Obsolet gewordene Hafeneinrichtungen sollten mit der »Perlenkette« verschwinden, eine urbane Lücke zwischen dem Holzhafen, der bereits zu einem gehobenem Dienstleistungs- und Lifestylezentrum umgebaut worden war, und dem bürgerlich gediegenen Fischerdorf Övelgönne geschlossen werden.

Doch dem Wettbewerb des Jahres 1996 kam nicht nur städtebaulich eine große Bedeutung zu, sondern auch im besonderem Maße architektonisch. Denn nach Jahrzehnten einer restriktiven Architekturpolitik, die Blockrand und Traufe, Backstein und Kontorhaustypologie wieder aufleben ließ und einen lokalen Architekturstil wie kaum eine andere deutsche Stadt nur mit einheimischen Architekten propagierte, lud Egbert Kossak nun demonstrativ seine jungen Opponenten und externe Architekten zum Wettbewerb der »Perlenkette« ein. Eine unübersehbare Wende leitete er ein, die von seinem Nachfolger Jörn Walter fortgesetzt wurde und Hamburg für neue und internationale Architektur öffnete. Damals gewannen den Wettbewerb die jungen Wilden von Bothe-Richter-Teherani, Grüntuch/Ernst, der Italiener Antonio Citterio und der eher traditionelle Bassewitz, die jeweils ein U-förmig zur Elbe geöffnetes Bürohaus bauen sollten, das aufgrund der Hamburger Gefahr von Hochwasser über ein Luftgeschoss aufgeständert werden sollte. So rasch sich nach dem Wettbewerb Hamburgs Architekturkultur veränderte, so überraschend lange, ganze sechs Jahre, musste man danach auf ihre Bauten warten. Denn aus den vier Solitärbauten wurde eher unfreiwillig ein Ensemble, das die Strom- und Hafenbehörde erzwang, die unvermittelt einen Polder zum Hochwasserschutz verlangte, der nun den vier Bürohäusern als gemeinsame Basis dient.

Gravierend war diese Veränderung, die empfindlich die Proportionen der Häuser veränderte, sie auf ein weites Plateau stellte und mit dem Polder als Parkbauwerk aus ihrem Umfeld herausschnitt. Zumal zugleich die noblen Anwohner des nahen Elbhangs auf eine strikte Einhaltung der Bauhöhen bestanden, damit ihr überaus teurer Blick auf die Elbe keine Beeinträchtigung erfahren würde. Ihre Einwände veranlassten jedoch nur die Berliner Armand Grüntuch und Almuth Grüntuch-Ernst zu Veränderungen ihrer Planungen, die das Grundkonzept ihres Hauses eher stärkte als schwächte.

War schon ihr ursprüngliches Projekt von großer Transparenz, das zwei vollverglaste Riegel mit einer großen Querhalle verknüpfte, so steigerten sie noch den Raumfluss ihres Hauses konstruktiv wie konzeptionell. Verschmälert wurde so die querliegende Erschließungshalle, um mehr Durchsicht zu gewähren, die Fassadendetaillierung wurde graziler und der Sonnenschutz mit glänzenden Metalllamellen immaterieller gestaltet. Während ihre Nachbarn nun eher schwerfälliger und gedrungener wirken, erscheint ihr Haus nun leichter und transparenter als im ursprünglichen Entwurf. Während ihre Nachbarn nun gehobene Solidität vermitteln, entfaltet ihr Haus eine unvergessliche Faszination minimierter Konstruktion und maximierter Transparenz. Wozu auch seine weite Auskragung zur Elbe beiträgt, die entgegen der Nachbarn nicht mühsam unterfangen, sondern mittels abgehängter Pendelstützen an den Kopfenden bewältigt wurde.

Elegant, fast schwebend präsentiert sich so das Haus von Grüntuch/Ernst, das nur aus dem konstruktiv Notwendigen und einer abstrakten Hülle zu bestehen scheint. Ein Eindruck, zu dem wesentlich auch die Bewältigung der Haustechnik beiträgt, die hier weder zu abgehängten Decken, noch zu aufgeständerten Böden führte. Heizung, Lüftung sowie alle weitere technische Versorgung wurden komprimiert in die 40 cm starken Betondecken integriert, sodass alle Obergeschosse bis auf wenige unumgängliche Stützen dem freien Raumfluss huldigen können. Technologisch avanciert ist ebenfalls ihre Temperierung, die zum größten Teil von einem 100 Meter tiefen Grundwasserspeicher gewährleistet wird.
Allein auf der Eingangsebene auf der Höhe des Polders war eine andere Lösung erforderlich, die aber nicht minder beeindruckend gelöst wurde. Wellenanprallschutz bei Hochwasser war hier verlangt, dem die Architekten zwischen den Riegeln mit einer Terrasse und zurückgesetzten Konferenzzone und unter den Riegeln mit Glasschrägen entsprachen. Über einem niedrigen, massiven Podest beginnend erinnern sie nun an die Steuerkabinen großer Ozeanriesen. Da trifft es sich gut, dass die beiden Bauherren Hermann Ebel und Frank Leonhardt, die jeweils einen Büroriegel ihr Eigen nennen, Reeder sind, die ihre Unternehmen an die Elbfahrrinne der Schiffsriesen verlegen wollen. Maritim ist ohnehin die Lage des Gebäudes, vor dessen frei in den Außenraum ausfließenden Obergeschossen sich einer der Hamburger Schiffsschlepperanleger befindet, die die Schiffsriesen in den Hamburger Hafen ziehen. Doch nicht nur visuell, auch atmospärisch kann hier viel Hafenluft genossen werden. 1,50 Meter breit sind so die umlaufenden Doppelfassaden, deren Pufferzone durchgängig natürlich belüftet wird und die über innenliegende Schiebetüren betretbar sind, deren leicht federnde Bodengitter jedoch wohl nur die Mutigen betreten werden. Wie ohnehin sich die Frage aufdrängt, wie späterhin die Nutzer das erreichte Maximum an Transparenz mit Mobiliar und Büroorganisation als Herausforderung annehmen werden.
Als Event-Ort jedenfalls hat sich das Haus bereits bewährt, dessen panoramatische Raumdisposition für die unterschiedlichsten Veranstaltungen genutzt wurde. Dabei richtete sich jedoch die Nachfrage nicht nur auf die Nutzebenen, sondern auch auf die Eingangshalle, in und an der die ganze Erschließung konzentriert wurde. Unverwechselbare Identität gewannen nämlich Grüntuch-Ernst auch der Hauserschließung ab, mit drei illuminierten, haushohen, konkaven Zylindern in einem transluzenten Textilgewand. Frei in die Querhalle gestellt, ihre gläserne Hülle sogar partiell durchstoßend und verschiedene Intensitäten blauen Lichts durchspielend, fühlt man sich in den Lichtfuturismus vergangener Jahrzehnte, in den Film »Metropolis« oder die Leuchtmetaphorik der Zwanziger Jahre zurückversetzt.
Doch eigentlich nicht retrospektiv, sondern ganz von heute, computergesteuert und mit den neuesten silikonbedampften Textilien bespannt, ist ihr Spiel mit blauem Licht, dem mit den ebenfalls hinterleuchteten Glasfeldern der Hallenstirnseiten noch eine beeindruckende Kulisse beigegeben wurde. Allein binnenräumlich mag die Lösung nicht ganz zu überzeugen. Denn durch die sehr nachvollziehbare Verschmälerung der Halle schwindete auch der Raum zwischen den Zylindern, die entgegen dem ersten visuellen Eindruck durchaus voluminös gerieten, da sie die betongegossenen Treppen- wie auch die Fahrstuhlkerne aufnehmen mussten.
Erst einmal Enge und nicht Weite umgibt so den Besucher wider alle Erwartung bei Betreten des Hauses. Ein Eindruck, der jedoch nur wenig später, auf den offenen Erschließungsgalerien wieder vergessen ist. Und wahrscheinlich reagiert hier der Besucher nur so empfindlich, da die Architektur des Hauses eine solche Perfektion und Konsequenz besitzt, wie sie nur äußerst selten bei Bürobauten erfahrbar ist.

Auf die nachhaltigste Weise haben sich beim Haus der Adresse Neumühlen 13-15 die Klarheit der Konstruktion mit der Freiheit des Raumes verbunden, hat Hamburgs Aufbruch zur internationalen Avantgarde ein unübersehbares Wahrzeichen erhalten.

»DIE SCHÖNHEIT DER KONSTRUKTION«, CLAUS KÄPPLINGER. AUS: ARCHITEKTUR AKTUELL, 5/03

CLAUS KÄPPLINGER

GLEAMING BLUE CRYSTAL OR THE BEAUTY OF CONSTRUCTION

Egbert Kossak was Hamburg's building director for many years. He christened one of his last urban redevelopment projects the 'string of pearls': four pearls, four office buildings extending the city westwards along the bank of the Elbe. The 'string of pearls' was to replace obsolete harbour installations in an urban gap between the Holzhafen (timber dock), which had already been redeveloped as an up-market service and lifestyle centre, and the solidly middle-class fishing village of Övelgönne.
The 1996 competition of course meant a great deal in urban development terms, but it was very important architecturally as well: architectural policy had been restrictive for decades, reviving criteria like block periphery and eaves height, brick and merchant's office typologies, and propagating a local architectural style using indigenous architects only, like no other German city. But now Egbert Kossak was ostentatiously inviting his young opponents and architects from elsewhere to compete for the 'string of pearls'. He was introducing an unmistakable change that was continued by his successor Jörn Walter; Hamburg was now open to new, international architecture.
This particular competition was won by wild young things in the form of von Bothe-Richter-Teherani, Grüntuch/Ernst, the Italian Antonio Citterio and the essentially traditional Bassewitz. They were each to construct a U-shaped office building opening on to the Elbe, to be elevated over an open storey because of the danger of flooding in Hamburg. Hamburg's architectural culture changed very quickly after the competition, but it took a surprisingly long time, a full six years, for their buildings to appear. This was because the four solitaire buildings became an ensemble, not entirely of their own volition: the electricity and port authorities insisted on a polder as a flood protection measure, and this now provides a foundation for the four buildings.
This was a major change, as it significantly altered the proportions of the buildings, placing them on a broad plateau and cutting them off from their surroundings, as the polder was to be used for parking. All this was exacerbated by the fact that the grand residents on the nearby Elbe bank insisted that building heights be adhered to very strictly: their exclusive view over the Elbe must not be impaired in any particular. But their objections made only the Berliners Armand Grüntuch and Almut Grüntuch-Ernst change their plans, and this strengthened rather than weakened the basic concept of the building.
Their original project, linking two fully glazed sections with a large transverse hall, was highly transparent, but they further enhanced the spatial flow in their building, constructively and conceptually. The lateral entrance hall was narrowed as part of this process, so it was possible to see through it more fully. The façade detailing became more graceful, and the sunshading with its gleaming metal louvres

more diaphanous. Their neighbours now look heavier and stockier, but their own building now seems lighter and more transparent than in the original design. Their neighbours now convey a sense of refined solidity, while their own building exudes the unforgettable fascination of minimized construction and maximized transparency. Its extensive thrust out over the Elbe also contributes to this; in contrast with the neighbours, this was not achieved by laborious underpinning, but by suspended hinged columns at the point of support.

So now the Grüntuch/Ernst building looks elegant, almost as though it is floating, seeming to consist only of what is structurally necessary and an abstract envelope. The way the services have been handled also contributes to this impression: no false ceilings and no raised floors. Heating, ventilation and all the other technical provisions were compressed and built into the 40 cm thick concrete floors, so all the upper storeys can make full play with the free flow of space, except for a very few absolutely essential supports. Temperature control is also technologically advanced, being guaranteed largely by a 100 metre deep groundwater reservoir.

A different solution was needed only at the entrance level on the polder, but the one the architects came up with is no less impressive. There had to be protection against wave impact when the river is in flood. The architects dealt with this by creating a terrace and recessed conference zone between the outer sections of the building, and by placing glazed diagonals under the outer sections. Rising from a low, solid plinth, they are now reminiscent of the bridges of giant ocean liners. And so it is very suitable that the two clients, Hermann Ebel and Frank Leonhardt, each of whom occupies one of the two sections, are shipowners who intend to move their companies to be beside the navigable Elbe channel used by the giant ships.

The building is on a maritime site anyway. Immediately in front of its upper floors, flowing out freely into the outside space, is one of the berths for the Hamburg tugs that tow the big ships into Hamburg harbour. But there's a lot of harbour air to be enjoyed here atmospherically, as well as visually. The continuous double façades are 1.5 metres wide. Their buffer zone is naturally ventilated throughout and it is possible to step out onto it through internal sliding doors, though it will probably take some courage to walk on the slightly springy floor grids. Which also raises the urgent question of how the users will later meet the challenge of furnishing and organizing their offices, given the maximum transparency that has been achieved.

But the building has already been accepted as an event venue. All kinds of functions have taken advantage of its panoramic spatial disposition. But here the demand was not just for the office areas, but for the entrance hall, in and around which all access to the building has been concentrated.

Grüntuch/Ernst also managed to make this area unmistakable, with three illuminated concave cylinders in a translucent textile covering, rising through the full height of the building. They are placed freely in the hall, in fact they thrust partially through its glazed envelope, displaying blue light in varying intensities. Here we feel we have been transported back to the futuristic lighting of past decades, to the film 'Metropolis' or the lighting metaphors of the twenties.

But actually their game with light is not retrospective, it's utterly up to date, computer controlled and covered with the latest silicone vapour-coated textiles. It has been given a an impressive setting in the form of the glass fields at the ends of the hall, which are also back-lit. It is only on the inside that the solution may not be completely convincing. The problem is that the very understandable reduction in the width of the hall cut down the space between the cylinders as well; contrary to the first visual impression, these are quite voluminous, as they had to accommodate the cores for both the cast-concrete steps and for the lifts.

And so when visitors go into the building the first impression is confined rather than spacious, against all expectations. Though they forget this impression again only a very little later, on the open access galleries. And probably visitors only react so sharply here because the building's architecture is more perfect and logical than all but a very few office structures. At 13–15 Neumühlen, constructional lucidity and spatial freedom have been brought together to provide a lasting and unmistakable symbol for Hamburg's breakthrough into the international avant-garde.

'DIE SCHÖNHEIT DER KONSTRUKTION', CLAUS KÄPPLINGER. FROM: ARCHITEKTUR AKTUELL, 5/03

GUY BATTLE / CHRISTOPHER MCCARTHY

DIE KUNST DES ZUSAMMENWIRKENS

Architektur entsteht als lebendige, innovative Kunst in der engen Zusammenarbeit von Architekt und Ingenieur. Ihr Erfolg ist ein Maßstab für den Einfallsreichtum des Architekten/Künstlers wie auch für die Fähigkeit des Ingenieurs/Wissenschaftlers, ihre Visionen in der Realisierung zu erhalten. Dementsprechend liegt der Unterschied zwischen Architekten und Ingenieuren nicht so sehr in den Zielen, als vielmehr in den Methoden. Grüntuch/Ernst als Architekten haben einen instruktiven und visuellen Ansatz, während wir als Ingenieure auf der Basis analytischer Erfahrung nach Regeln suchen, die die Interaktion zwischen Materialien und den natürlichen Kräften beschreiben. Aber dieser Unterschied ist niemals absolut. Grüntuch/Ernst beziehen die Ingenieure bereits im frühesten Entwurfsstadium in eine Diskussion ein über die Philosophie des Entwurfs und die wichtigen architektonischen Fragen wie Ort, Ausrichtung, Form und Masse des Gebäudes. Bevor jedoch ein Ingenieur die Zusammenarbeit mit einem Architekten zur technischen Umsetzung eines Konzepts beginnen und Vorschläge in die Diskussion einbringen kann, wie dieses Ziel mit den vorhandenen Mitteln optimal erreicht werden kann, muß er wissen, was der Architekt mit seinem Entwurf erreichen möchte.

Skulpturale Konstruktionen

Das Projekt für das Triangel am Checkpoint Charlie zeigt, daß die Kunst und das Ingenieurwesen nicht so unterschiedlich sind, denn beide versuchen, neue Verständnisformen der Realität zu entdecken. Die Konstruktion für das Triangel-Gebäude ist sehr eigen. Durch die Nutzung einer Seilnetzkonstruktion wird das Gebäude in ein Gleichgewicht von Harmonie und Rhythmus gebracht, das Abbild unserer Überlegungen und früheren Erfahrungen darstellt.

Diese Konstruktion ermöglicht aber auch stützenfreie Geschoßflächen.

Ein ähnlicher Ansatz ist für das Vordach des Hotel Consul in Berlin angewendet worden. Auf den ersten Blick scheint eine eng mit der Bildhauerei verwandte Arbeitsweise für die Konstruktion eines Vordaches abwegig. Die Freiheit, die normalerweise eher mit abstrakter Kunst assoziiert wird, scheint kaum mit den klar definierten Disziplinen des traditionellen Bauingenieurwesens vereinbar zu sein. Aber die technische Ausführung des Tragwerks ist bestimmt von den skulpturalen Gestaltungskriterien. Der Strukturentwurf ist extrem einfach, aber dennoch nicht simpel: Losgelöst vom Boden wird die scheinbare Schwerelosigkeit des Vordachs erreicht durch die Wandlung der Masse in Energie, die im Tragwerk sichtbar wird.

Der bildhauerische Ansatz zur Optimierung sowohl der technischen Leistungsfähigkeit als auch der poetischen Qualitäten einer Baukonstruktion ist in dem Projekt für die Oberhavelbrücke in Berlin weiter verfeinert worden. Vorrangiges Ziel des Tragwerkentwurfs für die Brücke war die Entwicklung einer konstruktiven Formensprache mit den spezifischen Möglichkeiten von Verbundwerkstoffen. Die Schalenkörper aus dem Verbundwerkstoff werden gegeneinander ins Gleichgewicht gesetzt. Dadurch erinnert die Brücke visuell an rituelle Tänzer, die einander gegenübergestellt werden, dennoch frei wirken.

Gebäude als Klimamodulator

Wie alle Tiere versuchen auch wir, die unangenehmen Auswirkungen des Klimas dadurch zu mildern, daß wir uns mit einer abgeschlossenen Hülle umgeben, um uns von unserer natürlichen Umwelt abzugrenzen. In unserem Bemühen, die schönsten, effizientesten und komfortabelsten Wohn- und Arbeitsbedingungen zu schaffen, sind wir dabei über die Jahrhunderte von der schweren Felshöhle bis hin zum leichten Glashochhaus gelangt. Unsere Reaktionen auf die wechselnden Umweltbedingungen sind jedoch vielfach eindimensional gewesen, da wir nur versucht haben, das Wetter draußen zu halten, uns also den äußeren Umweltbedingungen entgegenzustellen. Demnach werden große Mengen an Gebäudetechnik installiert, um die klimatischen Mängel der Gebäudehülle auszugleichen. Dies ist eine überflüssige und ineffiziente Vorgehensweise. Eine angemessenere Methode zur Optimierung der klimatischen Eigenschaften ist eine Gebäudehülle, die positiv mit der Umwelt interagiert. Der Entwurf der Schule für geistig behinderte Kinder in Berlin-Hellersdorf war eine Herausforderung, verschiedene Aspekte einer mit der Umwelt interagierenden Architektur weiterzuentwickeln:

Sonnenstrahlung: Nachdem die maximalen und minimalen Sonneneinfallwinkel auf die Südfassade der Klassenräume zusammen mit Werten für Reflektion und Durchgang von Sonnenstrahlung in den verschiedenen Jahreszeiten bestimmt worden waren, wurden verschiedene Arten von Verschattungssystemen ausprobiert und auf ihre Eignung für dieses Projekt untersucht. Darunter waren: feste horizontale Verschattungen, feste vertikale Sonnenschutzwände, bewegliche horizontale Jalousien und bewegliche vertikale Blenden oder Flossenprofile. Die Bleche der Verschattungselemente wurden mit Perforationen versehen, die Schattenbilder auf den Boden werfen und den Schülern ein Spiel von Licht und Schatten bieten.

Speichermasse: Schwere, massive Konstruktionen fühlen sich im Sommer angenehm kühl an, da sie als Wärmespeicher funktionieren. Nachts geben sie die tagsüber aufgenommene Wärme ab: durch Konvektion an die kalte Nachtluft und durch Wärmestrahlung an die äußere Atmosphäre, deren Temperatur am absoluten Nullpunkt liegt. Dadurch »laden« die Bauteile ihre Wärmeaufnahmekapazität für den nächsten Tag wieder auf. Unverkleidete vorgefertigte Hohlraumdecken stellen eine zusätzliche Möglichkeit der Kühlung für die Übergangs- und Sommerzeiten dar.

Pufferzone: Eine Pufferzone ist der unbekannteste, unbestimmteste und dennoch aufregendste Bereich der Bauphysik. Man kann sie als Teil der Gebäudehülle ansehen, das die Extreme des externen Klimas mäßigt. Aber sie ist mehr als das, da sie als Raumzone Teil des Gebäudegrundrisses ist. Die Pufferzone der Hellersdorfer Schule besteht aus einem Balkonbereich mit beweglichen Elementen, die im Winter geschlossen werden können, um dann die Vorzüge eines Wintergartens zu bieten, im Sommer offen sind, um Schatten zu spenden und einen Gartenbereich für jeden Klassenraum zu schaffen, und im Herbst und Frühling teilweise geöffnet werden können, um eine Gestaltung der Räume entsprechend den klimatischen Verhältnissen zu ermöglichen. Diese Pufferzone ist mit Gewächshäusern verbunden, die den linearen Klassenraumtrakt unterbrechen. Dies schafft die Möglichkeit, daß Pflanzen und Landschaft die Klassenraumtrakte durchdringen und gleichzeitig ein Querlüftungskonzept mit Windtürmen an der Spitze jedes Gewächshauses im Sommer genutzt werden kann.

Die Umwelt, in der wir leben, ändert sich ständig. Während der gesamten Evolution hat sich die lebendige Welt um uns herum immer wieder angepaßt, um sich auf diese veränderten Klimaverhältnisse einzustellen. Während sich die Eiche im Wind wiegt, verharrt der Wachsoldat durch kleine, exakte Muskelbewegungen unbeweglich auf seinem Posten. Pelztiere wie der Eisbär verändern die Dicke der Fettschicht und die Dichte des Fells, das ihren Körper umgibt. Ebenso können einige Echsen-Arten die Oberfläche ihrer Haut an der Körperseite, die der Sonne zugewandt ist, vergrößern und verkleinern; andere können ihre Hautfarbe von hell nach dunkel verändern, um Hitze effizienter zu reflektieren oder zu absorbieren. Auch unsere menschlichen Körper sind perfekte Temperaturregulatoren. Unsere Haut stellt die Grenze zwischen unseren inneren Organen und der äußeren Umwelt dar. Sie ist durch eine Reihe von Mechanismen wie Vasodilatation, Vasokonstriktion, Schwitzen und Körperhaarbewegung in der Lage, die Körpertemperatur auf einem nahezu konstanten Wert von 36,8 °C zu halten.
Für die Erweiterung des historischen Reichstagsgebäudes in Berlin haben Grüntuch/Ernst eine konstruktive Gebäudehülle vorgeschlagen, die mit der Umwelt interagiert. Eine solche intelligente und anpassungsfähige Hülle wird den Energiefluß in sich selbst regulieren. Sie wird nicht mehr eine Barriere zwischen Innen und Außen, sondern ein Interface zwischen zwei Energieniveaus sein.
Die monolithische Gebäudehülle ist ein Ergebnis des integrierten Entwurfsansatzes. Wie bei einer mittelalterlichen Burg sind Form, Konstruktion, Gebäudetechnik und Fassadengestaltung in ihr integriert. Es ist eine multifunktionale »Haut«, die auf Wetteränderungen wie Wind, Sonne, Regen und Temperatur reagieren kann und gleichzeitig ein Gebäude umschließt, das keine weitere Energieversorgung benötigt. Die Gebäudehülle wird wie die biologische Haut eine Reihe von Funktionen erfüllen müssen. Sie wird aufgebrachte Lasten aufnehmen und den Energiefluß regulieren müssen. Dies wird folgendermaßen erreicht: In der Atmosphäre verfügbare freie Energien werden gesammelt und dorthin verteilt, wo sie gebraucht werden. Derzeit überflüssige Energien werden entweder gespeichert oder wieder in die Atmosphäre abgegeben. Es entsteht damit ein Kommunikations-»Interface« zwischen Innen und Außen. Für die Speicherung überschüssiger Energie und die variable Regelung der Wärmestrahlung sind Energiesammler in der »Haut« erforderlich. Thermische Regelung wird durch das Sonnenspektrum und die thermische Emission der Gebäudehülle erreicht, ebenso setzt das System das »Atmosphärische Fenster« ein, um überschüssige Wärme in den Weltraum zu strahlen. Thermoelektrische Gewebe nutzen die gewonnene Energie, um Heizung und Kühlung an den gewünschten Ort zu liefern. Konstruiert wird die monolithische Gebäudehülle aus Verbundwerkstoffen mit einer Reihe integrierter Funktionsgewebe wie konstruktiven Fasern mit Sensoren, die auf Belastungen reagieren. Außerdem werden die Funktionsgewebe die Farbe der Gebäudehülle steuern können. Diese Gewebe werden mit einem »Gehirn« verbunden sein, das sowohl die interne wie die externe Umwelt überwacht. Zusätzlich zu diesen Systemen sind akustische Absorber, Reflektoren, Lärmdämpfungssysteme, Lüftungen, poröse Flächen sowie Bau- und Umbauarterien vorhanden.
Dieser vollständig integrierte Entwurf ist ein Umweltmodulator, der Haustechnik und Konstruktion in einer Struktur beinhaltet. Eine neue Garderobe ästhetischer Ausdrucksmöglichkeiten ist mit der magischen Kraft des Chamäleons entwickelt worden: der Kraft des Wechsels, um sich dem Klima anzupassen. Die Gebäude werden zu Künstlern werden, die mit ihrer Palette digitaler Farben und der Gebäudehülle als Leinwand den Stimmungen der Mode folgen und einen technischen Idealzustand nach Belieben aufrechterhalten können.

Die Kunst und das Ingenieurwesen sind nicht so unterschiedlich, denn beide versuchen, neue Verständnisformen der Realität zu entdecken. Die Zukunft liegt jedoch in der Überbrückung der Gräben zwischen »Kunst und Wissenschaft«, »Glaube und Beweis« und »Emotion und Messung«. Die heutige Architektur kann sich ohne die beiden Seiten nicht weiterentwickeln.

ÜBERSETZUNG FLORIAN BÖHM

»DIE KUNST DES ZUSAMMENWIRKENS«, BATTLE/MCCARTHY. AUS: ARCHITEKTEN GRÜNTUCH ERNST, BERLINER PROJEKTE 92–95, NELTE VERLAG 1996

GUY BATTLE / CHRISTOPHER MCCARTHY

THE ART OF COLLABORATION

Architecture is a living, innovative art generated through the close collaboration of the architect and the engineer. Its success is a measure of the architect's/artist's vision and the engineer's/scientist's ability to justify that vision.

Consequently, the difference between architects and engineers lies not so much in the aims but in the methods. Grüntuch/Ernst as architects have an instructive and visual approach while we as engineers rely upon analytical expertise in search of laws which explaines the interaction of structural materials with the natural forces. But this difference is never absolute. Grüntuch/Ernst involve the engineers at the earliest 'white paper' stage in a discussion on the philosophy of the design as well as major architectural issues such as building position, orientation, form and massing. But before an engineer may proceed to collaborate with architects he must know what the architect is trying to achieve before proceeding into a discussion on how it may best be achieved with available resources.

Sculptural Structures

The project for the Triangle at Checkpoint Charlie in Berlin demonstrates that art is not so different from engineering, which is also involved in discovering ways of understanding reality.

The structure of the Triangle building is specific. By using a tension net structure the building is organised into a balance of harmony and rhythm which corresponds to our thoughts and past experiences. It gives the chance to create totally uninterrupted floorspaces.

A similar approach was used for the Hotel Consul canopy in Berlin. At first sight, the techniques associated with sculpture may seem out of context with the structural design of a canopy. The freedom normally associated more with abstract art may seem incompatible with formulated disciplines of traditional structural design. But the technical performance of the structure is founded upon sculptural criteria. The design is extremely simple, yet not elementary: Detached from the ground, the apparent weightlessness of the canopy is achieved by converting the mass into energy within the structure. The sculptural approach for enhancing the technical performance as well as poetical qualities of the structure is taken further in the project for the Oberhavel bridge in Berlin. It is a primary objective for the design of the bridge to create a structural language into art of composite material's own handwriting.

The composite shell bodies have been balanced against each other. By that, the bridge visually suggests primitive ritual dancers diagrammatically opposed, yet liberated.

Building as a Climatic Modulator

Like all animals we choose to moderate the diverse effects of the climate by surrounding ourselves with an enclosure to distance ourselves from our natural environment. Over the centuries, we have progressed from the heavy-weight rock cave, to the light-weight glass tower block in an effort to find the most aesthetic, efficient, and comfortable living and working conditions. But our response has been single minded, to keep the weather out or, in other words, it was 'environment rejecting'.

As a result, excess building services are installed to make up for the inadequacies of the building fabric. This is an unnecessary and inefficient response. A better way to optimise the climatic benefits is to have a building envelope that positively interacts with its environment.

The design of the School for Mentally Handicapped Children in Berlin-Hellersdorf was a challenge to develop various aspects of interacting with the environment.

Solar radiation: Once the maximum and minimum solar angles onto the façade of the southfacing classrooms were determined, together with a specification for the reflection and penetration of solar radiation throughout the seasons, different types of solar shading devices were examined in a trial and error process including fixed horizontal shades; fixed vertical screens; movable horizontal louvres; movable vertical blinds or fins. The blades were cut with perforations which cast shadows of shapes onto the floor for the students to respond to.

Thermal mass: Heavyweight structures feel cool on hot summer days because they act as a thermal store. At night, they give up their heat by convection to the cool night air and by radiation to the cold outer atmosphere at absolute zero ... thus 'recharging' their heat sink capability for the next day. Exposed standard fair-faced precast hollow core slabs provide a source of free summer cooling during midseason and summer periods.

Buffer zone: A buffer zone is the most unexplored, undefined, and yet most exciting area of building physics. It can be seen as an element of the building skin, being a means of moderating the external climate. But it is more than that for it forms a part of the plan of a building. The buffer zone of Hellersdorf school comprises a balcony zone with an adjustable screen that can be closed in winter to offer the benefits of a conservatory open in summer to provide a shade and an external garden area for each classroom and partially open adjustable in spring or autumn to allow tuning of space as the climatic conditions dictate. It is linked to conservatories that offer a separation in the longer linear classroom blocks. This allows greenery and landscape to penetrate the classroom blocks, whilst providing a more creative means of driving crossventilation during the summer utilising wind towers at the top of each conservatory space.

The environment within which we live is an ever changing one. Throughout evolution the living world around us has adapted to cope with this varying climate. While the oak tree sways in the wind, the sentry remains still through minute muscular response. Furred animals, such as the polar bear, vary the thickness of the fatty layer and the density of the fur coat that surrounds their bodies. Likewise, some lizards can increase or decrease the area of skin exposed to the sun, and some can vary their own skin colour from light to dark to either reflect or absorb heat more efficiently.

In a similar manner, our own human bodies are precise thermoregulators. Our skin is the boundary between our internal organs and the external environment. It manages through a number of mechanisms, such as vasodilatation, vasoconstriction, sweating and body hair movement, to maintain an almost constant body temperature of 36.8°C.

For the extension of the historic Reichstag in Berlin Grüntuch/Ernst proposed to have structural enclosure that interacts with its environment. Such an intelligent and adaptable building skin would regulate the energy flowing through itself. It would no longer be a barrier between 'inside' and 'outside'; but would become an interface between two energy sinks.

The monolithic building envelope is a product of this integrated approach to the design. Like the medieval castle, it has its form, structure, skin, services and finish integrated as one. It would, in effect, be a multifunctional 'skin' that responds to climatic changes such as wind, sun, rain and temperature, whilst creating a building which would be self-sufficient in energy demands.

The building skin would have to perform specific functions. It would respond to applied loads and regulate the energy flow. This is achieved by collecting available free energy, distributing it where required and storing or dissipating the rest.

This provides a communication interface between inside and outside. Energy collectors are essential for the storage of extra energy and through variable radiation control. Thermal response control is activated by the solar spectrum and the thermal emission of the skin, as well as making use of the 'atmospheric window'. Thermoelectric weaves could use the energy collected to provide cooling or heating on demand. The monolithic enclosure would be constructed from a composite construction with various weaves of thread such as structural veins responding to applied loads and sensors. The weave will also control the colour of the enclosure. Such a fabric would be connected to the 'brain' which monitors both the internal and external environment. In addition to these inventions, there are acoustic absorbers, reflectors, antinoise devices, ventilation, porosity patches and construction as well as reconstruction arteries.

This is the fully integrated design that incorporates plant and fabric as one ... an 'environmental mediator'. A new wardrobe of aesthetic espressions has been created with the same magical powers as the chameleon, changing to suit the environment. The buildings would become the artists who, with their palette of digitalised colours and the building envelope as a canvas, could follow the moods of fashion and maintain an engineering ideal at will.

Art is not so different from engineering, which is also involved in discovering ways of understanding reality. However, the future lies in bridging the gap between 'art and science', 'belief and proof' and 'emotion and measurement'. Contemporary architecture cannot progress without both sides.

'DIE KUNST DES ZUSAMMENWIRKENS', BATTLE/MCCARTHY. FROM: ARCHITEKTEN GRÜNTUCH ERNST, BERLINER PROJEKTE 92-95, NELTE VERLAG 1996

PHILIPP OSWALT

SOFT AND LITE

Die Arbeit des Büros Grüntuch/Ernst ist optimistisch: Die Projekte bringen eine Freude an der Suche nach dem Unbekannten zum Ausdruck, an der Erkundung neuer architektonischer Möglichkeiten – ästhetisch, funktional, technisch, konstruktiv.
Man erkennt, daß diese Architektur aus der »hightech«-Tradition hervorgegangen ist, sich aber zu etwas Neuem entwickelt hat. Almut Ernst hat unter anderem in Stuttgart bei Peter von Seidlein studiert, Armand Grüntuch in London bei Norman Foster gearbeitet, und beide haben zusammen mit Future Systems an Wettbewerben teilgenommen.
Doch kontrastiert wurden diese Erfahrungen durch die Mitarbeit im Büro von William Alsop und das Studium an der Architectural Association in London und an den Hochschulen in Aachen und Venedig. Die Konfrontation mit verschiedenen Architekturideologien wirkte befreiend. Man war gezwungen, eine eigenständige Haltung zu finden, gab es doch keine klaren Vorbilder, denen man folgen wollte.
So hat sich die hightech-Erfahrung zwar in einer Vorliebe für die Materialien Glas, Stahl, Gußeisen und Aluminium sowie in einem Perfektionismus bei der Ausführung niedergeschlagen, aber man hat sich von dem formalen Dogma einer Maschinenästhetik befreit. Die Konstruktion prägt zwar nach wie vor die Gestalt, doch folgt sie nicht mehr einer rigiden orthogonalen Ordnung (einem Raster). Die informellen Strukturen sind zumeist aus räumlichen Tragwerken entwickelt, die zugleich auch raumbildend sind. In der Zusammenarbeit mit den englischen Ingenieuren Guy Battle und Christopher McCarthy gelingt es den Architekten, diese an sich sperrigen und schwer formbaren Konstruktionen in ihre Architektur zu integrieren. Sonderkonstruktionen aus dem Ingenieurbau werden auf alltägliche Bauaufgaben wie ein Bürohaus übertragen: So ist die Konstruktion des Hauses am Checkpoint Charlie ein Hängenetzwerk.

Weiche Ordnungen

Im Entwurfsprozeß wird die Konstruktion nicht als eine starre, rigide Struktur aufgefaßt, die das Gebäude einer klaren Disziplin unterwirft, sondern sie ist vielmehr eine weiche Ordnung, eine topologische Konfiguration, die auf die verschiedenen äußeren und inneren Kräfte reagiert. Und zu den Kräften, die auf die Gestalt der Gebäude einwirken, gehören zunehmend auch die weichen Faktoren des Gebäudeklimas: Lichtstrahlung, Luftströmung und Temperaturflüsse. So sind beim Umwelttechnologiezentrum Adlershof die beiden Gebäuderiegel so verformt, daß durch die trichterförmige Ausbildung des Innenhofs die Lichtausnutzung optimiert ist, während die Südfassade sich durch die zunehmende Auskragung der Obergeschosse selbst verschattet. Die Formen sind offen, nicht deterministisch. Nicht ein einzelner Faktor – ob Konstruktion, Herstellungsprozeß, Funktion, Gebäudeklima oder Städtebau – bestimmt die Form, sondern alle wirken auf sie ein.

Die Offenheit der Form ermöglicht eine Synthese der unterschiedlichen »Kräfte«.
Durch die verschiedenen Kräfte wird das Gebäude im Entwurfsprozeß Transformationen unterzogen. Es ist nicht ein idealer Körper, sondern ein Phänotyp: Wie bei einem Lebewesen gibt es nicht einen Idealtypus (die Verkörperung eines Idealzustands), sondern eine spezifische lokale Erschei-

nungsform, die Resultat der Eigengesetzlichkeit des Gebäudes wie der äußeren Einflüsse ist. Entwurf und Berechnung solch freigeformter Baukörper erfolgt vorwiegend am Computer. Erst mit ihnen ist es möglich, solche zweifach gekrümmten Formen zu berechnen, zu visualisieren und herzustellen. Der Einsatz von Computern in der Planung ermöglicht somit die Entwicklung einer neuen Ästhetik. Und die sich damit entfaltende Architektursprache bringt auf interessante Weise den zur Zeit stattfindenden Übergang unserer Zivilisation vom Maschinenzeitalter zum Informationszeitalter zum Ausdruck.

Die Auswirkung dieses Prozesses auf die Architektur beschrieb der amerikanische Architekt Edgar Kaufmann Jr. bereits in den sechziger Jahren: »Die Technik verliert immer mehr ihren materiellen Charakter. Sie wird ihrem Wesen nach zunehmend elektronisch und immer weniger mechanisch, was im Endeffekt dazu führen muß, daß die Bildersprache der Technik dem Entwerfenden immer mehr entgleitet.« (zitiert nach Martin Pawley: The Architecture of the Second Machine Age) Nicht die materiellen Werte sind heute wichtig, sondern die Information: Das Gebäude wird somit zum Behälter, in dem Informationen absorbiert, erzeugt, transformiert und weitergegeben werden. Als statisch-physisches Objekt ist das Gebäude selbst nicht Informationsträger, sondern Teil der Ausstattung, der hardware. Wie bei einem Computer kommt es zunehmend auf seine »performance« an, seine Effizienz.

Behälter

Das Gebäude erscheint nach außen als abstrakter Behälter ohne Referenz zu einer tradierten architektonischen Sprache. Die Fassade verselbständigt sich. Die innere Struktur des Gebäudes läßt sich außen nur noch erahnen. Konsequent spricht man nicht mehr von der Fassade als dem »Aufriß« (der die innere Struktur des Gebäudes darlegt), sondern von der Gebäudehülle.

Die Fassade spricht keine uns gewohnte Sprache. Sie ist und trägt keine Zeichen, die auf eine innere oder äußere Bedeutung verweisen. Da die Form nicht auf etwas uns Bekanntes hinweist, nehmen wir sie als solche wahr. Sie erscheint frisch und unerforscht. Sie entzieht sich unserer Erfahrung. Sie entspricht nicht den uns gewohnten Bildern eines Gebäudes. Sie wirkt unmittelbar auf die Sinne, ohne in unserem Bewußtsein vorgefertigte Bilder wachzurufen (siehe Martin Steinman). Es ist wie bei den Arbeiten von Christo, wo durch die Verhüllung des Baukörpers dieser in völlig neuer Weise wahrgenommen wird.

Die Befreiung des Inneren – die Befreiung vom Inneren

Die Tendenz zur Auflösung der Korrespondenz zwischen äußerer Form und innerer Funktion ist Resultat heutiger Bauaufgaben. Das Innere entzieht sich zunehmend dem Zugriff des Architekten, und zwar in zweifacher Weise: Zum einen wird das Innere von Gebäuden mehr und mehr von Projektentwicklern, Fachplanern, Logistikern und Verfahrenstechnikern konzipiert und geplant, während der Architekt nur noch mit dem Design der äußeren Hülle beauftragt wird. Zum anderen ist bei heutigen Bauten – insbesondere bei spekulativen Büro- und Gewerbebauten – die zukünftige Nutzung nicht vorhersehbar. So forderten die Bauherren beim Geschäftshaus am Checkpoint Charlie und beim Technologiezentrum Adlershof eine weitgehende Nutzungsflexibiltät für die Gebäude.

Und selbst öffentliche Bauaufgaben wie die Schule für geistig Behinderte erfordern eine freie Aufteilbarkeit der Räume, um zukünftigen sozialen Veränderungen entsprechen zu können; hatte sich doch gezeigt, daß die Behindertenschulen der 80er Jahre nicht auf die Veränderung in der Behindertenpädagogik reagieren konnten und daher heute – nur zehn Jahre nach ihrer Errichtung – nur noch eingeschränkt nutzbar sind. Die Unbestimmtheit des Inneren ist eine Befreiung der Architektur von früheren Zwängen. Doch zugleich entzieht sie der Architektur quasi den Boden unter den Füßen, verbleibt doch nur noch wenig, was zum Ausdruck gebracht werden könnte.

Der englische Architekturtheoretiker Martin Pawley zieht aus dieser Entwicklung das Fazit, daß die Architektur verschwindet. Die äußere Erscheinung von Gebäuden werde heute, und erst recht in Zukunft, nur noch nach rein pragmatischen Gesichtspunkten bestimmt: Der Fassadeningenieur entwickelt die nichtssagende, technologisch optimierte Fassade.

Robert Venturi und Denise Scott Brown propagierten hingegen bereits in den späten siebziger Jahren das Konzept des dekorierten Schuppens als Ausweg aus dem Dilemma: Sie sahen in der Zerstörung des Zusammenhangs zwischen Innen und Außen die Chance, unbefangen Bildsprachen entwickeln und auf das Gebäude applizieren zu können.

Dies führt jedoch zu einem Verlust an Authentizität. Eine andere Strategie ist, die Reduktion der Ausdrucksmöglichkeiten zu akzeptieren und die Gebäudehülle selber zu thematisieren. Diesen Weg ist bereits Mies van der Rohe gegangen, und wir finden diese Strategie, in anderer und zeitgemäßer Form, in den Arbeiten von Grüntuch/Ernst wieder, ebenso wie bei anderen zeitgenössischen Architekten. Zum einen führt die Reduktion der Ausdrucksmittel zu einer gewissen Sprachlosigkeit: Worüber man nicht sprechen kann, darüber muß man schweigen. Zugleich erschließt sie neues Terrain: Man ist gezwungen, die reduzierten Mittel zu entfalten. Um nicht banal und nichtssagend zu werden, muß man lernen, innerhalb der reduzierten Mittel eine neue differenzierte Sprache und Ausdrucksvarianten zu entwickeln.

Die Thematisierung der Hülle

Die Thematisierung der Hülle ist keine lediglich ästhetische Frage. In einem solchen Architekturkonzept gewinnt die Hülle zugleich neue raumklimatische, konstruktive und räumliche Funktionen.

Die Fassade als Haut wird zum Klimamodulator, der die Energieströme zwischen Umwelt und Gebäude reguliert. Bei nahezu allen Arbeiten von Grüntuch/Ernst ist die Fassade eine dynamische Klimamembran. Wohl am weitesten entwickelt ist dieser Aspekt bei der Schule für geistig Behinderte, wo die südorientierte Hoffassade aus Metallpaneelen, textilen Segeln und Bepflanzung nicht nur das Raumklima temperiert, sondern zugleich auch den Innenraum mit einem Spiel von Licht, Schatten und Farbe moduliert. Interessant an diesem Projekt ist ebenfalls die räumliche Funktion, die der Fassade zufällt: Sie ist nicht mehr eine zweidimensionale Trennscheibe zwischen Innen und Außen, sondern sie wird zu einer als Aufenthaltsraum nutzbaren Übergangszone. Die Terrassen zwischen innerer und äußerer Fassadenhaut bilden geschützte Außenräume, die Innen und Außen miteinander verbinden. Bei anderen Projekten wie dem Bundestag und dem Bürohaus am Checkpoint Charlie ist die Fassade zugleich Tragstruktur des Gebäudes, als Gitterschale oder Netzwerk ausgebildet.

Silhouette und Textur

Aus den neuen Funktionen der Fassade und der Reduktion der Ausdrucksmittel erwächst ein neues Vokabular für ihre Gestaltung: Wichtig wird die Gebäudegeometrie (und damit die Silhouette aus unterschiedlichen Blickwinkeln) sowie die Textur der Oberfläche.

Die Architektur gewinnt plastische Qualitäten: Der Verzicht auf andere Ausdrucksmittel führt zur Thematisierung und Differenzierung der Gebäudegeometrie. Das Gebäudevolumen selbst wird frei geformt, der traditionell kubische Bau-Körper wird in körperhafte Formen überführt.
Bereits Mies van der Rohe experimentierte in den frühen zwanziger Jahren mit der Verformung des Baukörpers, »um der Gefahr der toten Wirkung auszuweichen, die sich oft aus der Verwendung von Glas in großen Flächen ergibt«. Er entwickelte prismatische und gekurvte Formen, mit denen er »ein reiches Spiel von Lichtreflexen« erzielen wollte. »Bei oberflächlicher Betrachtung«, so Mies, »erscheint die Umrißlinie des Grundrisses als willkürlich, und doch ist sie das Ergebnis vieler Versuche an dem Glasmodell. Für Kurven waren bestimmend die Belichtung des Gebäudeinneren, die Wirkung der Baumasse im Straßenbild und zuletzt das Spiel der erstrebten Lichtreflexe.« Bei seinen »Haut- und Knochenbauten«, wie Mies sie nannte, experimentierte er zugleich auch mit der Textur der Oberfläche, vor allem durch den Einsatz unterschiedlicher Materialien wie Klarglas, mattiertes Glas, Spiegelglas, Naturstein und Backstein, die den Gebäuden mit ihrer reduzierten Materialästhetik taktile Qualitäten verliehen.
Bei den Arbeiten von Grüntuch/Ernst erhält die Fassadenoberfläche ihre Textur meist nicht durch den Einsatz von besonderen Materialien, sondern durch ihre neuen Funktionen: Beim Haus am Checkpoint Charlie ist es das rautenförmige Seilnetzwerk der Tragkonstruktion, beim Umwelttechnologiezentrum Adlershof sind es die Sonnenschutzelemente.
Bei letzterem Projekt variiert die Dichte der Metallamellen auf der nach Süden orientierten Straßenseite je nachdem, welchen Sonnenschutz der geschwungene Baukörper jeweils braucht. Dieses Spiel mit der Dichte verleiht dem Baukörper eine lebendige Textur, die in der Fassadenzone zudem eine räumliche Dynamik erzeugt: Der Raum zwischen Sonnenschutzhaut und wellenförmig geschwungener Glashaut weitet sich und schließt sich, er pulsiert.
Die beweglichen Sonnenschutzelemente des Umwelttechnologiezentrums oder der Schule für geistig Behinderte führen auch zu einer Dynamisierung über die Zeit: Je nach Wetterlage und individuellen Vorlieben der Nutzer verändert sich die Fassade und wird zum Indikator der unterschiedlichen Einflüsse. In zukünftigen Projekten wollen Grüntuch/Ernst nach neuen Fassadenkonzepten suchen, die als visuelle Verstärker bzw. als visuelles Gedächtnis wirksam sind, die Spuren von Veränderung und zeitlichem Wandel bewahren.

Verlandschaftlichung
Die Beschäftigung mit neuen Gebäudegeometrien führt bei den Arbeiten von Grüntuch/Ernst zu einer Verflüssigung des Raums, zu einer Verlandschaftlichung der Architektur. Der Außenraum umfließt die Gebäude, unter- und überspült sie. Die Baukörper gewinnen landschaftlich-topographische Qualitäten. Das Schwimmbad Schöneberg und der Plenarsaal des Bundestags sind wie sanfte Hügel, die Folge der Innenhöfe in Adlershof läßt an eine Schlucht, einen Canyon denken. Das Business Center am Checkpoint Charlie erscheint als ein überhängender, von der Brandung abgeschliffener Fels, der vom öffentlichen Raum unterspült wird, so daß ein abgesenkter Stadtplatz entsteht. Durch die Verlandschaftlichung der Architektur werden Gebäude und Umwelt miteinander verknüpft, Innen und Außen miteinander verzahnt.

Hybride

Zugleich laufen die sphärischen Baukörperformen mit ihrer nahtlosen Oberfläche Gefahr, als hermetische, absolute Formen zu erscheinen, die sich einer Einbindung in einen städtebaulichen Kontext entziehen. Um diesem Problem zu begegnen, entwickeln Grüntuch/Ernst bei ihren städtischen Projekten oft hybride Geometrien, bei denen die bubble-Formen mit einem kubischen Gebäudeteil kombiniert werden: Beim Checkpoint ist es der Rücken des Gebäudes mit der Erschließung, der das Haus in seinem städtischen Kontext verankert. Durch die Hybridbildung wird die Baukörperform zudem kontrast- und spannungsreicher. Bei der Behindertenschule in Hellersdorf folgt die äußere Form dem orthogonalen Straßenraster, während das Gebäude zum Innenhof hin plastisch verformt ist.

Transformation der Moderne

Die verschiedenen Aspekte des Architekturkonzepts von Grüntuch/Ernst finden sich in unterschiedlicher Ausprägung auch bei anderen zeitgenössischen Architekten wieder. Es scheint sich eine bisher noch unartikulierte neue Strömung in der zeitgenössischen Architektur herauszubilden, die mit den Begriffen soft & lite umschrieben werden könnte: eine Architektur, die nicht das Prinzipielle sucht, sondern das Spezifische; die nicht festlegen, sondern ermöglichen will; die nicht substantiell ist, sondern ephemer. So finden wir eine Architektur leichter, ephemerer Körper seit einigen Jahren bei so unterschiedlichen Architekten wie Rem Koolhaas, Toyo Ito, William Alsop, Massimiliano Fuksas, Jean Nouvel, Renzo Piano, Richard Rogers und Jan Kaplicky/Future Systems.

Es ist eine Tendenz, die eine eher marginale Strömung der Moderne (neben den frühen Arbeiten von Ludwig Mies van der Rohe und dem John Wax Tower von Frank Lloyd Wright die Arbeiten von Erich Mendelsohn und Richard Buckminster Fuller).

Es ist eine Architektur, die einige Dogmen der klassischen Moderne überwindet und hinter sich läßt, sei es die Idee von der Einheit der inneren Funktion und der äußeren Erscheinung, den funktionalen Determinismus oder die pathologische Sehnsucht nach Rationalität, Repetition, Einheitlichkeit und rechtem Winkel. In anderer Hinsicht atmet diese Architektur ganz den Geist der Moderne, ihre Freude am Unbekannten, ihre Suche nach neuen technischen, künstlerischen und kulturellen Möglichkeiten, ihren Optimismus und ihre Begeisterung für neue Technologien, ihre Verpflichtung zu Effizienz und Komfort. Sie verfolgt eine Tendenz zur Reduktion und Abstraktion, ohne ihre sublime hedonistische Freude an der Form zu verleugnen.

»SOFT AND LITE«, PHILIPP OSWALT. AUS: ARCHITEKTEN GRÜNTUCH/ERNST, BERLINER PROJEKTE 92–95, NELTE VERLAG 1996

PHILIPP OSWALT

SOFT AND LITE

The work of Grüntuch/Ernst is optimistic. The projects delight in a search for the unknown and the discovery of new architectural possibilities: aesthetic, functional, technological and structural. One sees that the architecture is born out of the 'high-tech' but, in departing from it, offers significant developments to this tradition. Almut Ernst studied in Stuttgart under, amongst others, Peter Seidlein,

Armand Grüntuch worked in London at Norman Foster's, and together they worked on competitions with Future Systems. This experience contrasts with that gained at William Alsop's office and studying at the Architectural Association in London and at architecture schools in Aachen and Venice. Confrontation with different architectural ideologies was liberating. With no clear direction that one wants to follow one is forced into defining ones own position.
This high-tech experience not only imparted a preference for materials such as glass, steel, cast iron, and aluminium, but also for perfection of detail, freed however from the formal dogma of machine aesthetics. Although the structure still informs the organisation, no longer does it follow the rigid formal geometry of the grid. Space is defined mostly through the informal arrangement of three-dimensional structures. Together with the English engineers, Guy Battle and Christopher McCarthy, the architects have succeeded in integrating these, in themselves highly complex structures, into the architecture. Specially engineered structures are integrated into buildings such as offices, for example the tension net structure of the Checkpoint Charlie project.

Soft Order
In the design process, the structure is not handled as a stiff, rigid element, but as a much softer, more malleable order or typological configuration, responding to the surrounding forces which influence the building's form. These forces also include the softer factors of climate, air currents, temperature flows and light-rays.
So it is in the design for the Environmental Technology Centre in Adlershof, that the buildings form a funnel shaped court in order to optimise the penetration of light, whilst the south façade shades itself by the cantilevering of successive levels.
The forms remain open, nondeterministic. There is not a single factor, be it the manufacturing process, frame, function, climate or urban planning, considered in isolation, which determines the form, but the looseness of the forms allows the synthesis of these various forces.
During the design process the projects undergo a transformation due to the specific local and surrounding forces. The result is not an idealised volume, but a phenotype; as with living organisms, there is no perfect type (the embodiment of an ideal state) but rather a manifestation specific to the locality; the result of the building's own inner dynamics and outer influences.
The design of these freely shaped buildings is achieved predominantly on the computer which simplifies the dimensioning, visualisation and realisation of such double curved forms. The introduction of the computer into the design process has also led to the development of a new aesthetic, which together with the associated architectural language is representative of the present transition in our civilisation from machine age to information age.
The effect of this process on architecture was already described in the 60s by the American architect Edgar Kaufmann Jr.: "Technology is increasingly immaterial, it is increasingly electronic, less mechanical, and the net result is that the imagery of technology readily eludes the designer." (Martin Pawley: Theory and design in the Second Machine Age). It is not material value but rather information that is of importance today: the buildings become containers in which information is absorbed, produced, transformed and processed. As a static object, buildings themselves are not information carriers but pieces of hardware. As with a computer, their performance and efficiency are the criteria by which they are judged.

Containers

Appearing on the outside to be abstract containers, the buildings do not make references to a traditional architectural language. The façades, being autonomous, on the outside give only a suggestion of the internal organisation. Consequently one no longer talks of the façades as the expression of the plan, but of the façade as the building's envelope.
The façades, no longer communicating to us in the accustomed fashion, hold no message. We take it that the forms do not allude to the familiar, but appear fresh bearing no relation to our experiences, correlating not with our usual picture of a building, but awakening our subconscious. They play directly on the senses without awakening in our consciousness preformed images (see Martin Steinmann 'Konstruction, Intention, Detail', Zurich 1994). Similarly in Christo's work, the wrapping of the building allows it to be understood in a totally new way.

The Freeing of the Interior ... Liberation from the Interior

The tendency to erode the correlation between external form and internal function is the result of present-day building programs. Architects have increasingly less control of the internal organisation for two reasons. Firstly, the interior of the building is often conceived and planned either by the project developers, planners, production managers and engineers and leave the architect only responsible for the design of the external skin. Secondly, the users of present-day buildings ... particularly speculative office and commercial buildings ... are often not known at the design stage. For these reasons the clients for the Checkpoint Charlie Business Centre and for the Technology Centre at Adlershof required highly flexible buildings. Even public buildings, such as the School for the Mentally Handicapped, require a flexibility in the subdivision of rooms in order to be able to cope with future social changes. Schools built in the 1980s for the mentally handicapped are already unable to cope with the changes in teaching methods and the increased integration of the handicapped into society. Today, just ten years after their erection, they are of only limited use.
The indetermination of the interior on the one hand gives the architects a freedom from earlier constraints, but on the other hand, with the carpet pulled from under their feet, figuratively speaking they are left with even less possibilities for architectural expression. The English architectural theorist Martin Pawley implied, as a result of this, the disappearance of architecture. The external expression of the buildings today and in the future will be determined purely from a pragmatic possition. The façade engineer develops the neutral, technologically optimised façade. Already in the 1970s Robert Venturi and Denise Scott Brown propagated the idea of the decorated shed as a way out of this dilemma. They saw, due to the disruption of the relationship between internal order and external form, the opportunity to develop façades containing uninhibited visual messages which could be applied to their buildings. This led, however, to a loss of authenticity.
An alternative strategy is to accept the reduction in expressive possibilities and to make a theme of the building skin itself. This strategy had already been developed by Mies van der Rohe and we find this approach in another and more up-to-date form in the work of Grüntuch/Ernst and other contemporary architects. Initially this reduction lead to a certain muteness. If one cannot speak about something, one must withhold it. At the same time however, new terrain is opening up; one is compelled to make more of less. In order not to remain silent or become banal one must learn to develop a new and differentiated language within the confines of the reduced means so as to be able to express oneself in other ways.

Thematizing the Skin

Making a theme of the building envelope is not merely an aesthetic question. Within certain architectural concepts the skin can gain new spacial, structural and climatic functions. The façade as membrane becomes a climatic modulator that regulates the flow of energy between internal and external environments. In almost every project from Grüntuch/Ernst the façade is conceived as a dynamic membrane. This is most highly developed in the School for the Mentally Handicapped, where the south-facing courtyard façade ... made of metal panels, textiles and planting ... not only tempers the climate but at the same time modulates the quality of light, shade and colour in the interior. What is also interesting in this project is the spacial function which the façade fulfils. It is no longer a two-dimensional separation between inside and outside, but becomes rather a usable intermediate zone. The terraces between the inner and outer façade membranes create a protected external space connecting the inside and outside. In other projects such as the offices at Checkpoint Charlie and the Bundestag, the façades become the structural system of the building, either a tension net or a shell structure.

Silhouette and Texture

Out of the new function of the façades and the reduced means of expression grows a new design vocabulary. Not only the building's overall geometry is important (an ever changing silhouette) but also the texture of the surfaces. The architecture gains sculptural qualities: the acceptance of other means of expression leads to the thematisation and differentiation of the building's geometry. The building volume itself is free form, the traditional cubic block is transformed into a more fluid body. Already in the 1920s Mies had experimented with the deformation of building elements "in order to reduce the deadening effect that often occurs from the use of large glass surfaces." He developed prismatic and curved forms with which he wanted to attain "a rich play of reflected light". "The outline of the building, in respect to the surface, is arbitrary and yet is the result of experiments on the glass model. The curves were determined by the quality of interior lighting, the massing of the building in the street and the sought-after-play of reflected light." In his "skin and bones" buildings (as Mies called them) he experimented with the texture of the surfaces, particularly through the use of different materials such as clear glass, opaque glass, mirror glass, natural stone and brick such that the buildings, with a reduced amount of materials, attained a tactile quality.

In the work of Grüntuch/Ernst the surface of the facades gain their quality not through the introduction of special materials but through their new function. At Checkpoint Charlie it is the lozenge-shaped tension net structure, in the Technology Centre in Adlershof it is the sun shading devices which animate the building enclosure. In the latter, the density of metal louvers on the street façade to the south are varied according to the local internal requirements of the curved blocks. This play with density gives the buildings a lively texture that creates a special dynamic in the façade zone. The space between the sun shades and the ondulating glass skin pulsates.

The adjustable sun shades of the Environmental Technology Centre or the School for the Mentally Handicapped change in a dynamic way with the passing of time. The façades change according to the weather and the individual preferences of the users. They become indicators of the different internal and external forces (like large barometres). In future projects, Grüntuch/Ernst want to explore further alternative concepts for the building envelope. For example façades that are interactive or act as visual amplifiers; that have a visual memory recording changes or alterations.

Landscaping

The preoccupation with new building geometries as shown in the work of Grüntuch/Ernst leads to a fluidity of space, a landscaping of architecture. The outside flows into, over and around the buildings, thus giving them a topographical quality. The swimming pool in Schöneberg and the Plenary Chamber for the Bundestag are like gently rolling hills, the series of courtyards at Adlershof are reminiscent of a valley or canyon. The Business Centre at Checkpoint Charlie appears as an overhanging outcrop, a cliff polished by the breakers, that is hollowed out underneath to create a semi-sunken public place. Through the landscaping of the architecture the built and natural environments are joined, inside and outside are locked together.

Hybrids

Hermetic, pure forms such as the spherical building with its seamless surface run the risk of failing to fit into the urban context. In order to counter this problem Grüntuch/Ernst often develop hybrid geometries combining, for example, the bubble-form with a rectilinear form. In the case of the Checkpoint Charlie project the service cores, which form the backbone of the building, anchor it into the urban context. Tension and excitement are created through the combination of contrasting forms and geometries. In the case of the school, the buildings facing the street are orthogonal, in contrast to the plastic form of the buildings facing the inner court.

Transformation of Modernism

The essence and aspirations of Grüntuch/Ernst's ideas can be found today in varying forms in the work of other contemporary architects. As a fresh and as yet relatively unarticulated new movement amongst contemporary architects, it could perhaps be described with the 'soft and lite'. An architecture which does not search for principles but for specific qualities, that is not substantial but ephemeral. In the works of Rem Koolhaas, Toyo Ito, William Alsop, Massimiliano Fuks, Jean Nouvel, Renzo Piano, Richard Rogers and Jan Kaplicky with Future Systems one finds again this light, ephemeral quality, which is in the spirit of the early modernists such as Ludwig Mies van der Rohe, Erich Mendelsohn, Buckminster Fuller and such buildings as the Johnson Wax Tower by Frank Lloyd Wright.

It is an architecture that overcomes a few of the dogmas of classical modernism; departing from the idea of the unity between form and function, functional determinism or the pathological yearning for rationality, repitition, uniformity and the right angle.

In other respects this architecture captures exactly the spirit of modernism; its joy in the unknown, its search for new techniques, for new artistic and cultural possibilities, its optimism and enthusiasm for new technologies as well as its commitment to efficiency and comfort. It pursues a tendency towards reduction and abstraction, without denying the sublime hedonistic enjoyment of form.

TRANSLATED BY RICHARD OWERS

'SOFT AND LITE', PHILIPP OSWALT. FROM: ARCHITEKTEN GRÜNTUCH/ERNST, BERLINER PROJEKTE 92–95, NELTE VERLAG 1996

Das Gebäude liegt an der Nordseite des Hackeschen Marktes, der seinen räumlichen Charakter aus dem 17. und 18. Jahrhundert wahren konnte. Von den Bomben des Weltkriegs nur wenig zerstört und von der Radikalsanierung à la DDR verschont, bestimmen heute historische und historisierende Putz- und Steinfassaden das belebte Gefüge. Das Grundstück bildet ein Trapez von 828 Quadratmetern. Links und rechts von Brandmauern gefasst und hinten ohne die Möglichkeit der Verbindung zum Nachbarhof, schließt der Neubau eine Lücke an genau jener Kurve, wo die Oranienburger und die Rosenthaler Straße ineinander übergehen. — Der Hackesche Markt und seine nähere Umgebung wurden in den neunziger Jahren zum Flächendenkmal erklärt, mit Folgen für jeden Um- und Neubau an diesem Ort. Armand Grüntuch und Almut Ernst suchten eine Lösung, die abstrahiert, nicht imitiert; sie wollten Einfügung, nicht Anpassung. Denn Achtung vor dem Bestand ist auch ohne Erker und Gauben möglich. — Zu den beiden Nachbarbauten vermitteln – statt solcher Formen, die heute etwas nur Hübsches haben – allein die Höhenstufung sowie die Lineatur der Front. Auf den ersten Blick bloß eine Haut aus Glas, zeigt sich die jede Art von Licht gierig nehmende und gebende Fassade bald als ein zugleich ruhiges und flüchtiges Gebilde, das einerseits von den Nutzungen des Gebäudes berichtet, anderseits dem plastischen Charakter der Schauseiten zur Linken wie zur Rechten auf seine Weise antwortet. Den schmalen Bauteil mit dem Eingang fasst ein Rahmen aus grauem Blaustein. Den breiten Bauteil kennzeichnen flexible Ordnungen, mit Betonung mal der Senkrechten, mal der Waagrechten. Flach und tief sind die Fensterbänder, weil die Stützen hinter Milchglas stehen; flach und tief sind die Deckenstreifen, weil ihr Material – Blaustein und Metall – mit winzigen Vor- und Rücksprüngen in Erscheinung tritt. — Beim Betreten des Gebäudes erweist sich der schmale Bauteil als eine Halle, mit 30 mal 21 Metern so tief und hoch wie das ganze Haus. Der Raum nimmt erst die Form eines Turms, dann die einer Schlucht an. Im Turm liegen zwei Besprechungsräume, je zwei Geschoss hoch und an je zwei Seiten vom Boden zur Decke mit Blaustein bedeckt. Dieser Körper ist transparent, nicht allein, weil er nach Süden und Norden voll verglast ist, sondern auch, weil er – im Sinne der »phenomenal transparency« Colin Rowes – zugleich als Teil der Halle wie als Teil der Etagen daneben betrachtet werden kann. In der Schlucht geht der Blick links auf die mit seidigen Glasscheiben bedeckte Brandwand, rechts auf die Laubengängen verwandten vier Stege zu den Wohnungen im hinteren und den Büros im vorderen Hausteil. Bläuliche wandernde Lichtbänder an den Stegen und deren blasser Widerschein auf der Brandwand wirken wie ein Sog in die Tiefe. Boden und Treppe wurden mit mattem schwarzen Granit belegt. — Das Vorderhaus nehmen im Erdgeschoss ein Laden und im ersten bis vierten Obergeschoss Büroräume ein. Unter dem Steildach, im fünften und sechsten Obergeschoss, liegen zwei Maisonettes. — Dank einer lichten Höhe von 3,5 Metern sind die Büros weit höher als in den meisten Berliner Neubauten. Zur Straße bilden sie auf jeder Etage einen Großraum, nach außen durch Doppelscheiben von 3,6 Metern Breite geschlossen. Während sie vor Lärm schützen, bieten sie das Panorama der Bauten und Menschen am Stadtbahnhof Hackescher Markt. Wandschränke, Teeküchen, Garderoben, Toiletten und drei Bürozimmer schließen auf der Innenseite an. Balkonstreifen erlauben Ausblick und Austritt in den Hof. Die elektronische Installation sowie Rohre zur Kühlung und Heizung wurden in die Betondecken gezogen. Das durch die Leitungen strömende Wasser – im Sommer achtzehn Grad kühl, im Winter dreißig Grad heiß – temperiert alle Büros. Ein solches Niedrig-Energie-Haus kommt ohne das lästige Aufständern und Abhängen von Decken aus. — Der Seitenflügel birgt sieben Wohnungen, fünf mit einer Größe zwischen 65 und 75 Quadratmetern, zwei mit einer Größe zwischen 120 und 170 Quadratmetern. Jeweils rechts liegt die Küche, links das Bad. Was bleibt, ist Freiraum zum Leben, nur durch ein oder zwei Stützen geteilt. Das wandhohe Fensterband lässt sich an manchen Stellen zur Seite klappen, sodass der Balkon zur Loggia wird. Da die Gartenseite des Seitenflügels nach innen schwingt, werden zwar die Wohnungen etwas kleiner, doch der Hof mit dem Wasserbecken und dem Efeu am Brandwandknick umso weiter und heller.

HACKESCHER MARKT WOHN– UND GESCHÄFTSHAUS RESIDENTIAL AND COMMERCIAL BUILDING —
HACKESCHER MARKT 2/3 · BERLIN-MITTE — PLANUNGSBEGINN 1992 PLANNING STARTED 1992

Schnitt (1:750) und Grundrisse (1:1000) lassen die vier Teile des Gebäudes erkennen: das Vorderhaus mit den Büros, den Seitenflügel mit den Wohnungen, den Erschließungskorridor längs der Brandwand, den Innenhof. Das Foto unten links zeigt die Rückseite der Büros, das Foto unten rechts die Wohnungen im Seitenflügel mit den raumhohen Fensterbändern. — **The section (1:750) and ground plans (1:1000) identify the four parts of the building: the front part with offices, the side wing with apartments, the access corridor along the fire wall and the inner courtyard. The photograph bottom left shows the back of the offices and the photograph bottom right the apartments in the side wings with their bands of floor-to-ceiling windows.**

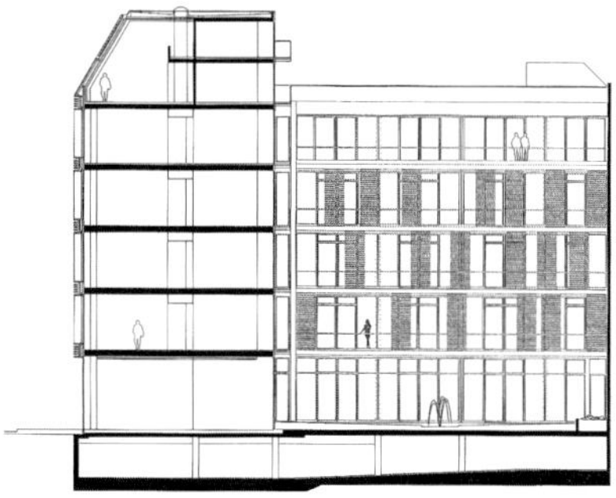

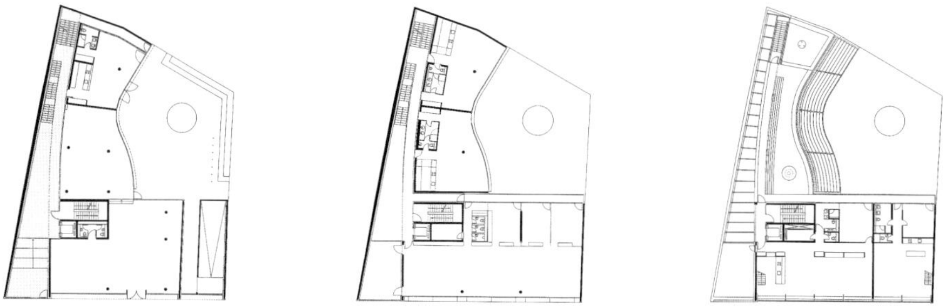

Der Hackesche Markt gehört zu den stark besuchten Gegenden des neuen Berlin. Die straff gespannte Fassade ist von distinktiver Modernität, doch frei von jeder heftigen Gebärde. Vor den beiden Maisonettes im geschwungenen Seitenflügel erstreckt sich eine breite Terrasse. — The Hackescher Markt is in one of the most-visited areas of the new Berlin. The taut façade is distinctly modern, but makes no violent gestures. A broad terrace extends in front of the two maisonettes in the curved side wing.

The building stands at the north side of Hackescher Markt, an area that has retained its spatial character from the 17th and 18th centuries. Hardly damaged by World War II bombing, and by the radical redevelopment of the GDR, this lively urban fabric is today defined by historic and historicist stucco and stone façades. The building site forms a trapezoid of 828 square metres. Bordered to the left and right by fire walls, and lacking the possibility to connect with its neighbouring courtyard, the new building fills a gap precisely at the curve where the Oranienburger and Rosenthaler streets merge. —— In the nineties Hackescher Markt, and its near surroundings, were declared a listed area, creating consequences for every building activity on this site. Armand Grüntuch and Almut Ernst sought a solution in the abstract, not of imitation. They wanted insertion, not adaptation, making it possible to respect the existing building stock, but without designing bays and dormers. —— Instead of forms that nowadays seem merely pretty, only the different heights, as well as the vertical and horizontal lines of the frontal, mediate between the building and its two neighbours. At first sight no more than a glass skin, the façade gives and receives every nuance of light. The front soon appears as both a calm and a fleeting structure that tells of the building's functions, but also corresponds to the reliefs of the façades to its left and right. The narrower part of the building, with its entrance, is framed by grey bluestone. The broader part is characterised by flexible 'orders', at once accentuating both the vertical as well as the horizontal. Flat and deep are the window strips because the supports stand behind milk glass. Flat and deep are the ceiling strips because their material, bluestone and metal, appears with minute projections and recessions. —— On entering the building, the narrower part proves to be a hall, with its 30 by 21 metres as deep and tall as the whole house. Firstly, the space takes the form of a tower, then of a gorge. In the tower are located two conference rooms, each of two storeys and covered on two walls with bluestone from floor to ceiling. This form is transparent, not only because it is fully glazed to the north and the south, but also because, according to Colin Rowe's concept of 'phenomenal transparency', it can be regarded at the same time as being part of the hall or part of the adjacent storeys. In the gorge the eye moves left to the fire wall covered with 'silky' glass panes, and right onto the four access walkways of the flats at the back and to the offices at the front of the house. The blue-tinted strip-lighting of the walkways and its pale reflection on the fire wall create a suction-like effect. The floor and the staircase were paved with matt black granite. —— The front house is occupied on the ground floor by a shop, and, from the first to the fourth upper storeys, by offices. Under the pitched roof, on the fifth and sixth floors, are two maisonettes. —— Owing to a clear height of 3.5 metres, the office rooms are much higher than in most of the new buildings in Berlin. Towards the street they form an open-plan space on every storey, closed in by 3.6 metre broad double-glazing panes. As well as noise protection, they provide a vista of the buildings and people at the Hackescher Markt station. Wall cupboards, a tea point, coat cupboards, toilets and three offices complete the interior. Strip balconies allow for both visual and casual access to the court. Electronic installation as well as pipes for cooling and heating have been integrated into the concrete ceilings. The water flowing through pipelines cools to eighteen degrees in the summer and heats to thirty degrees in the winter, and this regulates the temperature in all the office areas. Such a low energy house functions without tedious raised floors and suspended ceilings. —— The side wing contains seven flats, five measuring between 65 and 75 square metres, and two between 120 and 170 square metres. In each the kitchen is to the right and the bathroom to the left. The remaining space serves as a flexible living space divided only by one or two supporting pillars. The window strip, ceiling-high, is able, in several places, to be opened out horizontally so that the balcony is transformed into a terrace. The garden façade of the side wing curves inwards, thus resulting in smaller flats, but the court, with its water basin and ivy at the bend in the fire wall makes it all the more broad and light.

Unter dem Dach des Vorderhauses liegen zwei Maisonettes. Die Empore erschließt kleine Schlafräume. Außen liegende Lamellen an der südlichen Dachschräge – die auf den Hackeschen Markt weist – filtern die Strahlung der Sonne. Der Seitenflügel macht sein ganzes Flachdach zum Spielplatz. — There are two maisonettes in the attic of the front building. The gallery leads to little bedrooms. External louvres on the southern slope of the roof - facing the Hackescher Markt - filter the sunshine. The entire roof of the side wing forms a playground.

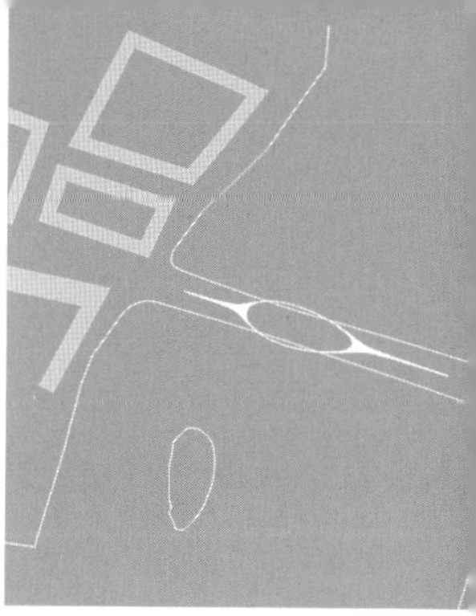

Nördlich der Zitadelle Spandau und an beiden Ufern der Havel, die an dieser Stelle fast zu einem See sich weitet und also nur langsam von Norden nach Süden strömt, plante und beschloss der Senat von Berlin zu Beginn der neunziger Jahre den Bau einer »Wasserstadt«. Auf einer Fläche von gut 200 Hektar in schönster Lage – derzeit noch von zahlreichen Gewerben und Betrieben genutzt, um nicht zu sagen missbraucht – sollten in kaum zehn Jahren 12.700 Wohnungen und 22.000 Arbeitsplätze entstehen. Leitbild war nicht die Siedlung im Grünen, sondern die Vorstadt am Wasser, »Atmosphäre« und »Urbanität« inklusive. — Die östlichen und westlichen Partien der neuen Spandauer Quartiere, für die man eine Dichte und Mischung wie in den alten Berliner Bezirken wünschte, sollten durch zwei Brücken verbunden werden, die Nordbrücke eher für den Autoverkehr, die Südbrücke eher für Radfahrer und Fußgänger gedacht. Von Ost nach West sollte die Südbrücke – von Ufer zu Ufer 270 Meter lang und 22 Meter breit – die Rhenaniastraße verlängern und, nach Querung der Havel, auf der Südspitze der Landzunge mit Namen Maselake auslaufen. — Schon ein Blick erst auf die Karte, dann auf das Modell macht klar, dass der Entwurf seine Gestalt nicht aus dem seinerzeit für die Wasserstadt bestimmten Ideal von Häusern / Blöcken / Straßen / Plätzen gewinnt. Viel mehr liegt dem Bau an der rechten Balance von Architektur und Topographie. Bezug nimmt er einerseits auf die Fahrrinne des Havelstroms, anderseits auf das Eiland mit Namen Kleiner Wall. Daher verschiebt die Brücke ihr Zentrum aus der Mitte Richtung Westen. Doch dieser Schieflage widersteht der Bogen im Osten; er ist weit höher als sein Pendant im Westen. — An den Ufern stärker, in der Mitte schwächer gespreizte Fahrbahnen dienen hier dem Verkehr Richtung Ost, dort dem Verkehr Richtung West. Fußgänger dürfen die Mittelspur nutzen; Autos und Räder teilen sich die Spuren links und rechts davon. Ein Stück westlich der Brückenmitte – wo die beiden Träger einer dem andern Arme und Hände zu reichen scheinen – entsteht ein Oval, ein Platz über dem Fluss, ein Fenster zum Wasser. Für Musiker von der Anmutung riesiger gekrümmter Stimmgabeln, bilden die zwei Bogen mit je drei Rippen zugleich runde Tore, die mit großer Geste in die neuen urbanen Quartiere locken. Das Seil- und Netzwerk, von den Kuppen der Träger hängend, würde bei nächtlicher Beleuchtung dem federnden Gebäude auf fließendem Gewässer beinahe festlichen Charakter verleihen. — Um es so einfach wie möglich zu sagen: Die wesentlich aus Stahl gebaute Südbrücke ruht auf drei Böcken unter Wasser. Sie hat zwei tragende Gabeln mit Netzen und zwei hängende Bahnen. Der östliche Bogen ist 120 Meter weit und 16 Meter hoch; der westliche Bogen ist 83 Meter weit und 12 Meter hoch. Von Querträgern, die Hohlkästen gleichen und in den Wölbungen der Sprengwerke – das heißt oben in der Krümmung der Gabeln – liegen, fällt je ein starkes Seil- und Netzwerk. Diese beiden »Reusen« mit ihren weiten »Maschen« tragen die Fahrbahn. — Aus dem Charakter eines primär für Radfahrer und Fußgänger geplanten Gebäudes folge der »Typus einer langsamen Brücke«. Man wünsche einen Pfeilerbau, damit der Benutzer die Gliederung erfahre. So hieß es in der amtlichen Auslobung des offenen Wettbewerbs; die Beschreibung der Aufgabe hatte die damalige Senatsverwaltung für Bau- und Wohnungswesen Berlin besorgt. Die Botschaft war klipp und klar: Bitte nur wölben, nicht hängen! Bitte keine organische, keine dynamische Architektur! Vor diesem, für das Berlin der frühen neunziger Jahre spezifischen architekturpolitischen Hintergrund war die Teilnahme am Wettbewerb mit eben diesem Entwurf eine mutige Entscheidung, die aber – kein Wunder – nicht belohnt wurde. — Beim Entwerfen der Südbrücke stand Armand Grüntuch und Almut Ernst das Bild eines zarten Wasserläufers vor Augen. Andere sehen ein Skelett mit Knochen und Sehnen oder eine Landschaft mit Hügeln und Tälern. Außer der Schlossbrücke in seiner Mitte hat Berlin an Spree, Havel und Landwehrkanal vielleicht drei andere Brücken von Belang. Dank ihrer markanten Silhouette wäre die Südbrücke wohl die vierte, auf jeden Fall aber eine herrliche Erscheinung geworden.

SÜDBRÜCKE OBERHAVEL BRÜCKE ÜBER DIE OBERHAVEL BRIDGE OVER THE UPPER HAVEL — HUGO-CASSIERER-STRASSE / RHENANIASTRASSE · BERLIN-SPANDAU — OFFENER WETTBEWERB, 1993 OPEN COMPETITION, 1993

Wie große Stadttore in die westlichen und östlichen Quartiere der jungen »Wasserstadt« wirken die beiden Stahlbogen. Die leicht gespreizten Fahrbahnen hängen an zwei Seil- und Netzwerken, die von den Kuppen der Träger fallen. — The two steel arches seem like huge town gates leading into the western and eastern areas of the new »Water City«. The slightly splayed carriageways are suspended from the column tips on two cable and net systems.

Je nach Bildervorrat erinnert die Südbrücke an zwei Wasserläufer, an Knochen und Sehnen, an eine Landschaft mit Berg und Tal. Der Entwurf zielt auf die Einheit von Topographie und Architektur für einen Stadtraum zwischen Natur und Kultur. Ansicht und Grundriss (1:500) zeigen die Verschiebung der Brückenmitte nach Westen. — **The south bridge is reminiscent of two water beetles, bones and sinews, a landscape with hills and valleys, depending on your mental image bank. The design aims to unite topography and culture in an urban space between nature and culture. View and ground plan (1:500) show the bridge centre's westward shift.**

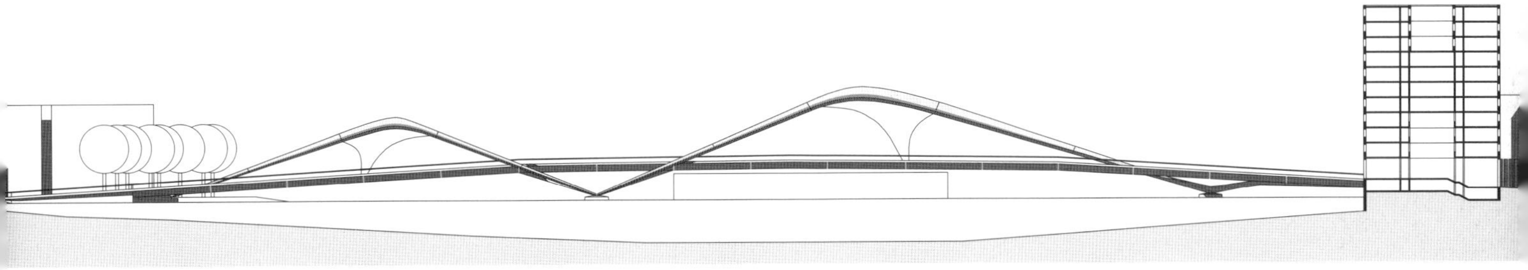

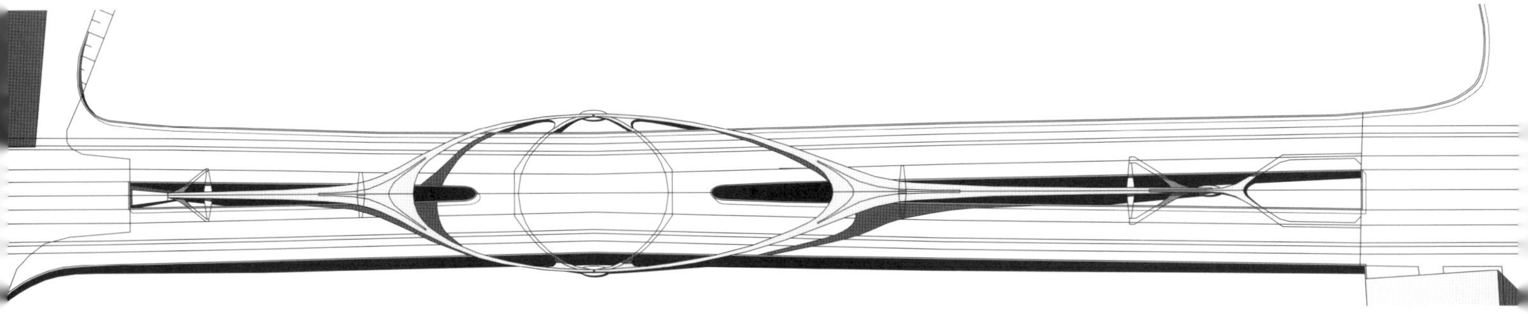

At the beginning of the nineties, the Senate of Berlin decided on and planned the building of a 'Water City', to be situated north of the Spandau Citadel and on both banks of the River Havel, where it almost forms a lake as it broadens out and thus flows only sluggishly from north to south. On a site of around 200 hectares in the choicest setting – at that period used, or as one might say, abused by numerous firms and industries – in little under ten years 12,700 dwellings and 22,000 work-places were intended to be created. The ideal was not to be a housing estate in the midst of nature but rather a suburb on the water, inclusive of 'atmosphere' and 'urbanity'. —— The eastern and western parts of the new Spandau districts, for which a density and building variety similar to the old inner-Berlin boroughs was desired, would be connected by two bridges, the north bridge mainly for car traffic, and the south bridge mainly for cyclists and pedestrians. From east to west the south bridge, from bank to bank 270 metres long and 22 metres wide, would extend the Rhenaniastrasse and, after crossing the Havel, end at the southern point of the spit of land known as the Maselake. —— A glance at the map then at the architectural model already makes clear that the design does not derive its shape from the ideal of houses / blocks / streets / squares originally intended for the Water City. Moreover, the bridge's construction lies in the delicate balance of architecture and topography. It takes its bearings on the one hand from the course of the River Havel, and on the other from the island with the name of Kleiner Wall. Thus the bridge shifts its centre from the middle in a westerly direction. But this distorted position is opposed by the eastern span; it is much higher than its corresponding part to the west. —— Traffic lanes are more splayed-out on the banks, less in the centre; one serving movement towards the east, the other towards the west. Pedestrians may use the central lane; cars and bicycles share the lanes to the right and left. A short distance west of the central portion of the bridge – where the two supporting beams appear to offer one another arm and hand – an oval is created, a place above the river, a window on the water. The two arches each with their three ribs may remind musicians of the charm of a gigantic crooked tuning fork. At the same time these form round-headed gates, that bid welcome to the new suburb with generous gestures. The cabling and network suspended from the apexes of the supporting girders, when lit up at night, lend the sprung buildings above the flowing water an almost festive character. —— To put it succinctly: the mainly steel-built south bridge rests on three trestles below the water line. It has three supporting forks with nets and two suspension cables. The eastern span is 120 metres wide and 16 metres high; the western 83 metres wide and 12 metres high. The cross-beams resemble empty containers and are situated in the vaulting of the strutted frames, that is in the bends of the forks. From these points, robust formations of cables and nets descend. These twin 'fishing nets' with their broad 'meshes' carry the traffic lane. —— From the character of a building work, planned primarily for cyclists and pedestrians, follows the 'slow bridge type'. One would wish for a construction of pillars, so that the user should be made aware of its divisions. Such terms are used in the official briefing for the open competition; the description of the task was provided by the then Berlin Senate's Department of Building and Housing. The message was clear and precise: Only vaulting, please, no suspension! Neither organic, nor dynamic architecture, please! Against this background of architectural policies specific for the Berlin of the early nineties, participating in the competition with this particular entry was a bold decision which, not surprisingly, was not rewarded. —— When designing the South Bridge, the image of a delicate pond skater stood in the mind's eye of Armand Grüntuch and Almut Ernst. Others see a skeleton with bones and sinews, or a landscape with hills and valleys. Apart from the Schlossbrücke in its centre, Berlin possesses, on the Rivers Spree and Havel, and on the Landwehr Canal, perhaps only three bridges of any importance. Thanks to its remarkable silhouette the South Bridge could well have been the fourth, and most certainly a grandiose apparition.

Die Südbrücke macht das Oval ihrer Mitte zu einem Platz über der Fahrrinne des Havelstroms. Der Querschnitt (1:500) zeigt das »Tor« der Brücke und die Gabelung der Fahrbahnen. — The south bridge makes its central oval into a square above the channel of the Havel river. The cross-section (1:500) shows the bridge 'gate' and the forking carriageways.

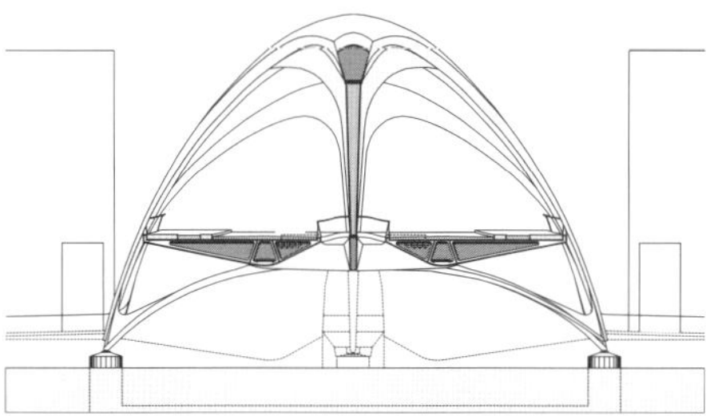

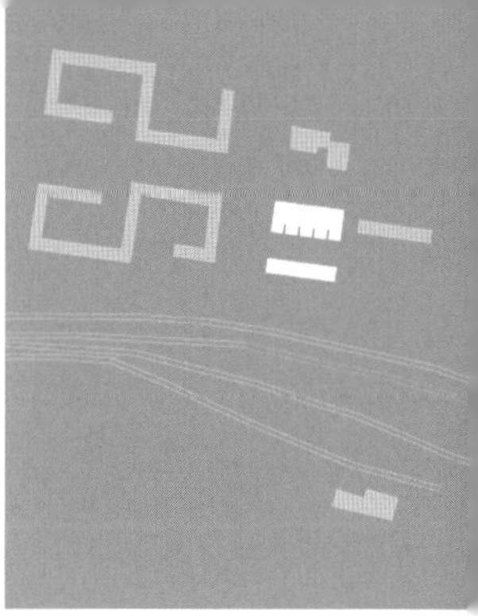

Die Schule liegt am äußersten östlichen Rand von Berlin, am Ende der Plattenbauten von Hellersdorf, am Ende auch eines langen Grabens, durch den oberirdisch die Untergrundbahn führt, deren Züge in »Hönow« ihren letzten Halt machen. Sie steht ein Stück westlich des Bahnhofs, nördlich der Straße, von der man auf die Gleise blickt. Auf fallendem Areal von 74,8 mal 73,4 Metern errichtet, dient das lagernde Gehäuse 120 psychisch und physisch zum Teil schwer behinderten Kindern und Jugendlichen von sechs bis achtzehn Jahren als Ort zum Leben. — Drei Linearstrukturen bilden einen Akkord von Bau/Raum/Bau oder Voll/Leer/Voll, zu dem ein Raster von Einheiten mit vier und drei Metern den basso continuo spielt. Anders als viele Bauten, die während der neunziger Jahre im Osten von Berlin neben die industriell produzierte Architektur der DDR gestellt wurden und die mit allem zeigen, dass sie »besser« sein wollen, hat die Schule an solchem Gehabe kein Interesse. Integration statt Konfrontation? Wie den Gebäuden der näheren Umgebung – sämtlich erzieherische Einrichtungen – eignet auch ihr eine rigorose Geometrie in Grundriss und Aufriss. Allerdings heben das hellgraue Mosaik ihrer schmalen Seiten, die sanfte Wölbung, die reichliche Verwendung von Aluminium und der schöne Gebrauch von Farbe die beiden Bauten deutlich vom Durchschnitt der Nachbarn ab. — Sie stehen in West-Ost-Richtung, am Nordrand das größere Haus mit der Eingangshalle und den Klassenräumen, am Südrand das kleinere Haus mit der Sporthalle und dem Schwimmbecken, dazwischen ein breiter Streifen Hof mit Ballfeld und Grünraum, zur Straße durch einen Gang von Trakt zu Trakt begrenzt. — Zwischen den grünen und gelben Scheiben dieses gläsernen Korridors liegt der Eingang zur Schule. Er führt in das größere Haus, gleich in die zwei Geschoss hohe Halle. Vorne vom Boden zur Decke verglast, hinten durch die Ellipse eines Podiums und tiefe Schächte voller rotem Licht geprägt, gibt die durch vier Rundstützen aus Sichtbeton leicht forcierte Symmetrie dem – überall offenen – Raum die Andeutung von »Foyer« und »Aula«. Im Alltag aber dient er als Pausenhof bei Schlechtwetter. — Die Architektur ist terrassiert und modular. Sie verjüngt sich von 26 über 24 auf 22 Meter Tiefe. Die Klassenräume liegen in fünf »Reihenhäusern« mit je drei »Wohnungen«. Jede Einheit besteht aus einem zwölf Meter breiten Raum, derzeit geteilt in ein acht Meter breites Zimmer mit Tischen und Stühlen sowie eine vier Meter breite Küche, wo auch die Mahlzeiten genommen werden. Um Stell- und Stauraum zu schaffen, wurde die Wand zum Flur wie ein Schrank gebaut. Hinter den Schiebetüren – in hellerem oder dunklerem Rot gestrichen, dass es nur so strahlt – ist Platz für die Siebensachen der Kinder. Ein gläserner Schaukasten weist von innen nach außen wie von außen nach innen; jede Klasse hat die Chance, sich den Passanten auf dem Korridor mit ein paar Werken zu zeigen. — Auch die Balkons sind ein Beitrag zum Innen-außen-Thema. Vor der schrägen Brüstung aus perforiertem Aluminium hängt ein Pflanztrog. Man schaut Richtung Süden. Wenn bei starker Sonne das gelbe Rollo aus transluzenter Textilie bis zur Brüstung heruntergelassen wird, fühlt man sich fast wie im Zelt. — Das größere Haus bietet im Erdgeschoss – neben Räumen für Logopädie und Psychotherapie – Werkstätten für Ton, Holz und Stoff, während die Büroräume, das Lehrerzimmer und die Wohnung für den Hausmeister im ersten und zweiten Obergeschoss liegen. Das kleinere Haus dient allein der körperlichen Betätigung der Kinder. Die Seite zum Hof ist auf voller Länge verglast. Stahlträger und Trapezblech beherrschen die Konstruktion. Die Wände der Sporthalle wurden mit Paneelen in Farben zwischen Gelb und Orange verkleidet. Wie im größeren Haus verbirgt auch hier manche Tafel Stell- und Stauraum. Das Schwimmbecken aus Edelstahl spielt für die Kinder eine große Rolle. Es ist daher von Raumfülle umgeben; seine Tiefe lässt sich stufenlos ein- und umstellen. — Die Schule möchte die Lernenden und Lehrenden vor gieriger Neugierde schützen, indem der Bau sie abschirmt, jedoch nicht absperrt. Nach außen wissen die beiden Häuser ihren Alltag, wo immer nötig, geschickt zu verbergen. Nach innen aber stehen sie völlig offen. Der klare Raster und die starken Farben helfen den Kindern, in Bau und Raum ihren Weg und Ort zu finden. Vielleicht macht die Ordnung sie sogar frei, sich selber zu öffnen und sich andern zu nähern.

SCHULE AM MUMMELSOLL SCHULE FÜR GEISTIG BEHINDERTE SCHOOL FOR THE MENTALLY HANDICAPPED — GOHLISER STRASSE / EILENBURGER STRASSE · BERLIN-HELLERSDORF — GELADENER WETTBEWERB, 1. PREIS, 1993 — INVITED COMPETITION, 1ST PRIZE, 1993

Das Obergeschoss des Schulhauses und das Erdgeschoss der gesamten Anlage (1:1.000) machen deutlich, dass der Raum von modularen und kontrastiven Elementen lebt. Die Schule steht am Rand der Stadt; auf dem Foto erscheint rechts oben der Bahnhof »Hönow«. Ein Glasgang verbindet die beiden Bauten. Der Alltag der Schüler kann sich von drinnen nach draußen erweitern. — The upper floor of the school building and the ground floor of the whole complex (1:1,000) show that the space thrives on modular and contrasting elements. The school is on the outskirts of the city; 'Hönow' station is top right in the photograph. A glazed corridor links the two buildings. The pupils' everyday activities can expand from the inside outwards.

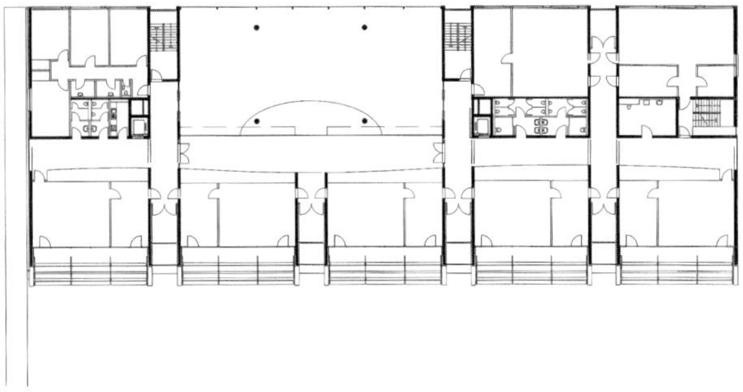

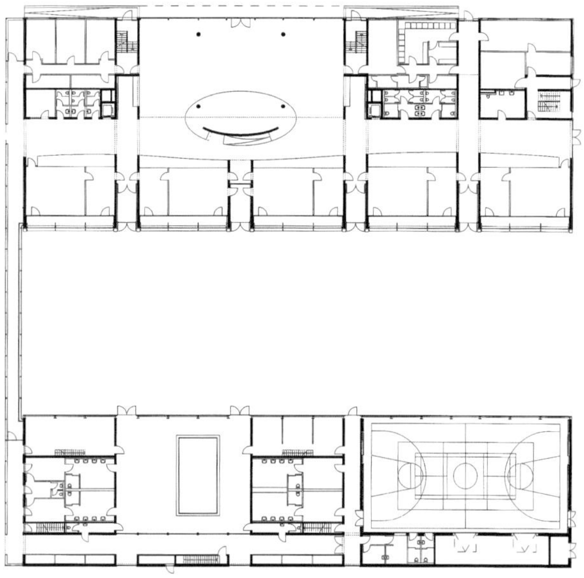

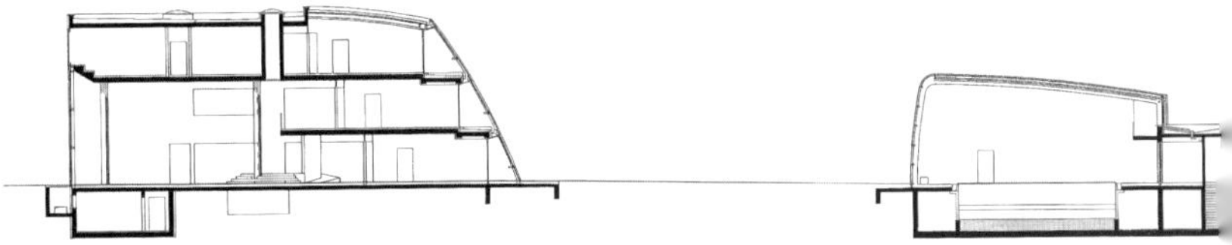

Wie das Schwimmbecken liegt auch die hellichte Sporthalle im kleineren Gebäude. Bei künstlicher Beleuchtung stehen Bau/Hof/Bau in besonders enger Verbindung. Ihre Ausrichtung fördert den Kontakt; sie lädt zu Blicken hinüber und herüber ein. Die geneigte Traufkante macht den Außenraum größer. — Like the swimming pool, the light sports hall is in the smaller building. Artificial light links building/yard/building very closely together. Their layout encourages contact; it invites people to look across this way and that. The sloping eaves make the outside space larger.

The school is situated on the outermost eastern outskirts of Berlin, where the prefabricated high-rises of Hellersdorf end, also at the end of a long cutting where the underground trains, whose destination is 'Hönow', travel overground. It stands slightly to the west of the station, north of the street from where one looks down onto the railway lines. Erected on a sloping site of 74.8 by 73.4 metres, the low shell serves 120 physically and mentally handicapped, some severly, children and young adults, from 6 to 18 years old, as a place to live in. —— Three linear structures form a chord comprised of building / space / building or mass / void / mass, to which a grid of units of four and three metres plays the basso continuo. Unlike many buildings in the east of Berlin, which were placed next to the industrially-produced architecture of the GDR during the nineties, manifestly in order to prove that they wanted to be 'better', the school has no interest in such affectation. Integration instead of confrontation? As with other buildings in the near environs, all educational establishments, it also assumes a rigorous geometry in floor plan and elevation. Nevertheless, the light grey mosaic of its end elevation, the subtle vaulting, the generous use of aluminium and beautiful use of colour distinguishes both the buildings clearly from the ordinariness of their neighbours. —— They stand in west-east orientation. The northern margin is the larger house, with its entrance hall and classrooms. At the southern margin, the smaller house with sports hall and swimming pool. Between a broad strip of courtyard with playing field and green area, isolated from the street by a narrow passage which leads from tract to tract. —— Between the green and yellow panes of this glazed corridor lies the entrance to the school. It leads into the larger house, directly into the hall, which is two storeys in height. Its front side is glazed from floor to ceiling. Its rear side is defined by the ellipse of a podium and by deep shafts full of red light. This room, open in its entirety, given a somewhat stilted symmetry by its four circular supports of exposed concrete, has a hint of 'foyer' and 'assembly hall'. Its everyday use, however, is as a recreation hall during bad weather. —— The architecture is terraced and modular. It tapers from 26 through 24 to 22 metres deep. The classrooms are situated in five 'terraced houses' each with three 'flats'. Each unit consists of a twelve metre wide space, presently divided into an eight metre wide room with tables and chairs, as well as a four metre wide kitchen, where meals can also be served. In order to provide storage space, the walls lining the corridors have been built like cupboards. Behind the sliding doors, painted in lighter or darker shades of red, so that they seem to glow, there is room for the various effects of the children. A glazed display case draws the eye from the inside to the outside and vice-versa; thus has each class the opportuniy to present itself through a few pieces of work to the passerby in the corridor. —— The balconies also are a contribution to the outer-inner theme. In front of the slanting railings, of perforated aluminium, hangs a plant tub. One looks out to the south. When a strong sun shines a yellow blind of translucent material may be let down as far as the railing of the balcony, almost giving the feeling of being in a tent. —— On the ground floor, besides rooms for speech- and physiotherapy, the larger house offers workshops for pottery, woodwork and sewing, whilst the offices, teachers' common room and caretaker's flat are situated on the first and second floors. The smaller house serves solely for the physical activity of the children. The side towards the courtyard is glazed along its full length. Steel girders and trapezoidal metal sheets dominate its construction. The walls of the sports hall were clad with panels in hues between yellow and orange. As in the larger house, much of the panelling conceals storage space. The swimming pool, of stainless steel, plays an important role for the children. It is, therefore, surrounded by much space. Its depth may be evenly regulated. —— The school should be able to protect both pupils and teachers from the inquisitive gaze. Thus, the building must screen, but not imprison. From the outside both houses are skilfully able, where ever necessary, to conceal the daily doings. Inwardly, however, they are fully open. The clear grid and the strong colours help the children to find their way about easily, in both building and space. Perhaps this order even makes them free to open up and approach others.

Eingangshalle und Korridor stehen in offener räumlicher Beziehung, belebt durch Lichtschächte und Farbstreifen. Auf dem Foto oben ist ganz links eines der »Klassenfenster« zu erkennen; in diesen Schaukästen stellen sich die Schüler mit eigenen Objekten dar. Das Foto unten bietet einen Blick in einen Klassenraum, der sich links zur Terrasse erweitert. — **The entrance hall and corridor relate to each other spatially, enlivened by light wells and strips of colour. One of the 'classroom windows' can be seen on the extreme left of the top photograph; the children present themselves via their own objects in these showcases. The bottom photograph gives a view into a classroom opening on to the terrace on the left.**

Im Westen von Hamburg und am nördlichen Elbufer reihen sich auf einem flachen Plateau vier neue Bürohäuser. Jedes hat einen Mittel- und zwei Seitenflügel; jedes hat fünf Geschosse; jedes ist ein Solitär und doch Teil eines Ensembles, das sich durch den starken Polder – eine Betonbasis in den Maßen von 675 mal 37 mal 3,5 Metern – vor der Sturmflut zu schützen weiß. Idee und Konzept der gestreckten Anlage stammen noch von Egbert Kossak, dem früheren Hamburger Oberbaudirektor. Seine »Perlenkette« auf dem als Garage genutzten Fundament wird im Norden von der schmalen Straße Neumühlen und einem grünen Hang mit Park, im Süden von der Elbe gesäumt. Wasser fließen, Schiffe gleiten, Kräne ragen. Am Horizont lärmt der Terminal der Container. —— Reisefertig wie alle Menschen und Dinge im Hafen: So wirkt auch das Gebäude mit der Adresse Neumühlen 13/15, vor allem von der linken und der rechten Seite. Hinten kragen die beiden Blöcke ein großes Stück vor, als wollten sie gleich vom Stapel laufen. Vorne weicht das Erdgeschoss ein kleines Stück zurück. Schwerter aus blauem Glas zieren diesen Sockel, dessen versteckte Beleuchtung den Eindruck, dass die Flügel in die Ferne fahren, nachts noch verstärkt. Bänder aus Aluminium gliedern Geschoss für Geschoss. Die äußere Verglasung stört keine Rahmung und keine Brüstung. Dem Ideal der Transparenz könnte die kristalline Architektur kaum näher kommen. —— Den Mittelteil beherrschen die Eingangshalle und zwei Säle für Tagungen und Vorträge, jene mit bläulichen Glasscheiben, diese mit hölzernen Paneelen verkleidet. Von der konstruktiv wie ästhetisch im Großen und Ganzen sehr rationalen Architektur sticht die organisch geformte Erschließung ab. Treppen und Lifte verbergen sich hinter drei textilen Zylindern, deren Gestalt – Dreiecke mit Rundecken – die Symmetrie der Anlage zugleich wahrt und bricht. Die Ritzen zwischen den straffen Bahnen der weißen Hüllen gleichen den Fugen zwischen den Trommeln von Säulen. Im Inneren der haushohen Zylinder steigen mit weißen Kappen verdeckte Leuchtröhren auf. Die Mischung des Leuchtstoffs lässt sich ändern, sodass die drei Skulpturen mal weißlicher, mal bläulicher, außen aber stets wie die moderne Version des klassischen Risalits erscheinen. —— Wer im ersten bis vierten Obergeschoss aus einem der Türme auf einen der Gänge tritt, dem wird beim Blick hinauf und hinab das Wallende und Wogende der drei Zylinder nicht entgehen. Auf jeder Etage liegen je zweimal rund 555 Quadratmeter Bürofläche; hinzu kommen Nebenräume wie Teeküchen und Toiletten. Linker Teil und rechter Teil sind, wie die Wohnungen eines Zweibünders, völlig getrennt nutzbar. Alle Rohre für Heizung, Kühlung, Lüftung sowie alle Kabel für den Datentransfer wurden in den vierzig Zentimeter starken Betondecken verborgen. Deren Masse dient als Speicher. Die Energie stammt vorwiegend aus dem Grundwasser und wird durch Erdsonden in etwa hundert Metern Tiefe gewonnen. Wärmepumpen und Wärmetauscher verringern den Bedarf – im Vergleich mit Bauten ohne ein so avanciertes Klimakonzept – um etwa drei Viertel. —— Sofern der Mieter den Reichtum des großen Raumes spürt – dessen Einheit also nicht durch den Einbau von lauter kleinen Zellen opfert –, gehört zum Lohn der Arbeit auf jedem Geschoss das Breitwandbild vom Treiben auf der Elbe. Die doppelten, vom Boden zur Decke gläsernen Fassaden an drei Seiten eines jeden Flügels bieten Schutz vor Kälte und Hitze; die im Zwischenraum hängenden Lamellen erlauben ein mal helleres, mal dunkleres Ambiente. Man schiebt eine Tür zur Seite und tritt auf den immerhin anderthalb Meter breiten Korridor zwischen der inneren und der äußeren Hülle. Durch das Bodengitter steigt Frischluft. Man steht. Und schaut. Fast wie draußen.

NEUMÜHLEN BÜROHAUS AM ELBUFER OFFICES ON THE RIVER ELBE — NEUMÜHLEN 13/15 · HAMBURG
KONKURRIERENDES GUTACHTERVERFAHREN, 1. PREIS, 1996 COMPETITIVE REPORT PROCESS, 1ST PRIZE, 1996

Die Geschossdecken hängen an diagonalen und vertikalen Stahlstützen, die das weite Vorkragen des Gebäudes erlauben. Wie im Querschnitt (1:750) sichtbar, ruht der Bau auf einer Betonbasis, die – als Poldor und Parkdeck – mehrere Grundstücke verbindet. Zwischen den Flügeln, siehe die Grundrisse (1:1.000), liegt der Bereich für Tagungen und Vorträge. — The floors are suspended on diagonal and vertical steel supports that make it possible for the building to protrude so far. As can be seen from the cross-section (1:750) the building is on a concrete base linking several plots - as a polder and parking deck. Between the wings, see ground plans (1:1,000), is the conference and lecture area.

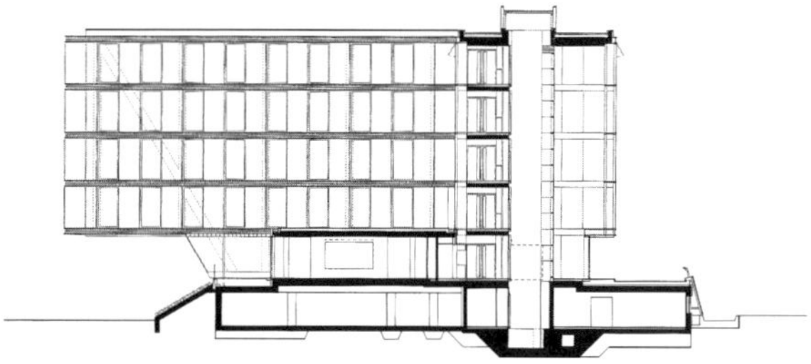

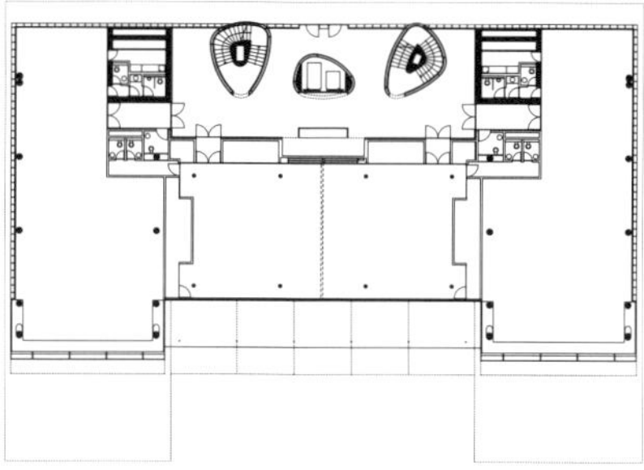

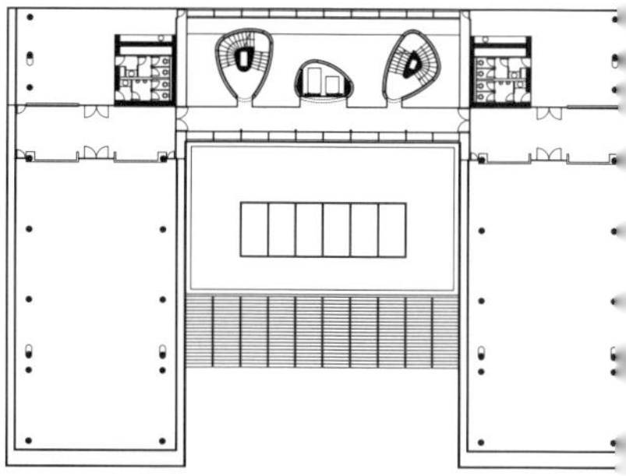

Der Blick von der Terrasse weist auf den Containerhafen der Hansestadt. Durch den verglasten Mittelteil des Gebäudes bleibt der Nord-Süd-Bezug zwischen Elbhang und Elbfluss erhalten. Bei künstlicher Beleuchtung werden die drei Türme mit Treppen und Liften zu strahlenden Skulpturen; das Bürohaus kommt in Bewegung. — **The view from the terrace is over the Hamburg container port. The glazed central section of the building maintains the north-south link between the Elbe bank and the river itself. Artificial lighting makes the three towers with stairs and lifts into glowing sculptures; the office building starts to move.**

In the western part of Hamburg, on the northern bank of the River Elbe, four new office buildings form a row on a flat plateau. Each of them has a central and side wing. Each is an individual and nevertheless part of an ensemble that is able to protect itself from the storm tide by a strong dyke, a concrete base measuring 675 by 37 by 3.5 metres. The idea and the concept of this extended urban layout still originates from Egbert Kossak, the former building director of Hamburg. His 'string of pearls', above a foundation used as a garage, is bordered to the north by the narrow street called Neumühlen, and a green height with a park. To the south the 'necklace' is girded by the Elbe. Waters flow, ships glide, cranes tower. On the horizon, the noisy container terminal. —— Ready for sail, like everyone and everything at a harbour; this is the impression of the building whose adress is Neumühlen 13/15, especially when viewed from the left and right sides. At the rear, the two blocks are strongly cantilevered, as if they were ready to be launched. At the front, the ground floor recedes somewhat. 'Swords' made of blue glass decorate the socle; at night its concealed light reinforces the impression that the wings of the building are receding into the distance. Aluminium strips subdivide the building, storey by storey. No frame or parapet disturbs the exterior glass skin. The crystalline architecture could not more closely approach the ideal of transparency. —— The central part is dominated by the entrance hall, as well as by two halls for lectures and conferences. This entrance is clad with blueish glass panes, the halls with wooden panels. The access area, organic in form, protrudes from the architecture, which is, by and large, very rational, both in terms of aesthetics and construction. Staircases and lifts are concealed behind three textile cylinders, the forms of which each consist of triangles with rounded corners that simultaneously retain and break up the symmetry of the layout. The fissures between the taut lengths of the white coverings resemble the joints in the drums of a column shaft. In the interiors of the cylinders, as high as the building, white-capped fluorescent tubes rise up. The combination of the fluorescence may be altered so that the three sculptures have, alternately, a white hue or a blue. Externally, however, they constantly appear as the modern version of a classical protruding façade bay. —— If one steps out of one of the towers into one of the corridors in the first to the fourth upper storeys, and gazes upwards and downwards, one will be unable to overlook the waving and surging of the three cylinders. Every storey is comprised of around twice 555 square metres office space. Added to this are side rooms such as tea points and lavatories. The left and right part may be used completely separately, like two flats on the same floor. All pipes for central heating, cooling, ventilation, as well as cables for data transfer are concealed in the concrete floors, which are forty centimetres thick. Their density serves as a reservoir. The energy stems predominantly from the groundwater and is acquired by sondes probing approximately a hundred metres into the earth. In comparison with buildings lacking such an advanced climatic concept, the heating pumps and exchangers diminish demand by about three-quarters. —— In as far as the tenant appreciates the richness of the wide space and refrains from sacrificing its unity by intruding many small individual offices he will be rewarded day by day, on every storey, by the broad canvas of the comings and goings on the River Elbe. The double façades, glazed from floor to ceiling, on the three sides of every wing, offer shelter from cold and heat, the lamellas hanging in the dividing space permit an ambience now lighter, now darker. One pushes the door to one side and steps into the corridor, one and a half metres wide, between the inner and outer shells. Fresh air rises up through the floor grid. One is standing. And looking. Almost like outside.

Zwischen zwei der drei textilen Zylinder, in denen sich Treppen und Lifte finden, erscheinen die Geschosse eines Seitenflügels. Die raffinierte Konstruktion und die doppelten Fassaden – zur Elbseite begehbar – erlauben ein Maximum an Transparenz. —— The floors of a side wing appear between two of the three textile cylinders containing the stairs and lifts. Sophisticated construction and the double façades - accessible on the Elbe side – permit maximum transparency.

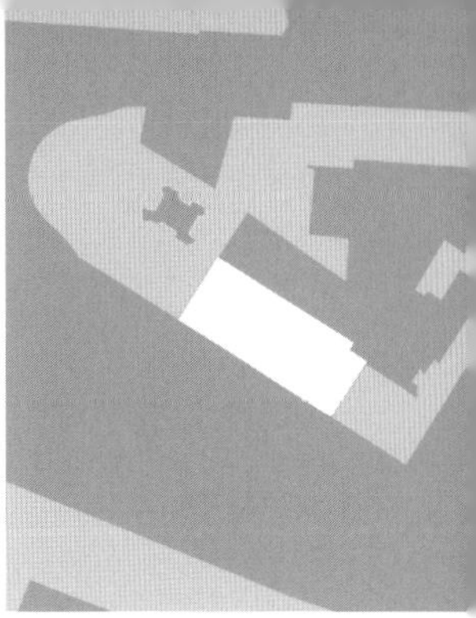

Einer Insel gleich liegt westlich des Hackeschen Marktes ein Drei-Eck-Raum mit zwei Schenkeln nach Südwest und Südost sowie einem Schenkel nach Norden. Während auf dem Plan die Kante unten rechts schief und krumm wirkt, weil dort nach dem Weltkrieg nur Hinterhäuser stehen blieben, ist ihr Pendant unten links wieder gerade und geschlossen. Das neue Wohn- und Geschäftshaus füllt eine Lücke. Die Schließung der Reihe hilft aber auch, dem vor der Haustür liegenden Monbijouplatz seine alte Fassung zu geben. —— Dass der Bau auf einem Grundstück von 949 Quadratmetern aus zwei Körpern besteht – einem Kasten auf einem Winkel –, sieht man am besten von hinten. Dort ragt der Quader genau jene anderthalb Meter vor, die er vom Bürgersteig zum Gartenhof geschoben wurde. Dort unterstützt auch die Verkleidung die Zweiteilung. Blaustein am kleineren, Aluminium am größeren der beiden Körper bezeichnen den Unterschied zwischen den Geschäften vom Erdgeschoss zum ersten Obergeschoss und den Wohnungen vom zweiten zum sechsten Obergeschoss. —— Durch das in Blaustein gefasste Rahmenwerk sind alle Einheiten – fünf in der Breite, sieben in der Höhe – auch hinter den Bäumen gut präsent. Die Achsen nehmen Formate der Altbauten zur Linken wie zur Rechten auf. Die acht Eingeschosser reihen sich über dem von Schaufenstern bestimmten Sockel und stapeln sich in der ersten und zweiten Achse von rechts; die sechs Zweigeschosser folgen darüber und daneben. —— Sämtliche Wohnungen, mit fließenden Grundrissen von 66 bis 140 Quadratmetern, sind von Südwest nach Nordost gesteckt. Zur Straße hat jede Wohnung hinten eine Front aus Glas, davor eine Loggia von 7,5 Metern Breite. Von unten nach oben und im Wechsel von links/rechts/links begleiten vorne silbrige »Paravents« die gläsernen Brüstungen. Diese Elemente – Front, Loggia, Paravent – verleihen der hellichten Fassade einen eminent plastischen Charakter. Bei den sechs Maisonettes wird die Spannung zwischen hinterer und vorderer Außenhaut noch durch die Untersicht von Platte und Brüstung der Balkons auf halber Höhe des Rahmens gesteigert. —— Reihenhaus in städtischer Verdichtung, Schwelle von innen nach außen, Ordnung im Raster: Mit diesen Themen steht das Haus den besten Bauten der fünfziger und sechziger Jahre nahe.

A triangular area, resembling an island, lies to the west of the Hackescher Markt. Two of its shanks stretch out towards the southwest and southeast, the other to the north. On the map, the lower side, bottom right, appears as lopsided and irregular, an effect due to wartime bombing which left only the back-buildings standing. In contrast, however, its opposite side, bottom left, is regular and complete. The new residential and commercial house fills a gap. This closing-off of the row assists in restoring the Monbijouplatz, which lies in front of the entrances, to its former shape. —— That the building, on its site of 949 square metres, consists of two parts, a box on an angle, may be best recognised from the rear. There, the block juts out exactly one and a half metres forward, as if it were shoved from the pavement out, towards the garden side. There, the cladding too reinforces the two part division. Bluestone on the smaller, aluminium on the larger of the two bodies indicate the difference between the business premises on the ground to the first floor and the flats from the second to the sixth floors. —— Due to the bluestone-edged framework, the five horizontal and seven vertical internal units are all clearly to be identified, even behind the trees. The divisions of the façade take up those of the older buildings to the right and left. The eight one-storeyed units are ranged horizontally over the socle, which is formed by the shop windows, and are stacked up in the first and second axes from the right. The six two-storeyed units follow, above and adjacent. —— All flats, with fluctuating ground plans of between 66 and 140 square metres, run to the depth of the building, southwest to north-east. At the street side, each flat has a glass frontage, in front of this a loggia of 7,5 metre wide. From below to above, and in a sequence of left / right / left, silvery 'paravents' accompany the glazed balustrade. These elements – frontage, loggia, paravent – lend the brightly shining façade an eminently sculptural character. With the six maisonettes, the tension between the rear and front outer skin of the building is increased, due to the view from beneath of wall plates and balcony balustrades at the half height of the unit frames. —— Terrace house in an urban density, threshhold from outside to inside, order within a grid – with these themes the house may be said to be ranked close to the best buildings of the fifties and sixties.

MONBIJOU 3 WOHN- UND GESCHÄFTSHAUS RESIDENTIAL AND COMMERCIAL BUILDING —— MONBIJOU-PLATZ 3 · BERLIN-MITTE —— PLANUNGSBEGINN 1997 PLANNING STARTED 1997

Die Grundrisse des dritten und vierten Obergeschosses (1:500) zeigen die Wohnungen mit einer oder zwei Etagen. Bei den Maisonettes fließt der Raum durch das gesamte untere Geschoss. Die Küche weist zum Hof. Die Wendeltreppe steht wie eine große weiße Skulptur frei vor der Wand. Im oberen Geschoss liegen drei kleinere Zimmer und das Bad. — The ground plans of the third and fourth floors (1:500) show the apartments with one or two floors. In the maisonettes the space flows through the whole lower storey. The kitchen faces the courtyard. The spiral staircase stands free of the wall like a great white sculpture. The upper storey houses three smaller rooms and the bathroom.

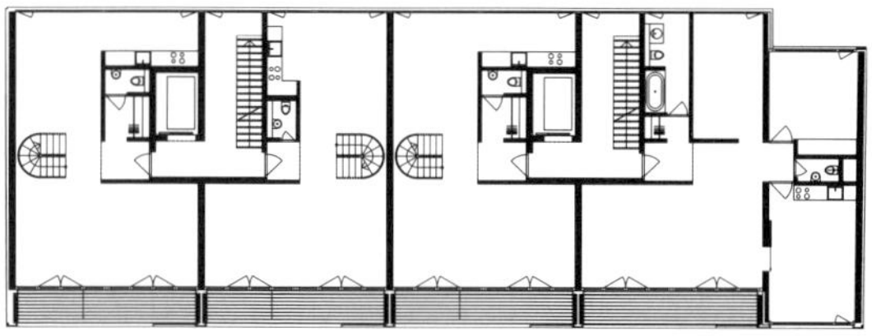

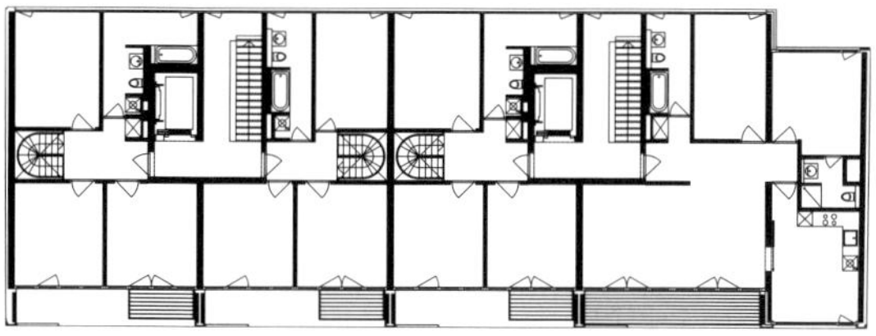

Durch Raster und Relief ist die Fassade doppelt lesbar. Einerseits folgt sie rein ästhetischen Prinzipien; anderseits zeigt sie die Nutzungen des Gebäudes. Die Wohneinheiten erscheinen wie gestapelte Reihenhäuser. Die stehenden silbrigen »Paravents« schützen die Privatsphäre der Bewohner. —— **Grid and relief make the façade doubly intelligible. On the one hand it follows purely aesthetic principles;** on the other hand it shows how the building is used. The living units look like stacked terrace houses. The vertical silvery 'screens' protect the residents' private area.

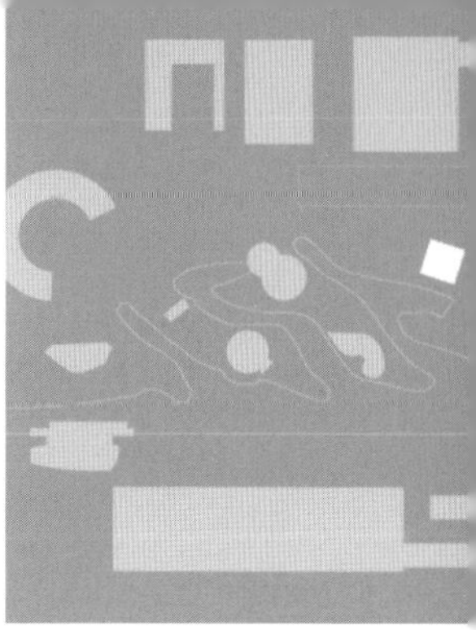

Gleich hinter dem Bahnhof und neben der Fabrik liegt die »Autostadt«, ein zum Vergnügen ladender Park von immerhin 25 Hektar Größe. Hoch ästhetisch modelliert, steht die Kunstlandschaft in der Tradition üppiger, romantisch verformter barocker Schlossgärten mit lauter »points de vue« und »follies architecturales«. Die auf dem Rasen zwischen Wassern und Hügeln verstreuten Pavillons dienen aber nicht dem Lob eines guten Fürsten, sondern dem Auftritt eines Konzerns und seiner Marken. Bisher zeigen sich dort Audi, Bentley, Lamborghini, Seat, Skoda. Und Volkswagen. — Als ein Unternehmen absoluter Perfektion und Präzision wollte die Wolfsburger Aktiengesellschaft sich ihren Gästen zeigen. Eine stereometrisch extravagante Architektur, in der Autostadt keine Seltenheit, hätte diese Botschaft kaum tragen können. Vielmehr sah hier der Masterplan des Münchener Architekten Gunter Henn einen Würfel vor, der durch Armand Grüntuch und Almut Ernst um eine Kugel ergänzt wurde. Beides sind Körper von größter Klarheit. Dank dessen und dank seiner Fassaden – im besten Sinne zugleich homogen, monoton, dynamisch – changiert der bei jedem Wetter anders schillernde Pavillon zwischen dem Schweren und Leichten, dem Festen und Losen, dem Trägen und Schnellen. — Konstruktiv sind die äußere und die innere Fassade – der Kubus misst 26 mal 26 mal 22 Meter – voneinander unabhängig. Die äußere Fassade besteht aus Sekurit-Glas-Scheiben. Sie hängen an gespannten, lotrechten Stahlseilen und Planarhaltern in Kreuzform; da die Scheiben an keiner Stelle einander berühren, können sie den Winddruck gut aufnehmen. Die innere Fassade besteht aus einem Stahlfachwerk, in dessen Feldern 850 Lamellen von je 4,5 Metern Höhe und 0,5 Metern Breite stehen, jeder Streifen Metall mit einem Motor bestückt und einzeln drehbar. Gewartet wird die Anlage von einem Gitterrost, das in jedem »Geschoss« um die Wände läuft. Wie nach außen so schließt auch nach innen der Würfel mit Glas ab. Der ganze Kubus spielt mit der Relation von Software und Hardware. Da die Lamellen steuerbar sind, können die Fassaden mühelos programmiert und zum Träger ornamentaler oder figurativer Bilder werden. — Auf der inneren Stirnseite des Gebäudes leuchtet raumhoch das Logo »VW«. Die Lamellen öffnen und schließen sich mit stets gleichem sanften Geräusch; Tageslicht streift durch den auch von Scheinwerfern erhellten Raum. Keine Frage, alles und jedes beherrscht die Kugel. Von außen wirkt das riesige Gebilde, als ob es über dem an dieser Stelle von unten bläulich leuchtenden, gläsernen Fußboden schwebe. Um dieses Eindrucks willen wird das Tragen und Lasten sorgsam versteckt. Die aus stählernen Profilen gebaute untere Halbkugel ruht auf vier Rampen, die aus den Ecken des Würfels in die Mitte steigen und mit der Bodenplatte im Kugelinnern so verschweißt und verspannt sind, dass die Hülle des Körpers den Boden des Würfels nicht berührt. — Man betritt die mit mattgrauen Blechtafeln umhüllte Großkugel von achtzehn Metern Durchmesser über die schmalen Rampen. Die Türen schwingen nach links und rechts. Innen zeigt sich ein kreisrunder Kinosaal; seine 104 Sitze steigen in Rängen mächtig auf, als ob es sich um ein anatomisches Auditorium handele. Nach einer Weile wird es schwarz. Hoch über den Köpfen strahlt der Sternenhimmel. Die 360-Grad-Projektion eines Kurzfilms beginnt. — In den übrigen Pavillons der Autostadt endet der Rundgang mit einer Inszenierung des Automobils, einschließlich der Möglichkeit, die neuen Wagen zu prüfen. Volkswagen verzichtet auf dieses Angebot. Nach dem Besuch des Kinos wird das Publikum durch eine Passage und einen Paravent in eine schneeweiße, klassische Rotunde geleitet. Dieser »Reinstraum« liegt unter dem Hügel rechts vom Kubus. In seiner Mitte steht, von der Decke aus Milchglas in fahles Licht getaucht, ein »New Beetle«. Mehr nicht. Zwischen zwei Mauern, die eine Gasse in die Kunstlandschaft schneiden, kommt man wieder nach draußen. — Ein Gehäuse, das nicht allein dem Vergnügen dient, sondern auch Bedeutung sucht, muss einen Reichtum symbolischer Relationen schaffen. Der Pavillon der Volkswagen Aktiengesellschaft – dessen matte Farben von Weiß nach Schwarz, von Grau nach Blau sich wandeln – arbeitet mit zahlreichen Verweisen, sei es auf Flugzeuge, sei es auf Raumschiffe. Der nutzbare Kugelbau und das nächtliche Firmament erinnern den mit Geschichte Vertrauten im Nu an den Kenotaph für Isaac Newton von Etienne Louis Boullée. Die Form wirkt stark, flüchtig und ewig in einer Gestalt. Wo sonst ist ein Denkmal auch Spielort, ein Spielort auch Denkmal?

VW MARKENPAVILLON AUSSTELLUNGSPAVILLON FÜR VOLKSWAGEN EXHIBITION PAVILION FOR VOLKSWAGEN —— AUTOSTADT · WOLFSBURG —— PLANUNGSBEGINN 1999 PLANNING STARTED 1999

Längsschnitt und Grundriss (1:600) zeigen die Symmetrie von Würfel und Kugel, von Foyer und Kino. Der Weg aus dem Pavillon führt durch eine Rotunde, die als Schauraum dient. Sekurit-Glas-Scheiben an Seilen und Haltern schützen die 850 stehenden mobilen Lamellen des Kubus. — **Longitudinal section and ground plan (1:600) show the symmetry of cube and sphere, of foyer and cinema. The way from the pavilion leads through a rotunda that is used as a showroom. Safety-glass panes on cables and supports protect the cube's 850 vertical mobile louvres.**

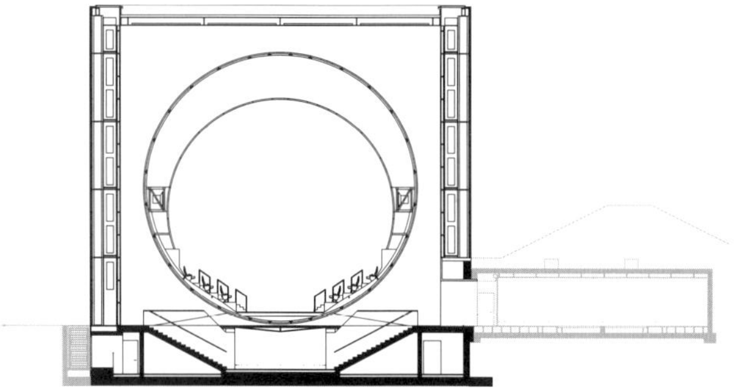

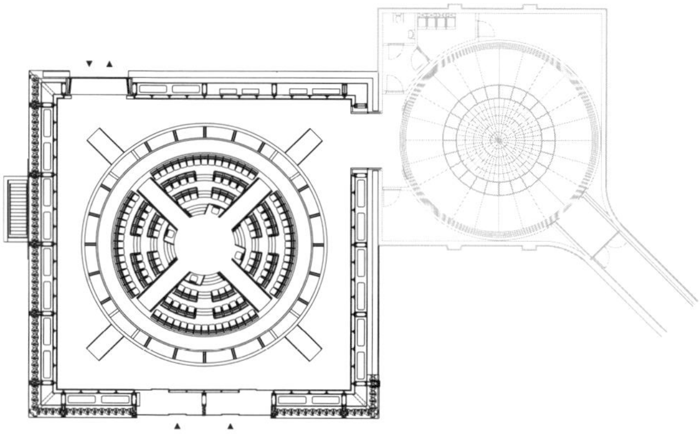

Der Eingang zum Pavillon liegt in der Mitte der Südseite. Die Drehbarkeit jeder einzelnen Lamelle macht künstlerische Gestaltungen möglich. So kann der Würfel leicht oder schwer, fragil oder kompakt, durchsichtig oder undurchsichtig erscheinen; er kann die Kugel verhüllen oder enthüllen. — The entrance to the pavilion is in the middle of the south side. Each louvre can be turned to permit artistic creativity. So the cube can look light or heavy, fragile or compact, transparent or opaque; it can reveal or conceal the sphere.

Immediately behind the main railway station and adjacent to the factory lies 'Car City', the 'Autostadt', an amusement park of some 25 hectares in size. This artificial landscape, of a high aesthetic modelling, is in the tradition of the lush, romantically-contrived baroque chateau garden with its numerous 'points de vue' and 'follies architecturales'. The pavilions, however, scattered over the lawns between water and hillocks, do not serve to glorify a worthy prince, but rather the performance of a corporation and its products. Represented so far are Audi, Bentley, Lamborghini, Seat, Skoda. And Volkswagen; here in its home town, Wolfsburg. —— As a concern of absolute perfection and precision, the Wolfsburg company wished to present itself to its guests. A stereometric extravagant architecture, no rarity in 'Car City', could hardly have conveyed this message. Rather the masterplan of the Munich architect Gunter Henn conceived of a cube which was complemented by Armand Grüntuch and Almut Ernst with a sphere. Both of these are forms of the greatest clarity. Thanks to this and to its façades, in the best sense homogenous, monotonous and dynamic, this iridescent pavilion, which alters according to the weather, changes between the heavy and the light, the fixed and the free, the sluggish and the fleet. —— The external and internal façades – the cube measures 26 by 26 by 22 metres – are constructively independent from each other. The external façade is comprised of panes of 'Sekurit' glass. They are suspended from tense, perpendicular steel cables and planar trusses of a criss-cross form. As the panes are not in contact with one another; they are well able to withstand wind pressure. The inner façade is comprised of a steel framework, in the interspacing of which are placed 850 lamellas, each 4.5 metres in height and 0.5 metres wide. Each metal strip is provided with a motor and can revolve separately. The installation is maintained by a grid construction, that runs along the wall on every 'storey'. As on the exterior the cube is also internally sealed-off with glass. The whole cube makes play with the relation between software and hardware. As the lamellas are moveable, the façade may easily be programmed and turned into a support for ornamental or figurative images. —— On the inner side of the building's front façade, the 'VW' logo shines from floor to ceiling. The lamellas open and shut themselves, always with the same soft noise. Daylight streams through the space, which is also illuminated by spotlights. There is no question that the sphere dominates each and everything. From the outside, this gigantic creation gives the illusion that it hovers above the glass pavement which, at this position, is lit from below by a blueish light. For the sake of this impression, supports and suspensions are cunningly concealed. The lower hemisphere, constructed of steel profiles, rests on four ramps that rise up from the corners of the cube into the centre und are so welded and clamped with the floor slab in the interior of the sphere, that the outer shell of the body does not come into contact with the floor of the cube. —— One enters the giant cube, of eighteen metres in diameter and enveloped in matt grey panels of sheet metal, by means of narrow ramps. The doors swing open to left and right. The interior reveals a circular cinema; its 104 seats rise steeply in ranks, as if it were an anatomy theatre. After a while it becomes pitch dark. High overhead the nightly firmament shines. The 360 degree projection of a short film begins. —— In the other pavilions of Car City the tour ends with the presentation of the latest motor car, including the possibility to test. Volkswagen dispenses with this offer. After the visit to the cinema, the visitor is led through a passage and past a decorative screen into a snow-white, classical rotunda. This 'sterile room' lies under the hill, to the right of the cube. In its centre, bathed in pearly light falling from the ceiling of opalescent glass, stands a 'New Beetle'. Nothing more. Between two walls, that cut an alley in the artificial landscape, one emerges into the open air. —— A casing, that serves not merely for pleasure, but rather seeks after meaning, must create a richness of symbolic relations. The pavilion of the Volkswagen Company, whose matt colours range from white to black, from grey to blue, works with numerous references, be it to aeroplanes, be it to spaceships. The functional sphere and the night firmament instantly remind those with historical insights of the cenotaph for Isaac Newton by Etienne Louis Boullée. The form has a stark, fleeting and eternal effect in one and the same figure. Where otherwise is a memorial a place of amusement, or a place of amusement a memorial?

Vier Rampen führen zu den Doppeltüren des mit Blechtafeln umhüllten Rundkinos. Seine Gestalt erinnert an die Architektur der Französischen Revolution, an Flugzeuge und Raumschiffe. Die Großkugel ruht auf den Rampen. Sie erscheint gleichwohl schwebend, da nur ihr Schatten den Boden berührt. —— Four ramps lead to the double doors of the circular cinema, which is covered with sheet-metal panels. Its shape is reminiscent of the architecture of the French Revolution, of aircraft and spaceships. The large sphere rests on the ramps. But it still seems to float, as only its shadow touches the floor.

Kaum zehn Häuser, bevor von Westen die Oranienburger Straße in den Hackeschen Markt mündet, zeigt der Stadtplan eine Gabel. Nach links verläuft die laute Oranienburger Straße, nach rechts die leise Straße am Monbijouplatz. In Bezug auf Masse und Figur eines neuen Bauwerks lädt so ein Ort zu verschiedenen entwurflichen Möglichkeiten ein, etwa zu einer scharfen Spitze oder zu einer sanft nach innen weichenden mittleren Fassade. Hier aber entstand: eine große runde Form. — Die Gestalt des schimmernden Zylinders – sein Erdgeschoss und seine beiden obersten Geschosse springen zurück – verdankt sich einem schwierigen Grundstück von 339 Quadratmetern. Es handelt sich um ein Pentagon, mit zwei Seiten zur Brandmauer, mit drei Seiten zum Straßenraum. Allein die Architektur macht aus dieser Lage ein großes Ganzes. — Im Norden und Süden schwingt die Fassade erst nach innen, um dann die Rundung von links und rechts besser in Szene zu setzen. Geschossbänder mit Mosaik und Fensterbänder mit Schwertern aus Glas erzeugen ein Wechselspiel horizontaler und vertikaler Energien. Das Grau – bei den Gläsern des Mosaiks, bei den Scheiben der Schwerter – erlaubt den Farben des Himmels und der Sonne, auf der Außenhaut des Gebäudes umso kräftiger zu erscheinen. — Das Erdgeschoss mit 190 Quadratmetern dient als Laden. Das erste bis dritte Obergeschoss mit 280 Quadratmetern nehmen Büros ein. Jede Etage hat eine lichte Höhe von gut drei Metern und kommt mit nur vier Stützen aus. Zwar erlaubt die minimierte Konstruktion beinahe beliebige Aufteilungen des Raums, doch legte das Grundstück nahe, Teeküchen und Toiletten an die Brandwand, die Arbeitsplätze in Sektoren an die Glashaut mit ihren stehenden Fenstern zu rücken. — Im vierten Obergeschoss liegen zwei Wohnungen, die kleinere mit zwei Zimmern nach Norden, die größere nach Art eines Loft, beide mit Balkon. Die drei Maisonettes im fünften und sechsten Obergeschoss sind funktional effizient organisiert. Küchen und Bäder liegen im hinteren, Schlafzimmer im unteren, Wohnräume im oberen Teil. Wandschränke sparen Platz, nicht anders die Spindeltreppe in der nördlichen Maisonette. Schiebefenster und Flügeltüren zum Balkon machen den Raum weiter und heller. Die Aussicht ist herrlich.

A mere ten houses away from the spot where, approaching from the west, the Oranienburger Strasse opens out into Hackescher Markt, the city map shows a bifurcation. To the left runs the noisy Oranienburger Strasse, to the right the quiet street next to Monbijouplatz. With regard to the mass and figure of a new building, such a site offers itself to various design possibilities, such as a sharp point or a central façade which swings gently inward. Here, however, a large rounded form came into being. — The shimmering cylinder, the ground floor and the two top storeys of which are recessed, owes its shape to a difficult building plot of 339 square metres. It is a pentagon, with two sides to the fire wall and three sides to the streetscape. Only the architectural composition turns this site into one big entity. — To the north and the south the façade firstly meanders inwards then outwards, the better to highlight the curve. The bands of mosaic between the storeys, and the strip windows, with their 'swords' of glass, create an interplay of horizontal and vertical energies. The grey of the mosaic glasses and the panes of the 'swords' allow the colour of sky and sun to reflect even stronger on the skin of the building. — The ground floor, with its 190 square metres, serves as a shop. The first, second and third upper storeys, of 280 square metres, are occupied by offices. Each storey has a clear height of more than three metres and manages with just four supports. The minimized construction, indeed, allows of almost any division. The building plot, however, suggested a shifting of tea point and lavatories up to the fire walls, and an arrangement of working places in sections close up to the glass skin with its upright windows. — There are two flats in the fourth upper storey; the smaller one with two rooms facing north, the larger in the manner of a loft, both with a balcony. The facilities of the three maisonettes in the fifth and sixth upper storeys are efficiently organised. Kitchens and bathrooms lie in the back, bedrooms in the lower parts, living rooms in the upper. Built-in cupboards save space as does the spiral staircase in the northern maisonette. Sliding windows and folding doors make the space wider and lighter. The view is spectacular.

MONBIJOU 5 WOHN- UND GESCHÄFTSHAUS RESIDENTIAL AND COMMERCIAL BUILDING —— MONBIJOU-PLATZ 5 · BERLIN-MITTE —— PLANUNGSBEGINN 1999 PLANNING STARTED 1999

Die Grundrisse des ersten, fünften und sechsten Obergeschosses (1:500) zeigen die effiziente Organisation des Raums. Die größte der drei Maisonettes hat 240 Quadratmeter, im unteren Geschoss drei Zimmer und zwei Bäder, im oberen Geschoss einen einzigen riesigen Raum. Geschossbänder mit Mosaik und Fensterbänder mit Schwertern gliedern die Fassade. — **The ground plans of the first, fifth and sixth floors (1:500) show efficient spatial organization. The largest of the three maisonettes occupies 240 square metres, with three rooms and two bathrooms on the lower floor and one huge room on the upper floor. The façade is articulated by mosaic bands and continuous windows with glass finns.**

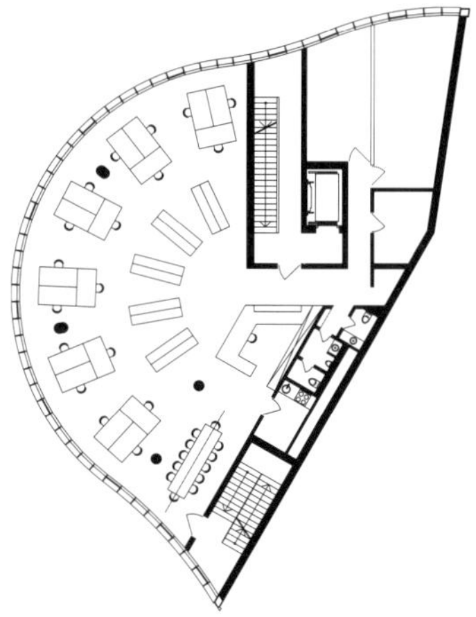

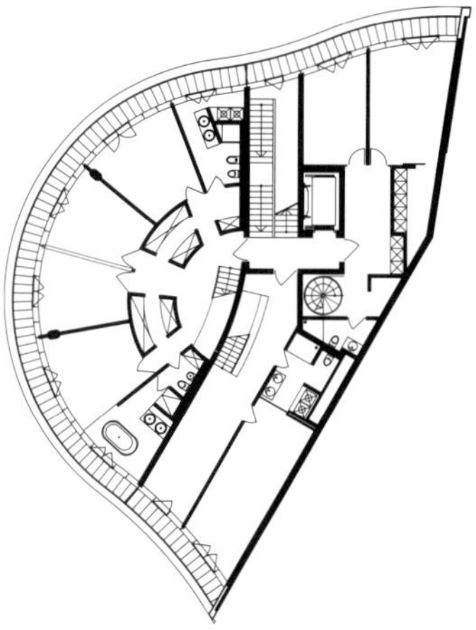

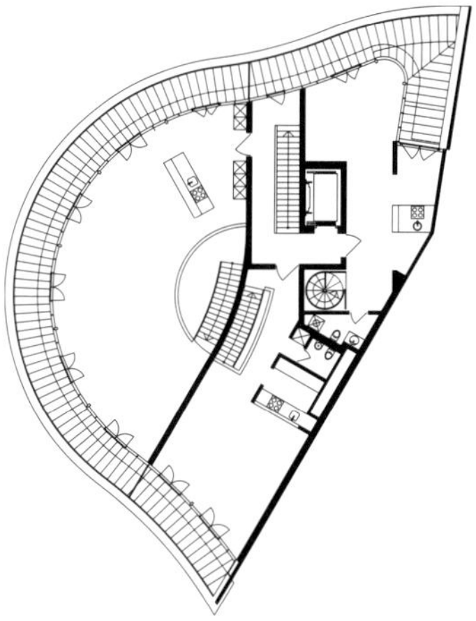

Eine Treppe führt mit sanftem Schwung in das Dachgeschoss mit einer einzigen fließenden Wohnfläche. Davor liegt ein langer Balkonstreifen, hier mit Blick nach Westen auf die Oranienburger Straße. — A staircase curves gently to the attic floor with its single open living area. In front of it is a long balcony strip, looking out over Oranienburgerstrasse in this case.

Im Bankenviertel der westlichen Frankfurter Innenstadt zeichnet der Stadtplan ein Dreieck, das im Norden die Junghofstraße, im Südwesten die Neue Schlesinger Gasse, im Südosten die Große Gallusstraße begrenzen. Während an der Junghofstraße Bürobauten der fünfziger Jahre das Bild bestimmen, beherrschen die Große Gallusstraße Gebäude der siebziger Jahre. Am Rossmarkt, der Ostspitze des Dreiecks, steht ein Kopfbau der Zeit kurz nach Gründung des Deutschen Reiches, ein Palazzo im Stil der Renaissance: das Stammhaus der Deutschen Bank. — Der Hochhausentwicklungsplan der Kommune sieht bauliche Verdichtung vor. An der Neuen Mainzer Straße sind weitere Hochhäuser nicht bloß geduldet; hier wird zu vertikaler Expansion ermuntert. So möchte die Deutsche Grundbesitz Management GmbH in der Mitte des Dreiecks – das versiegelt und befestigt wirkt – einen etwa 200 Meter hohen Turm errichten und im selben Zuge das Terrain durch den Abriss mancher Bauten öffnen. Da das neue Hochhaus vollständig vermietet werden soll, bedarf es enormer funktionaler Flexibilität. Nicht allein Zellen-, Kombi- und Großraumbüro sollen möglich sein. Vielmehr muss die weitere Entwicklung – »desk sharing« etwa – in der Struktur des Turmes Rücksicht finden. — Um von der Großen Gallusstraße auf das Innere des Geländes zu locken, entsteht auf dem Trapez zwischen dem Hoch- und dem Stammhaus der Deutschen Bank ein Vorplatz, der auf eine Frei- und Sitztreppe und von dort auf das Plateau des Wolkenkratzers führt. Dessen Grundriss hat die Form zweier gleich großer Ellipsen, deren Langseiten verbunden sind. Dieses Mittelstück wird nach oben erst schmaler und schmaler, dann breiter und breiter. Zwischen den Brücken im 29. und 38. Geschoss steht ein Luftraum von acht Geschoss. Der Turm mit seinen fünfzig Geschoss gleicht einer Plastik aus dem Geist Constantin Brancusis, in einer Gestalt auf dem Boden stehend und in die Höhe fliegend. — Die Zone zwischen den Ellipsen dient primär der Erschließung. Auf jeder Etage gibt es so die Möglichkeit, ein Entree oder Foyer zu schaffen. Wo diese Zone breiter ist – in den Geschossen ganz unten und ganz oben –, kann sie mühelos mehrere Etagen umfassen. Zellenbüros liegen an den Außenseiten, Kombibüros an den Innenseiten des Turms. Bei Nutzung durch nur einen Mieter bieten die breitesten Geschosse etwa 1.800 Quadratmeter Gesamtfläche.

In Frankfurt's bank district, the map displays a triangle bordered to the north by the Junghofstrasse, to the south-west by the Neue Schlesinger Gasse, and to the south-east by the Grosse Gallusstrasse. The Junghofstrasse is characterised by office buildings from the fifties. The Grosse Gallusstrasse is dominated by buildings from the seventies. At Rossmarkt, the eastern-most apex of the triangle, stands a front building, a 'palazzo' dating from shortly after the establishment of the German Empire, the historic headquarters of the Deutsche Bank. — The authority's high-rise building development plan suggests a higher building density. Along Mainzer Strasse, further high-rise buildings are not merely tolerated; any vertical expansion is encouraged. Thus, the Deutsche Grundbesitz Management GmbH wishes to erect, in the centre of the triangle that presents a fortified appearance, a tower of 200 metres in height, and with the same stroke to open up the site through the demolition of certain buildings. As the new high-rise building is to be completely let, it requires an enormous functional flexibilty. Not merely individual offices, open-plan offices and larger units must be made possible. Developments such as 'desk sharing' have to be considered in the structure. — In order to provide an inticement away from the Grosse Gallusstrasse onto the site, a forecourt will be formed from the trapezium between the new high-rise building and the original Deutsche Bank headquarters, which leads to an exterior flight of stairs and from there onto the plateau of the skyscraper. Its ground plan has the form of two equal-sized ellipses, the long sides of which are connected. From the bottom up this central part firstly becomes narrower and narrower, then wider and wider. Between the bridges on the 29th and the 38th floors, there is an airspace of eight floors. The tower with its fifty floors resembles a sculpture by Constantin Brancusi. — The zone between the ellipses serves for access. Thus, on each floor a possibilty is provided for the creation of an entrance or foyer. Where this zone is wider, in the floors at the very bottom or very top, they can encompass several storeys with ease. Individual offices are situated on the outer sides, open-plan offices on the inner. When used by one tenant only, the broadest storeys offer a total of roughly 1,800 square metres.

MAX BÜROTURM OFFICE TOWER —— GROSSE GALLUSSTRASSE · FRANKFURT AM MAIN —— GELADENER WETTBEWERB, 1999 INVITED COMPETITION, 1999

Die Grundrisse des Erdgeschosses und des 29. Obergeschosses (1:1.000) deuten eine so organische wie elegante Figur an. Es handelt sich um die Etagen mit der größten und kleinsten Verbindung. Wie im Schnitt (1:2.200) sichtbar, können die räumlichen Einheiten unten und oben mehrere Geschosse umfassen. — The ground and 29th floor plans (1:1,000) suggest a figure that is as organic as it is elegant. These are the levels with the greatest and least connection. As is visible in the section (1:2,200) the spatial units at the bottom and the top can combine several floors.

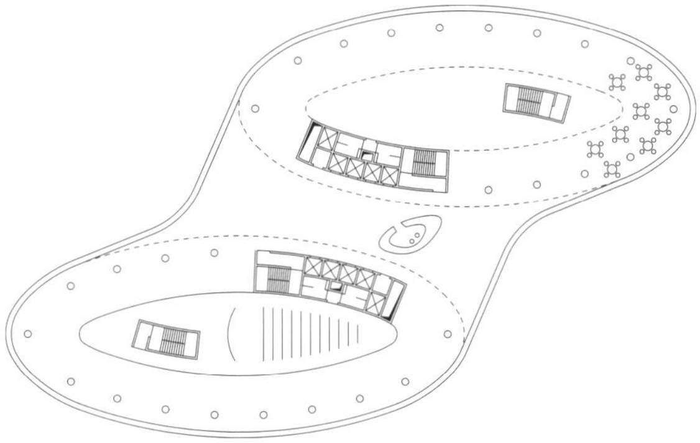

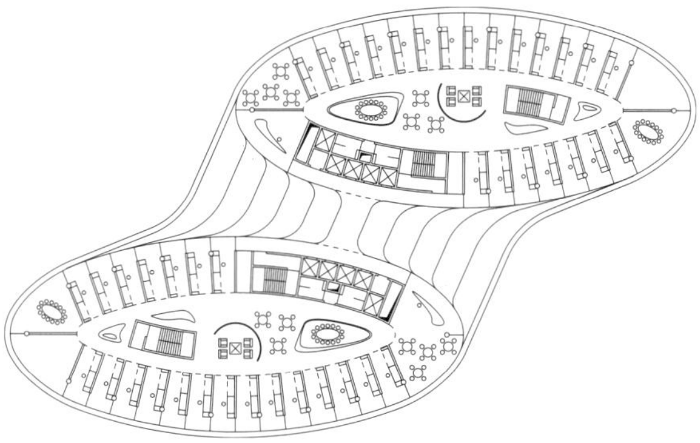

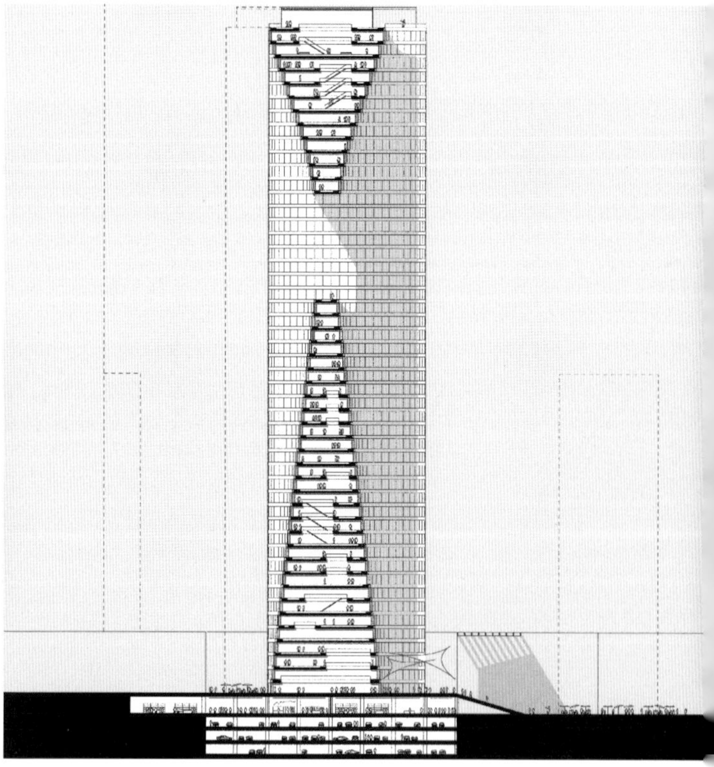

Der etwa 200 Meter hohe Turm hebt sich durch die Figur der beiden Ellipsen sowie durch die Stufung und den Hohlraum der Mitte deutlich von den übrigen Hochhäusern ab. Die dominante Position – von der Innenstadt, also von Osten betrachtet, steht der Turm ein gutes Stück vor der Reihe der Hochhäuser an der Neuen Mainzer Straße – erfordert einen auch formal starken Bau. — **The tower is approximately 200 metres high and stands out clearly from the other high-rise buildings because of the figure of the two ellipses, and also because of the stepping and the central cavity. The dominant position – seen from the town centre, in other words from the east, the tower is a good way in front of the series of tall buildings in Neue Mainzer Straße - requires a structure that is formally strong as well.**

In Berlin tun sich noch immer Lücken und Leeren auf. So auch im Block zwischen der Oranienburger Straße im Norden und der Johannisstraße im Süden. Was hier die Humboldt Höfe leisten, ist die Reparatur der Perforation des Stadtraums in Weltkrieg und Nachkrieg. Doch wo andere den Widerspruch zwischen Bestand und Eingriff durch eklektischen Historismus zu versöhnen trachten, da schöpfen Armand Grüntuch und Almut Ernst aus dem Idiolekt ihrer Architektur. Auch an dieser Stelle wagen sie eigene Lösungen. — Das achtzig Meter tiefe Ensemble besteht aus drei Bauten um zwei Binnenhöfe: die Oranienburger Straße 67, ein sanierter Altbau, mit Vorderhaus / erstem Seitenflügel / Querhaus / zweitem Seitenflügel; die Oranienburger Straße 66, ein Neubau hinter gläserner Fassade, mit Vorderhaus / erstem Seitenflügel / Querhaus / zweitem Seitenflügel; die Johannisstraße 11, ein Neubau hinter alter Fassade, mit Vorderhaus und Seitenflügel. Während der Altbau Oranienburger Straße 67 durch drei Brandwände vom übrigen Ensemble getrennt bleibt, gehen die Neubauten Oranienburger Straße 66 und Johannisstraße 11 auf jedem Geschoss einer in den andern über. — Die Oranienburger Straße 66 hat im Erdgeschoss Platz für ein Restaurant. Sämtliche Etagen darüber werden von Büros genutzt. Balkonstreifen zum Binnenhof oder zum Treppenhaus bieten die Möglichkeit zur Bewegung im Freien. Vom Eingang führt ein Foyer in die Tiefe des Hauses. Stufen eines Hohlraums ziehen das Auge entlang der rechten Brandwand nach hinten und oben. Den Sog unter das Glasdach unterstützt die Gestaltung der riesigen Wandfläche. Weiß auf Grau und von oben nach unten – entgegen der Erschließung des Gebäudes – liest man dort ein Zitat des Naturforschers Alexander von Humboldt, der von 1843 bis 1859 unter der Adresse Oranienburger Straße 67 wohnte. — Die Johannisstraße 11 gehört zum Flächendenkmal Spandauer Vorstadt. Erhalten blieb daher die verputzte Fassade mit linkem, rechtem und mittlerem Risalit. Im Erdgeschoss sowie im dritten und vierten Obergeschoss machen Büros sich breit. Das erste und zweite Obergeschoss nimmt ein Hotel in Anspruch. Ein gestufter Glasbügel dient als fünftes und sechstes Obergeschoss. Drei Maisonettes und eine Wohnung haben dort Raum. Die nutzbare Dachlandschaft vereint die beiden Neubauten an der Oranienburger Straße und der Johannisstraße.

In Berlin, even today, there are still gaps and voids, such as in the block between the Oranienburger Strasse in the north and the Johannisstrasse in the south. What the Humboldt Courts are able to do here is to repair the perforation of the cityscape left by war and postwar. But where others attempt to reconcile the contradiction between the existing structure and the architectural intervention through eclectic historicism, Armand Grüntuch and Almut Ernst create out of the idiolect of their architecture. On this site, too, they dare to find their own solution. — The ensemble, eighty metres deep, consists of three buildings around three internal courtyards. These are Oranienburger Strasse 67, a modernised old property, with front building / first side wing / parallel building / second side wing; Oranienburger Strasse 66, a new property behind a glass façade, with front building / first side wing / parallel building / second side wing; Johannisstrasse 11, a new property behind an old façade, with front building and side wing. Whilst the old property Oranienburger Strasse 67 remains divided by three fire walls from the rest of the ensemble, the new properties Oranienburger Strasse 66 and Johannisstrasse 11 blend into each other on every floor. — Oranienburger Strasse 66 provides room on the ground floor for a restaurant. All floors above this are used for offices. Strip balconies looking out onto the inner courtyard or the stairwell offer the possibility for movement in the fresh air. From the entrance a foyer leads into the depths of the house. A stepped cavity draws the eye along the right fire wall, rearwards and upwards. The graphic design of the extensive wall surface assists the magnetic attraction of the glass roof. White on grey and from top to bottom, in the opposite direction to the access of the building, one may read a quote from explorer Alexander von Humboldt, who from 1843 to 1859 lived at Oranienburger Strasse 67. — Johannisstrasse 11 is part of the Spandauer Vorstadt, a conservation area. Therefore the stuccoed façade with its left, right and central protruding portions, has been preserved. On the ground floor, as well as on the third and fourth floors, offices have moved in. The first and second floors accomodate a hotel. A stepped glass 'yoke' serves as the fifth and sixth floors. Three maisonettes and a flat are situated there. The roof landscape is open for everyday use. It unites the two new buildings of the Oranienburger Strasse and the Johannisstrasse.

HUMBOLDT HÖFE WOHN- UND GESCHÄFTSHAUS RESIDENTIAL AND COMMERCIAL BUILDING — ORANIENBURGER STR. 66 UND 67 / JOHANNISSTR. 11 · BERLIN-MITTE — PLANUNGSBEGINN 2000 PLANNING STARTED 2000

Im Längsschnitt (1:1.000) durch das Gebäude Oranienburger Straße 66 zeichnet sich die schmale Halle ab, vom Eingang nach weit hinten und oben führend. Der Grundriss (1:1.000) zeigt die Verbindung zwischen den Häusern Oranienburger Straße 66 und Johannisstraße 11. Wie auf dem Foto unten sichtbar, blieb die Fassade dieses Gebäudes erhalten. Der Glasbügel enthält vier Wohnungen. — The narrow hall stands out in the longitudinal section (1:1000) through the building at 66 Oranienburger Strasse; it leads from the entrance to the very back, and upstairs. The ground plan (1:1000) shows the link between the buildings at 66 Oranienburger Strasse and 11 Johannisstrasse. As can be seen from the photograph below, the façade of the latter building has been retained. The glazed section contains four apartments.

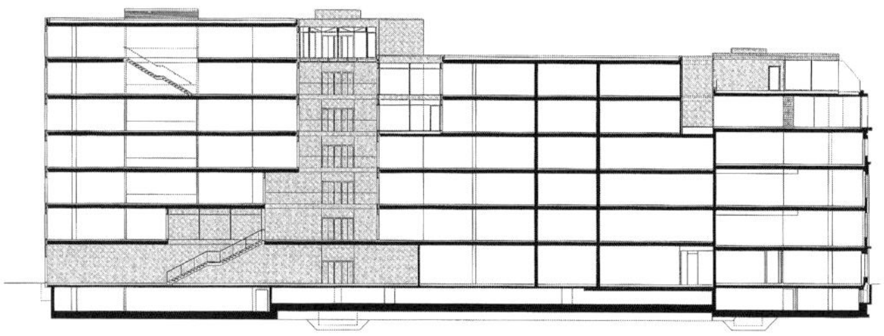

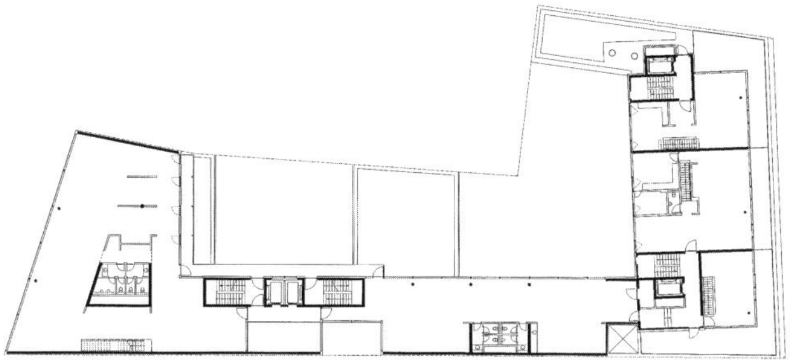

Das Haus Oranienburger Strasse 66 ist ein Neubau. Der Lückenschließer hat eine großzügig verglaste Fassade. Das Foto oben zeigt einen Blick aus dem Innern des Bürohauses Richtung Oranienburger Straße, an der Brandwand links das Zitat Alexander von Humboldts. —
The building at 66 Oranienburger Strasse is new. The gap-closer has a lavishly glazed façade. The top photograph shows the view from the inside of the office building towards Oranienburger Strasse and the quotation from Alexander von Humboldt is on the fire wall on the left.

Dallgow-Döberitz, eine kleinere Gemeinde nahe Berlin, hat Bedarf an einer Oberschule für über 550 Schüler. Erbaut werden soll das Gymnasium südlich der Bahngleise und der Hauptstraße, westlich einer Siedlung, die noch in Planung steckt. Das Areal von 29.000 Quadratmetern liegt an einer Schnittstelle von Siedlungs- und Landschaftsraum. Es fällt und steigt; der Unterschied beträgt immerhin 2,7 Meter. — Der Entwurf sieht eine orthogonale Architektur, ein Gebäude mit zwei Geschossen bei Kanten von 120 und 60 Metern vor. Der Bewegung des Geländes fügt sich die Anlage durch ihre drei Niveaus unter Null, auf Null, über Null. Ganzheit und Teilung des Bauwerks – nicht nur auf dem Grundriss gibt es ein linkes und ein rechtes Geviert – werden durch seine Erschließung unterstützt. — Denn von Südost nach Nordwest quert eine »Straße« durch den Komplex; hinten und draußen führt sie, vorbei an zwei Sportplätzen, zu einem Steingarten. Große Räume liegen in der Mitte, kleine Räume an den Rändern. Mit dem offenen Hof auf der einen, zwei gedeckten Hallen auf der andern Seite der Straße bildet sich zwischen dem südwestlichen und dem nordöstlichen Bauteil eine Balance in Bezug nicht allein auf einander ähnliche Funktionen, sondern auch auf einander ähnliche Volumina. — Das Erdgeschoss nimmt zahlreiche Nutzungen auf. Zur Linken sammeln sich an drei Fluren um den Hof vorne das Lehrerzimmer sowie Direktoriat und Sekretariat, um die erste Ecke Bibliothek und Archiv, um die zweite Ecke die Räume für Physik, Chemie, Biologie und Informatik. Zur Rechten sammeln sich – an zwei Fluren um die Pausenhalle und die zur Hälfte versenkte Sporthalle – hinten die Räume für die Fächer Musik, Kunst und Arbeitslehre, um die Ecke aber die Räume zum Umkleiden vor und nach dem Sport. — Das Obergeschoss dient als Pausendeck, erreichbar vom Hof und von der Galerie der Pausenhalle. Bohlen und Bänke gestalten den Raum, aus dem die Pausenhalle ragt. An den Grenzen des Bauwerks stehen je zwei Trakte für die Klassen. Zwar umschließen die beiden Winkel das Pausendeck; doch bleibt an den Langseiten je ein Streifen leer, für den Blick vorne auf die Siedlung, hinten auf die Landschaft. Dorthin führt auch eine Stufung, zum Laufen, zum Sitzen, zum Unterricht: in freier Natur.

Dallgow-Döberitz, a small community near Berlin, requires a secondary school for around 550 students. The grammar school is to be built south of the railway lines and the main street, to the west of a housing estate that is still at the planning stage. The terrain of 29,000 square metres is situated in an intersection of built-up area and open landscape. It rises and falls; the gradient comprises of altogether 2.7 metres. — The design shows an orthogonal architecture, a building with two storeys and edges of 120 and 60 metres. The layout, with its three levels, below zero, zero, above zero, complies with the movement of the terrain. The completeness and division of the building – not merely on the ground plan is there a left and right quadrangle – is supported by the organisation of its access. — Because a 'street' crosses the complex, from the southeast to the northwest, it leads behind and outside, past two sports grounds, to a rock garden. Large spaces lie in the centre, small spaces on the edges. With the open court on one side, and two covered halls on the other side of the street, a balance is created between the southwestern and the northeastern portions of the building, not only in relation to similar functions, but also to similar volumes. — The ground floor takes over numerous functions. On the left-hand side, distributed over the three corridors which surround the courtyard, are the teachers' common room and administration offices; at the first corner is the library and archive, at the second rooms for physics, chemistry, biology and information technology. On the right – along two corridors around the recreation room and the partially submerged gymnasium – are gathered to the rear the rooms for music, art and work experience lessons, round the corner, however, changing rooms for the sports lessons. — The upper floor serves as an open-air recreation deck, accessible from the court and from the gallery of the recreation hall. Beams and benches define the space, from which the recreation hall extends upwards. At each border of the building there is a tract for classrooms. Although the two angles enclose the recreational space, strips on the long sides remain open to provide, at the front, a view of the housing estate, and, to the rear, the landscape. A series of steps proceed in that direction, to walk, to sit down, to learn – in the open air.

MARIE-CURIE-GYMNASIUM DREIZÜGIGE OBERSCHULE SPECIALIST SECONDARY SCHOOL — MARIE CURIE-STRASSE · DALLGOW-DÖBERITZ — GELADENER WETTBEWERB, 1. PREIS, 2001 INVITED COMPETITION, 1ST PRIZE, 2001

Längsschnitt (1:800) und Grundrisse (1:1.750) zeigen die Lage der Fachklassen unten und der Klassenräume oben. Die mittige Erschließung des Komplexes erlaubt das rasche Erfassen der großen Gemeinschaftsräume zur Linken und Rechten. Die Außenhaut des Gebäudes besteht aus Glasscheiben in grünen Farben. — The longitudinal section (1:800) and ground plans (1:1,750) show the position of the specialist classrooms below and the classrooms above. Central access to the complex makes it possible to take in the large communal spaces to the left and right very quickly. The outer skin of the building is made up of glass panes in shades of green.

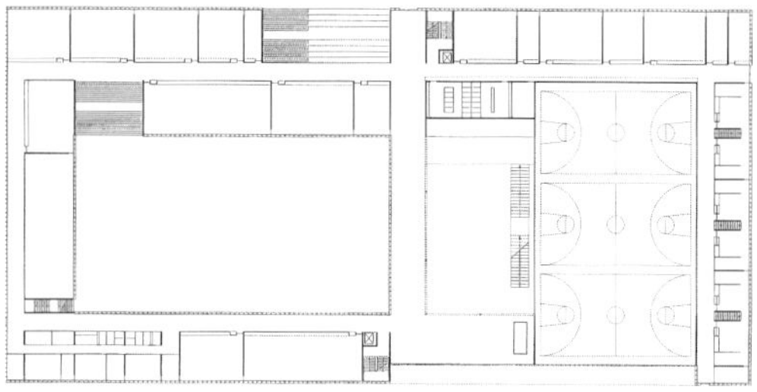

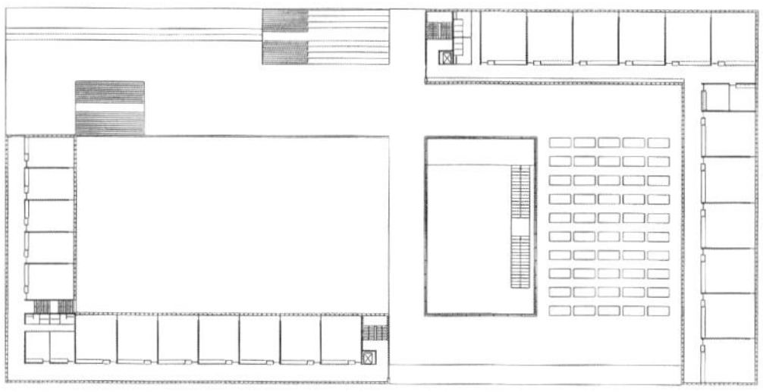

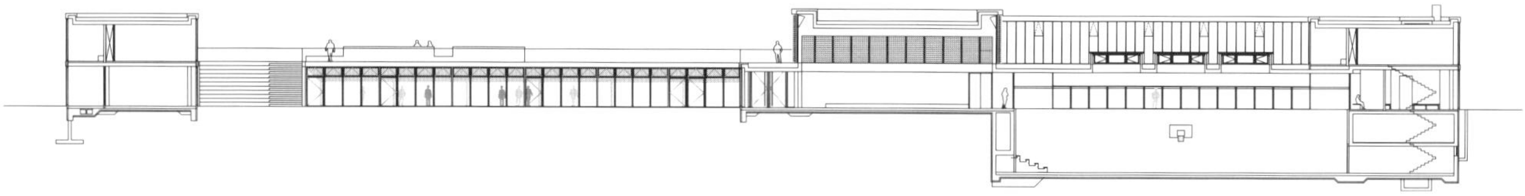

Im Wechselspiel von innen und außen sowie von geschlossen und geöffnet entstehen drei große Orte der Versammlung und Gemeinschaft: unten der Pausenhof und die Pausenhalle, oben das Pausendeck. Dort begrenzen die Klassenräume – hier der Unterstufe, dort der Oberstufe – in zwei rechten Winkeln den Raum. —— Three large places for assembly and communal activity are created by the interplay of inside and outside and also closed and open; below are the open and covered yards, and the yard deck is above. Here the classrooms – lower school there, upper school here – border the space at two right angles.

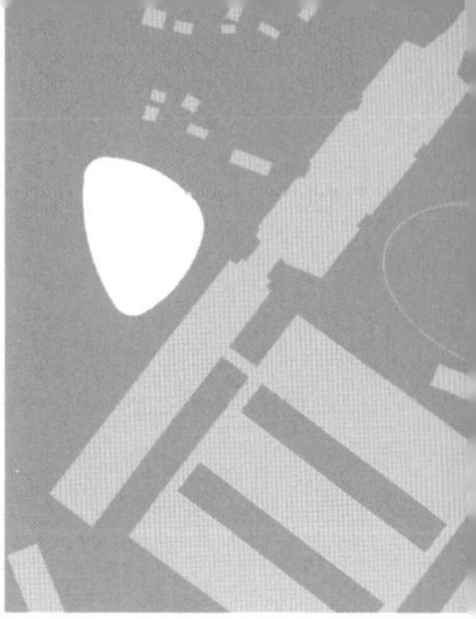

Gemeinsam bewarben sich im Jahr 2001 der Senat von Berlin und die Messe Berlin GmbH um den Ort und den Bau des International Broadcasting Centre der Fußball-Weltmeisterschaftsspiele 2006. Für die Arbeit der Rundfunk- und Fernsehleute sollte ein Gebäude mit der Möglichkeit der Nachnutzung entworfen werden. Das IBC sollte seinen Platz auf einem Terrain haben, das ein Dreieck mit Seiten etwa gleicher Länge bildet: im Nordosten von durchgrünten Wohnhäusern an der Wandalenallee, im Südosten von den neueren Messehallen, im Westen von der Jafféstraße und der S-Bahn-Trasse begrenzt. — Das Bauwerk steht weit im Osten des Grundstücks; es steht fast in der Spitze des Dreiecks und ist selber ein: Dreieck. Das IBC ähnelt einem Dreifuß mit Formen, die sich runden und sich wölben und sich schließen, bis sie eine leichte Blase auf dem glatten Boden bilden. Die freie Betonschale, deren Scheitel knapp dreißig Meter hoch liegt, lässt an ihren Seiten offene Segmente. Diese breiten Bögen deckt ein Tragwerk von Seilen und Stäben, über denen sich eine dünne Glashaut spannt. — Man betritt das drei Meter in den Erdboden gesenkte IBC auf einer Rampe. Hinter dem Eingang mit seinen vier Drehtüren lädt eine gestreckte Ebene – Mixtur aus Lobby und Foyer – zum Verweilen. Schon beim ersten Blick hinauf und hinab erklärt sich das räumliche Gefüge. Unter der Hülle steht eine freie Struktur mit unterer und oberer Ebene, die über Rolltreppen und Fahrstühle erreicht werden. Die Gliederung der Nutzfläche von 34.000 Quadratmetern schmiegt sich mit zwei »Lungen« und einer »Niere« der organischen Symmetrie der Blase an. Dank lichter Höhen zwischen zehn und fünfzehn Metern können diese Körper im Körper auch als Gebäude von drei Geschossen erscheinen. — Bei der Nutzung als IBC hätte die untere Ebene in der Mitte achtzehn Studios und an den Rändern zahllosen Schnittplätzen Raum geboten. Auf der oberen Ebene wären neben weiteren Studios eine Zentrale für Information und Kommunikation sowie eine VIP Lounge entstanden. Es versteht sich, dass der Bau nach Entfernung der oberen Etage für Televisionsproduktionen hätte genutzt werden können. Der flexible Charakter der unteren wie der oberen Ebene hätte ferner Handelsmessen mit einer Vielzahl von Kojen und Ständen erlaubt.

In 2001, the Senate of Berlin and the Messe Berlin company made a combined bid for the International Broadcasting Centre as a venue for the Football World Championship 2006. For the work of the broadcasting and television teams a building was to be designed in a way that would later permit of a different usage. The IBC was intended to be situated on a site which forms a triangle with approximately equally long sides, bordered to the northeast, along the Wandalenallee, by detached houses surrounded by greenery, to the southeast by the recently erected exhibition halls, and to the west by the Jafféstrasse and railway lines. — The building stands far to the east on the site, almost in the apex of the triangle, and itself forms a triangle. The IBC resembles a tripod with forms that become rounded, vaulted, then closed and finally turn into a light blob on the plane surface. This free-shaped concrete shell, the vertex of which is almost thirty metres in height, leaves open segments on its sides. These wide arches are covered by a supporting structure of ropes and bars, on which rests a thin skin of glass. — Access to the building, sunk three metres into the ground, is by a ramp. Behind the entrance with its four revolving doors, an elongated area, combining the functions of lobby and foyer, entices the visitor to linger. The spatial quality of the structure becomes evident with an initial up and down glance. Under the shell there is a free-standing structure with upper and lower levels that can be reached by escalators and lifts. The division of the usable space of 34,000 square metres, with its two 'lungs' and one 'kidney', fits neatly into the organic symmetry of the blob. Thanks to clear heights of between ten and fifteen metres these bodies within a body may also appear as a building of three storeys. — In the event of its function as the IBC, the lower niveau would have offered space for eighteen studios in its central area and for countless cutting places at its edges. On the upper level, an information and communication centre, and also a VIP lounge would have been created, as well as further studios. It goes without saying that the building, after the clearance of the upper level, could have been used for television productions. The flexible character of both the lower and upper levels would also have permitted the accomodation of the various stands and booths of trade fairs.

IBC MEDIENZENTRUM FÜR DIE FUSSBALLWELTMEISTERSCHAFT 2006 INTERNATIONAL BROADCASTING CENTRE FOR THE 2006 FOOTBALL WORLD CUP — JAFFÉSTR. / WANDALENALLEE · BERLIN-CHARLOTTEN-BURG — KONKURRIERENDES GUTACHTERVERFAHREN, 2001 COMPETITIVE REPORT PROCEDURE, 2001

Im Längsschnitt (1:2.000) zeichnet sich der Bau wie ein Hügel ab. Der Grundriss (1:4.000) zeigt die Nachnutzung für das Fernsehen, hier mit großer Bühne und steilen Rängen. In longitudinal section (1:2,000) the building looks like a mound. The ground plan (1:4,000) shows the subsequent use for television, here with a large stage and steeply raked seating.

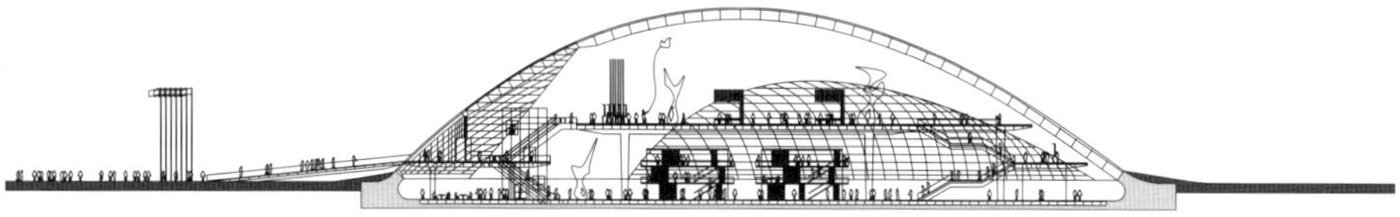

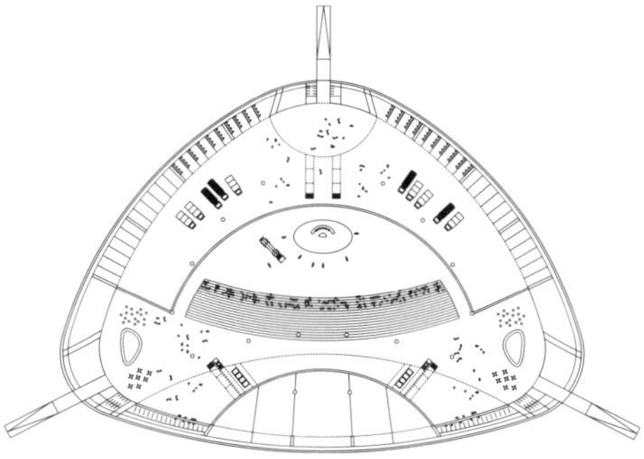

Der Eingang des International Broadcasting Centre liegt unter dem westlichen der drei gläsernen Segmente. Der breite Raum von Lobby und Foyer erlaubt den Blick auf die untere wie die obere Ebene. — The entrance to the International Broadcasting Centre is under the westernmost of the three glass segments. The generous space in lobby and foyer gives a view of the upper and lower levels.

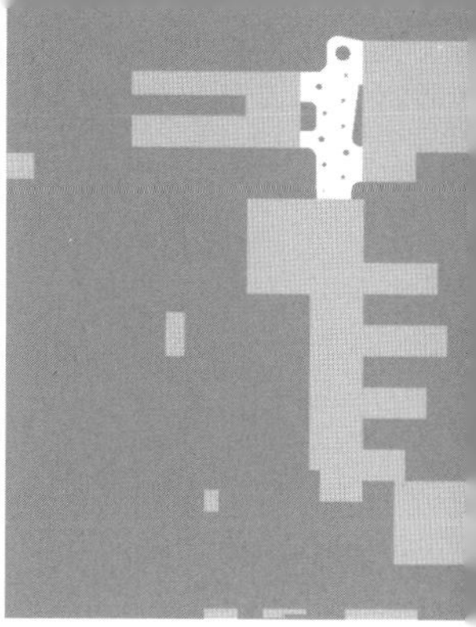

Nördlich der Messestadt, an der Autobahn von Magdeburg nach Dresden, wird die BMW AG auf einem Areal von über 200 Hektar ein neues Werk bauen. Neben einigen kleineren Gebäuden wird die Anlage aus je einer Halle für die Karrosserieproduktion, die Lackierung und die Montage bestehen. Lage und Größe der drei Hallen wurden vorab bestimmt. Für das »zentrale Gebäude« – das auf einer Fläche von 23.000 Quadratmetern die Bereiche der Fertigung verbindet – wurde hingegen ein Wettbewerb ausgelobt. — In der ersten Stufe schlugen Armand Grüntuch und Almut Ernst einen Baukörper vor, bei dem ein kurvilineares auf einem rektangulären Teil ruht; die sieben hohlen Formen dienen als helle grüne Höfe. In der zweiten Stufe wurden die Konturen homogener und dynamischer. Der Kontrast von harter und weicher Gestalt wich einer Architektur, die der Grundfläche nur eine leichte Bedeckung gibt. Dieser Absicht dient ein zwischen die Hallen gespanntes Gitterwerk, von Nord nach Süd an zehn Stellen bis auf den Boden führend, in West und Ost je zwei Höfe mit runden Ecken lassend. Der Bau ist visuell eine Verbindung von Schalen und Trichtern, konstruktiv eine Verbindung hängender und tragender stählerner Profile. — Man betritt das zentrale Gebäude von seiner nördlichen Schmalseite. Hinter der Eingangsbuchtung liegen der Infostand, die Schauräume und ein kreisrunder Vortragssaal. In der langen Mittelachse laufen in 5,75 Metern Höhe die Förderbänder mit den Automobilen, auf dem Weg in eine der Hallen. Links und rechts wechseln die zehn der Belichtung und Belüftung dienenden gläsernen Trichter, mehrere Anlagen zur technischen Kontrolle der Fahrzeuge und kleinere wie größere Büroteile einander ab. — So erhält das zentrale Gebäude, immerhin 297 Meter lang und 113 Meter breit, Struktur und Sequenz. Teils geöffnet, teils geschlossen, stehen die Büroteile frei im Raum; die stählernen Module von ein oder zwei Geschoss sind leicht montiert. Kunstlicht aus Bodenstrahlern, reflektiert von den Ringen der Trichter und den Scheiben der Decke, unterstützt das Tageslicht. Dank der vier länglichen, offenen Höfe bekommt der auf Kreativität zielende Kontakt zwischen den »white collars« an den Schreibtischen und den »blue collars« an den Werkbänken mehr als nur zufällige Möglichkeiten.

To the north of the city of trade fairs, beside the Magdeburg to Dresden motorway, BMW will build a new works on a site of 200 hectares. Apart from some smaller buildings, the plant will consist of one hall each for the production of bodies, paintwork and the assembly of cars. The position and size of the halls were defined in advance, whereas an architectural competition was launched for the 'central building', which is to combine different parts of production on 23,000 square metres. — For the first phase, Armand Grüntuch and Almut Ernst proposed a structure with a rectangular part resting on a curvilinear section. Seven hollow forms serve as light-filled green courts. For the second stage, the contours became more homogenous and dynamic. The contrast between a hard and soft shape gave way to a piece of architecture which does no more than cover the ground floor with a light structure. This intention is fulfilled by a grid stretched between the halls reaching down to the floor at ten points from north to south, and leaving two courts with rounded corners on both the west and east sides. The building is visually a combination of shells and funnels, constructively it combines suspended and supporting steel profiles. — The entrance to the central building is on the narrow side to the north. Behind the bay-shaped entrance are situated an information counter, the showrooms and a circular lecture hall. In the long central axis, the conveyor belts, running at a height of 5.75 metres, carry the cars towards one of the halls. To the left and right, ten glass funnels, which contribute to the lighting and ventilation of the building, alternate with various facilities for the technical checking of the cars, as well as smaller or larger office units. — Thus, the central building, surprisingly long and wide, with its 297 by 113 metres, is given its spatial character. Partly open, partly closed, the office units are free-standing. The modules of one or two storeys are made of steel and easily assembled. Artificial light, integrated into the surface of the floor and reflecting from the rings of the funnels and the sheets of the ceiling, assists the natural lighting. Due to the four elongated open courts, the contact between the 'white collars' at their desks and the 'blue collars' at their workbenches, which encourages creativity, is not merely accidental.

BMW WERK ZENTRALGEBÄUDE CENTRAL BUILDING — LEIPZIG — GELADENER WETTBEWERB, 2002
INVITED COMPETITION, 2002

Die Aufsichten und Grundrisse (1:5000) des »zentralen Gebäudes« – hier die Entwürfe beider Stufen des Wettbewerbs – zeigen dessen Verbindung zu den drei Werkhallen. Die orthogonalen Module der Produktion auf der einen und die fließenden Konturen des Gebäudes auf der andern Seite verräumlichen den Gegensatz von maschineller Automatik und menschlicher Lebendigkeit. — The elevations and ground plans (1:5000) for the 'central building' show how it connects with the three factory halls; these are the designs for the two stages of the competition; the right-angled production modules on one side and the flowing lines of the building on the other embody the contrast between mechanical automatism and human liveliness.

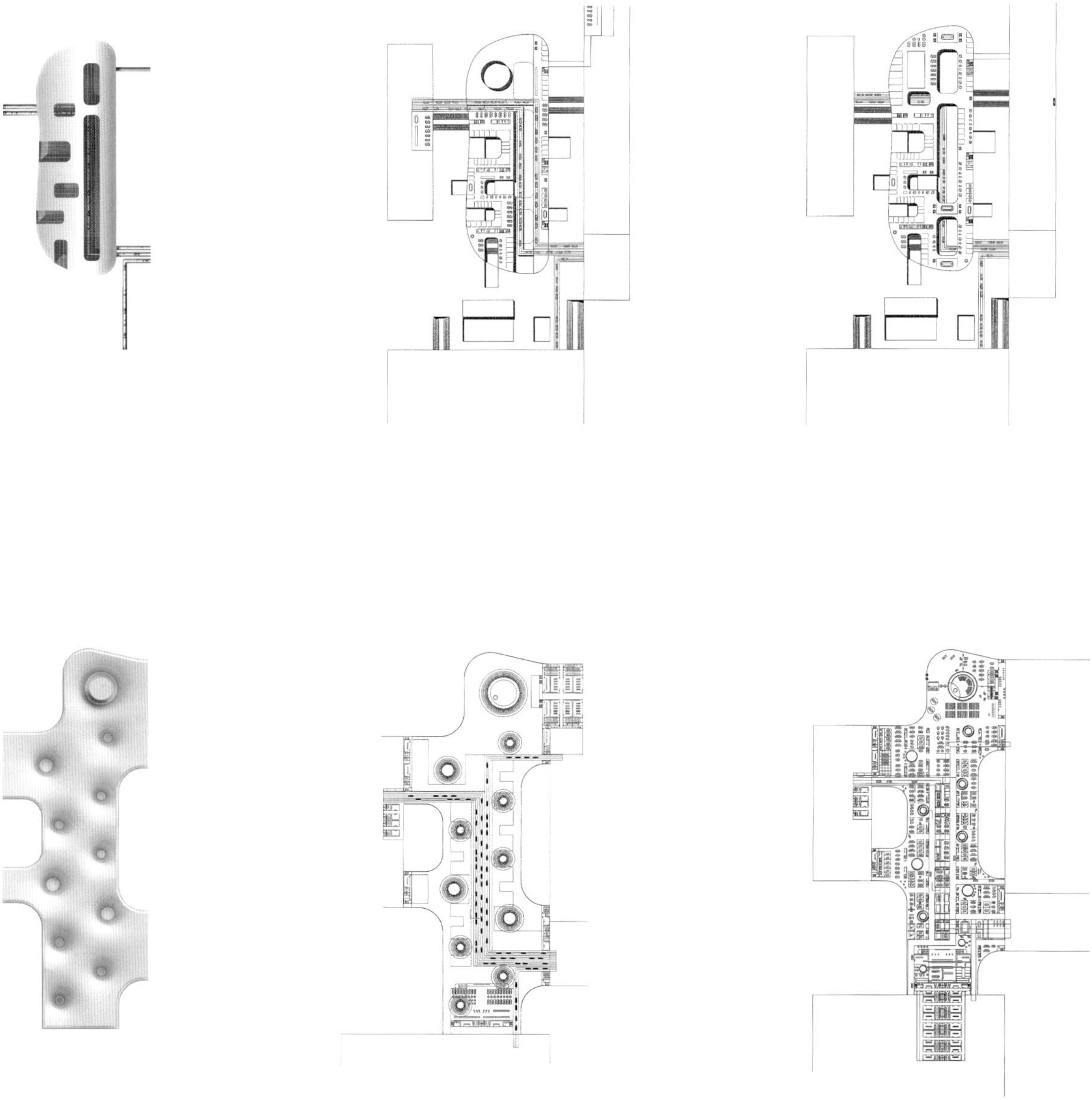

Das »zentrale Gebäude« soll nach dem Konzept von BMW »Herzstück« und »Marktplatz« der gesamten Anlage sein. In der Mittelachse laufen die Förderbänder; darunter und daneben stehen Pavillons für die technische Kontrolle und Module für die Büros. Über dem Ganzen spannt sich ein Gitterwerk mit Schalen und Trichtern, die der Belichtung und Belüftung dienen. — BMW's idea is that the 'central building' should be the 'heart' and the 'marketplace' for the entire complex. The conveyor belts run along the central axis; below and beside them are the technical control pavilions and office modules. The entire space is spanned by a latticework of shells and funnels providing light and ventilation.

Wenn es stimmt, dass die gute Lage schon die halbe Miete macht, dann muss hier einiges geschehen. Denn obwohl das längliche Gelände, eine Brache von etwa 45.000 Quadratmeter, ganz in der Nähe des großen Ostbahnhofs liegt, wirkt es umzingelt: im Norden von einer Wohnscheibe; im Süden von einer Bahntrasse; im Westen von zwei Wohntürmen; im Osten von einem Verwaltungsgebäude, das Wilhelm Cremer und Richard Wolffenstein für die Julius Pintsch AG entwarfen. — Das nach Art eines barocken Palais gestaltete und 1908 bezogene Bauwerk wird auf ganzer Breite und Tiefe erweitert. So lassen sich mit 13.800 Quadratmetern Bruttogeschossfläche etwa 550 Arbeitsplätze einrichten. Der An- und Aufbau erscheinen wie ein Stabwerk schlanker Pfosten aus grauem Kalkstein, der schon die existente Architektur verkleidet. Auf dieser Grundlage tritt das Widerspiel zwischen dem kompakten Altbau und dem fragilen Neubau umso klarer hervor. — Auf jeder der fünf Etagen sind der Haupt- und der Anbau einander verbunden. So gut wie die gesamte Erschließung wurde aus dem breiten Altbau in den tiefen Neubau verlegt. Zellenbüros liegen an den Außen-, Gruppenräume an den Innenseiten, Teeküchen und Toiletten in den vier Ecken des alten Komplexes. Die Südseite des durch Glas gedeckten Binnenhofs öffnet sich über mehrere Geschosse zur Bahntrasse. — Mit dem fünften Obergeschoss geht der Hauptbau in den Aufbau über. Diese Etage springt an drei Seiten weit von der früheren Dachkante zurück; ihren Komfort in Bezug auf Technik und Klima könnten die unteren Geschosse nicht bieten: Breite Wandelgänge und Balkonstreifen umgeben die Vortrags- und Tagungsräume. Durch die Verwendung von Stahl und Glas sowie das Wechselspiel von innen und außen macht der Bau auf dieser Höhe den Eindruck eines Pavillons der klassischen Moderne. — Von der Straße aus scheint das sechste Obergeschoss wie eine Platte über dem »Palais« der Julius Pintsch AG zu schweben. Hinter dem feinen Stabwerk, das der Aufbau mit dem Anbau gemein hat, liegen die Büros der »Strategischen Initiativen« des Unternehmens Bombardier. Keine Frage, dass man hier – auf einer Insel über dem Meer der Stadt – für den unten so verschlossen wirkenden Charakter des Geländes ganz und gar entschädigt wird.

If it is true that a good location is worth half the rent, then something should occur on this site. Although the elongated ground, an overgrown site of 45,000 square metres, is situated very close to the large Ostbahnhof, it appears as encircled: to the west by two tower blocks and to the east by an office building, designed by Wilhelm Cremer and Richard Wolffenstein for the Julius Pintsch company. — This latter, which is in the form of a baroque palace and was inaugurated in 1908, will be extended in its full width and depth. Thus it will be possible to create about 550 workplaces on a total of 13,800 square metres. The annexe appears as a system of vertical bars, consisting of slim staves of grey limestone, that already serves as the cladding of the existing piece of architecture. On this basis the interplay between the old compact building and the new fragile annexe shows itself all the more clearly. — The main building and the annexe are connected on each of the five storeys. Almost the entire access system was moved from the old into the new part of the building. Individual offices are on the outside, open-plan offices on the inside and tea points and lavatories in the four corners of the old complex. The south side of the central courtyard, which is covered over with a glass roof, is opened up through several storeys towards the railway line. — At the level of the fifth upper storey the main building merges into the annexe. This storey recedes from the former roof line on three sides. The storeys below this could not be provided with the comfort offered by the technical equipment and air-conditioning. Broad lobbies and strip balconies surround the lecture and conference rooms. Owing to the employment of steel and glass as well as the interplay of inner and outer areas, the building, on this level, gives the impression of a pavilion of the classical modernist era. — Viewed from the street it appears as if the sixth upper storey glides like a slab above the Julius Pintsch 'palace'. Behind the delicate pattern of bars, which both the vertical and horizontal annexe have in common, lie the offices of the Bombardier company's 'Strategic Initiatives'. There is no doubt that, here, on an island above the ocean of the city, one is fully compensated for the enclosed character of the site at ground level.

BOMBARDIER EUROPAZENTRALE EUROPEAN HEADQUARTERS — ANDREASSTRASSE 71/73 · BERLIN-FRIEDRICHSHAIN — KONKURRIERENDES GUTACHTERVERFAHREN, 2002 COMPETITIVE REPORT PROCEDURE, 2002

Haupt- und Anbau, hier im Schnitt durch den Hof (1:1.000), sind überall niveaugleich verbunden. Die Grundrisse des Erdgeschosses und des sechsten Obergeschosses (1:1.500) zeigen ein Quadrat, dessen dreizehn Achsen um vier Achsen ergänzt wurden. Zwischen dem ersten und vierten Obergeschoss öffnet sich ein Teil des Südflügels zur Bahntrasse. Das Dachgeschoss bietet ein Panorama auf Berlin. — The main and extension buildings, here in a section through the courtyard (1:1,000), are connected at the same level everywhere. The plans of the ground and sixth floors (1:1,500) are in the form of a square whose thirteen axes have had four axes added to them. Part of the south wing opens on to the rail track between the first and fourth floors. The attic floor offers a panorama of Berlin.

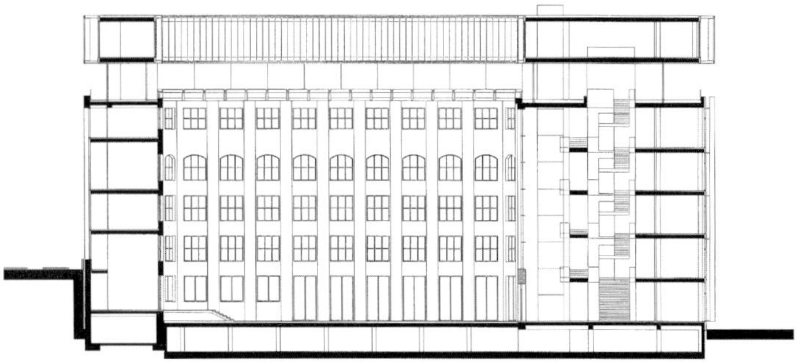

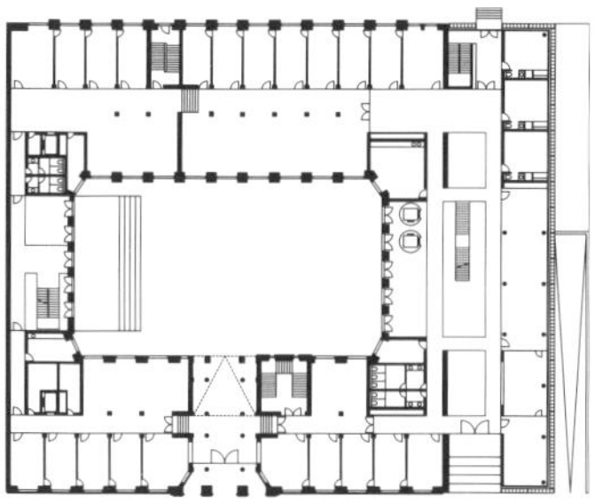

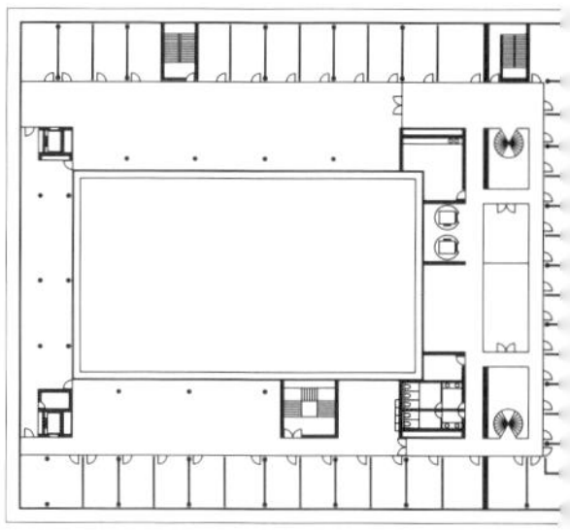

Der Komplex lebt vom Widerspiel zwischen kompaktem Altbau und fragilem Neubau. Die Zeichen für »Eingang« und »Würde« – dort drei Rundbögen und vier Plastiken, hier ein breiter Einschnitt und fünf flache Stufen bis zur mittigen gläsernen Tür – bringen die Entwicklung von historischen zu abstrahierten Formen beispielhaft zur Anschauung. — **The complex thrives on the interplay of the compact old building and fragile new building. The symbols for 'entrance' and 'dignity' – three round arches and four sculptures in the first case, and in the second a wide opening and four shallows steps leading to the central glass door – vividly demonstrate the development from historical to abstract forms.**

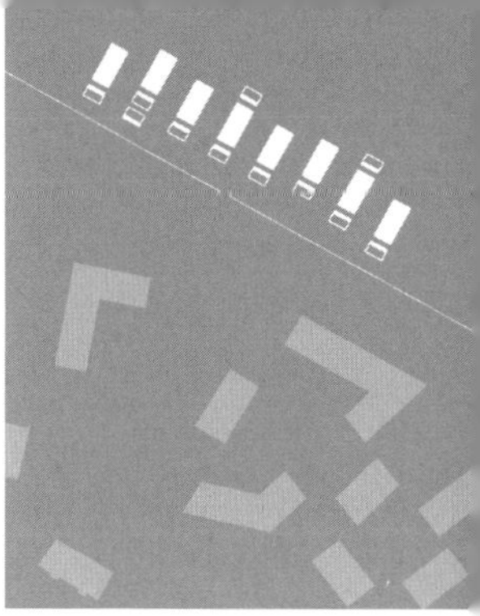

Die Stralauer Halbinsel ist eine Entdeckung der neunziger Jahre. Zuvor ganz im Abseits, wurde sie nun heftig beplant und langsam bebaut. Die Lage zwischen dem Rummelsburger See im Nordosten und der Spree im Südwesten war einfach zu schön, um den teils städtisch, teils dörflich geprägten Ort bloß liegen zu lassen. Schon heute hat die Landzunge etwa 2.000 Bewohner. Doch es sollen mehr werden. — Ein besonders reizvolles Angebot sind die »Floating Homes«. Schwimmende Wohnungen? In der Tat, es geht nicht um Bauten am Ufer, sondern um Häuser im Wasser, an einer Kaimauer gelegen, auf Pontons ruhend, über Längs- und Querstege erreichbar und mit drei Geschossen versehen: Unterdeck, Oberdeck, Sonnendeck genannt. Vor den sich wölbenden Gehäusen ragen aus dem stillen See kleine Inseln, die als Vorgarten oder Terrasse dienen. — Eine kurze Rampe führt auf das Oberdeck. Nach Art einer Landschaft mit Möbeln erstreckt sich dieser Teil in einem Zuge vom Windfang – über die einander folgenden Bereiche für das Kochen, das Essen und das Wohnen – zum Fenster mit Blick auf den See. Stauraum findet sich hinter der hölzernen Verkleidung der Längswände. An Stelle der achtzig Quadratmeter fließenden Ambientes lassen sich auf Wunsch auch stärker separierte Interieurs bauen. — Aus gutem Grund ist im Unterdeck jede Nutzung von der andern durch Wände getrennt. Das offene Wohnzimmer, die beiden Schlafzimmer, das Arbeitszimmer, das Bad und das Lager werden an den beiden Langseiten durch je fünf Bullaugen belichtet. Dank solcher Zeichen gleicht diese Etage einer Kajüte. — Wird das Unterdeck von innen, so das Sonnendeck von außen erreicht. Die schmale Treppe steigt rechts neben dem Eingang in die Höhe. Alle Flächen zum Liegen und Sitzen sind in das Dach modelliert; niemand braucht Liegestühle nach oben zu schleppen. Die Rückenlehne, die seitliche Verglasung und der textile Sonnenschutz – dem Schiebedach eines Kabrio verwandt – schaffen einen Raum, wo es sich sommers wie im Freien leben lässt. — Die acht auf einer Werft gebauten Gehäuse haben einen Rumpf aus Stahl; Holorib-Verbund-Decken trennen die drei Decks. Bilder schnittiger Yachten und bauchiger Kutter treten vor das Auge. Die Floating Homes suggerieren passagere, temporäre, amphibische Architektur. Und die Idylle der Marina. Mit einem zugleich bewegten und ruhigen Leben. Wird dort Alltag Urlaub und Urlaub Alltag?

The Stralau Peninsula is a discovery of the nineties. Previously wholly in the background, it was subsequently vehemently taken over by planners and gradually built over. The site between the Rummelsburg Lake to the northeast and the River Spree to the southwest, was simply too attractive to allow the place to rest in its part-city, part-village character. Already today, the promontory comprises approximately 2,000 inhabitants. The number will certainly increase. — 'Floating Homes' are an especially attractive offer. Swimming accomodation? Certainly, the project is not about buildings at the water's edge, but rather houses in the water, situated at the quayside, resting on pontoon bridges, accessible by gangways leading alongside and across, and provided with three storeys: lower deck, upper deck, sun deck. Before these vaulted containers, small islands which serve as front gardens and terraces, rise from the calm lake. — A short ramp leads to the upper deck. In the manner of a landscape with furnishings this part, eighty square metres of a flowing ambience, stretches uninterrupted from the vestibule over a sequence of cooking, eating, and living areas, up to the window with the view onto the lake. Storage space is located behind the wooden cladding of the longitudinal walls. — For good reasons, every function in the lower deck is separated from each other by walls. The open-plan living room, the two bedrooms, the study, the bathroom and the storeroom are lighted by five portholes on each of the longitudinal sides. Because of such effects this level resembles a cabin. — The lower deck is reached from inside, the sun deck from outside. The narrow staircase rises to the right of the entrance. All surfaces with lying or sitting down possibilties are modelled into the roof shape; nobody needs to drag up deckchairs. The backrest, the glazed sides, and the cloth sun shading, similar to the sliding roof of a convertible, create a space where one can live in the open air during the summer. — The eight containers, shipyard-built, have a hull of steel. Holorib composite ceilings separate the three decks. The floating homes suggest a transitory, temporary, amphibian architecture. Images of slick yachts and bulbous cutters appear before the eye. As does the idyll of a marina. With life at the same time both exciting and tranquil, is this where everyday life becomes a holiday and holidays everyday life?

FLOATING HOMES SCHWIMMENDE EINFAMILIENHÄUSER **FLOATING DETACHED HOUSES** —
RUMMELSBURGER BUCHT · BERLIN-FRIEDRICHSHAIN — GELADENER WETTBEWERB, 1. PREIS, 2002
INVITED COMPETITION, 1ST PRIZE, 2002

Die Grundrisse (1:333) zeigen die Gliederung des Unterdecks in mehrere »Kajüten« und des Oberdecks als Wohnlandschaft. Im Längsschnitt (1:333) erscheint auch das Sonnendeck mit den sorgfältig geformten Flächen zum Sitzen und Liegen. Vor den Eingängen der »Floating Homes« liegen kleine Inseln wie »Vorgärten«. — **The ground plans (1:333) show that the lower deck is articulated as several 'cabins' and the upper deck as a residential landscape. In the longitudinal section (1:333) the sun deck also appears, with its carefully formed sitting and lying areas. There are little islands like 'front gardens' in front of the entrances to the 'Floating Homes'.**

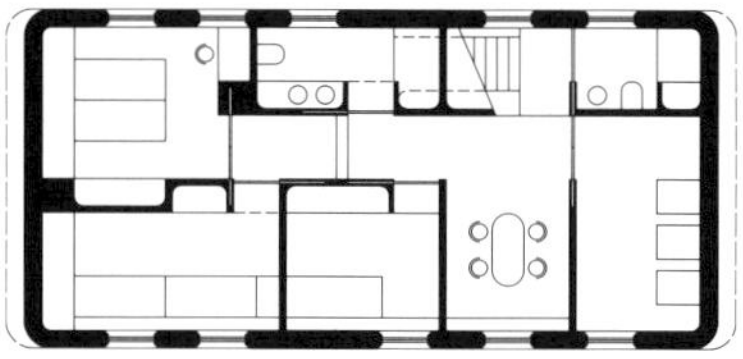

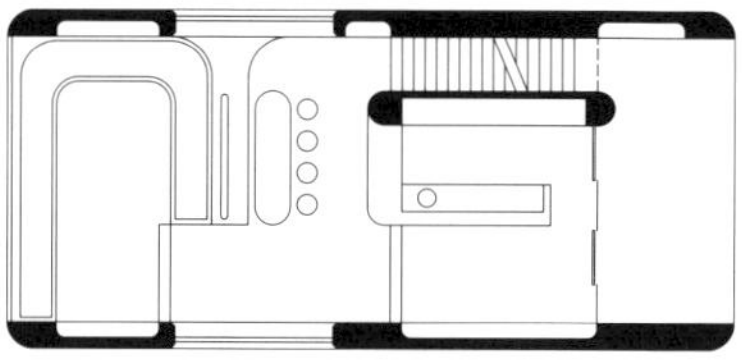

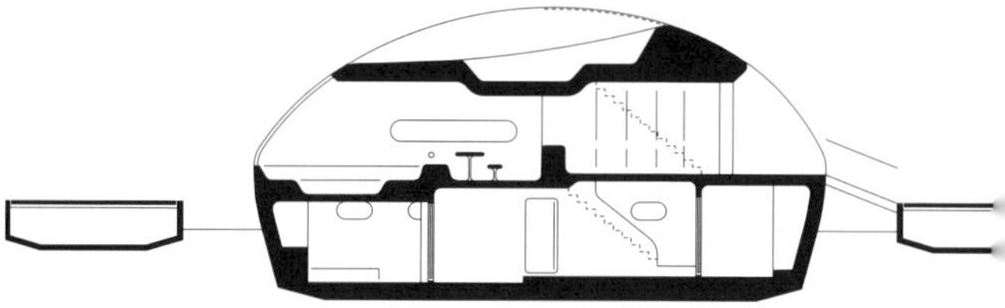

Die Modellierung des ganz mit Holz verkleideten Interieurs dient der funktionalen Effizienz; doch lässt sie das fließende räumliche Gefüge auch größer erscheinen. — The modelling of the entire timber-clad interior enhances functional efficiency; but it also makes the fluent structure look bigger.

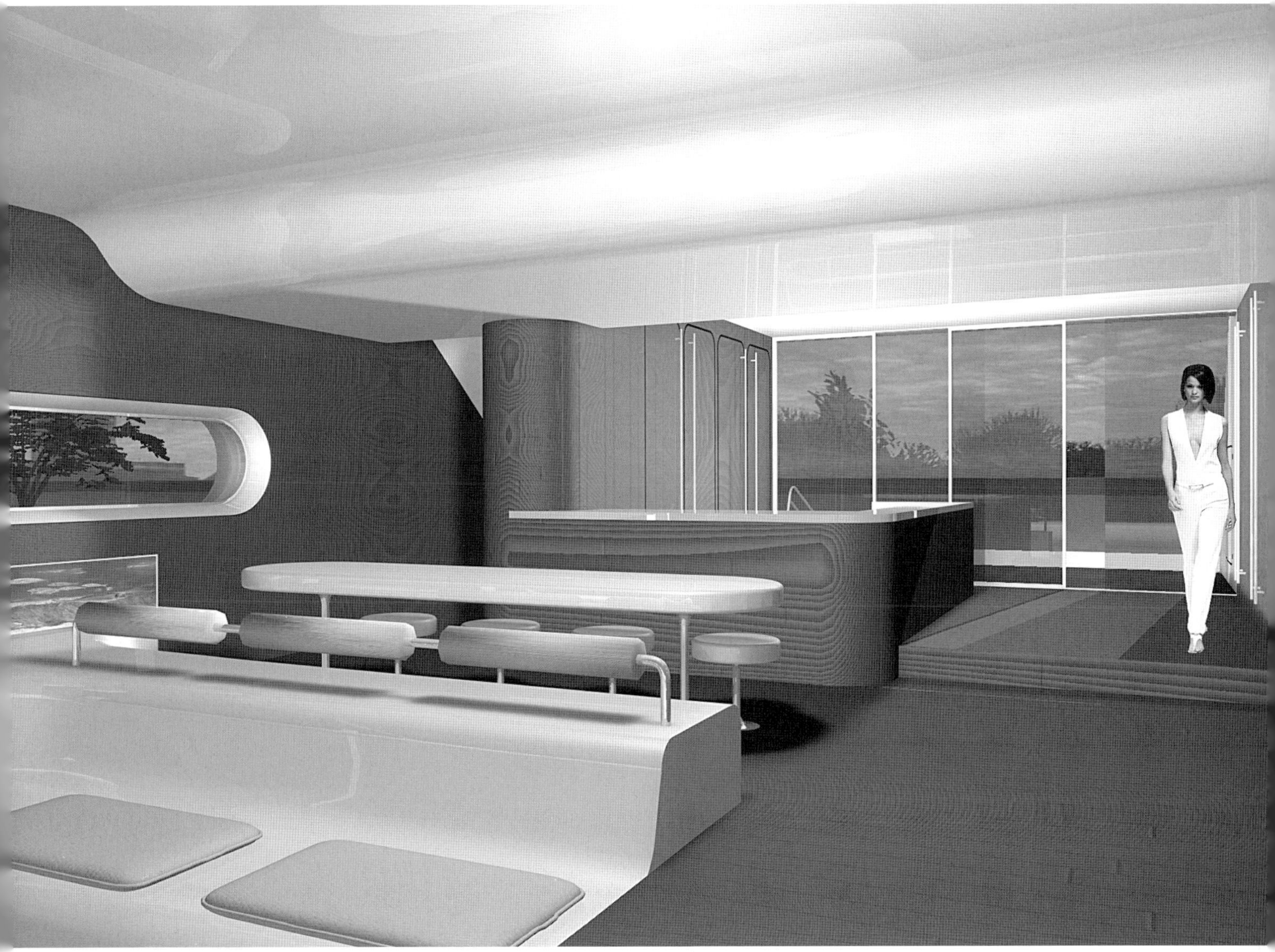

Das für die Europäische Zentralbank (EZB) bestimmte Gelände liegt zwischen der Stadtmitte und dem Osthafen. Im Süden durch die Eyssenstraße und das Mainufer, im Westen durch die neue Rückertstraße, im Norden durch die breite Sonnemannstraße, im Osten durch die Bahntrasse begrenzt, bildet das plane Terrain ein Trapez von immerhin zwölf Hektar. Dominiert wird das Areal durch die seit längerem ungenutzte Großmarkthalle und ihre seitlichen, höheren Anbauten. Mit Maßen von 220 mal 51 mal 23,5 Metern und dank ihres gigantischen Betonskeletts zählt die von Martin Elsaesser entworfene und 1928 fertig gestellte Fruchthalle zu den wichtigsten monumentalen Architekturen der Weimarer Republik. — Die EZB, so hieß es in der Auslobung des beschränkten Wettbewerbs, fühle sich den Werten der »Transparenz, Integrität, Exzellenz, Effizienz« verpflichtet. Ihre Zentrale müsse sich einerseits als »Vermittler von Bedeutung«, ja als »Beitrag zur Einheit Europas« begreifen, anderseits auf gut 100.000 Quadratmetern etwa 2.500 Arbeitsplätze mit einem Höchstmaß an Nutzbarkeit und Sicherheit bieten. — Mit dem Projekt bekommt der Cluster von Hochhäusern im Frankfurter Banken- und Handelsviertel etwa 2.000 Meter weiter östlich ein Pendant, zwar längst nicht so groß wie das westliche Ensemble, doch für die EZB von einer Präsenz, die sie im Gedränge der Innenstadt nie erreichen könnte. Bedeutung vermittelt der Komplex, indem er durch die Opposition von extrem horizontaler und extrem vertikaler Struktur, das heißt durch den Kontrast der steinernen Halle und der gläsernen Türme, das Bild des Auf und Ab einer Kurve über einer Basis erzeugt, wie man es mit monetärer Aktivität assoziiert. Die Gliederung des Geländes – von Nord nach Süd: Pförtnerhaus, Laufbrücke, Eingangshaus, Büroturm – folgt einem klaren Vorne-mittig-hinten-Schema, ohne dass durch diese Ordnung der vordere oder der hintere Teil in einen Raum erster oder zweiter Klasse verwandelt würde. — Den weiten Vor- und Parkplatz vis-à-vis den Wohnbauten an der verkehrsreichen Sonnemannstraße flankieren zwei kreisrunde Pavillons, das heißt östlich ein Bau für die tägliche Versorgung der EZB, westlich ein Bau mit Restaurant und Terrasse, mit Sportzentrum, Sprachlabor und Andachtsraum. Eine Brücke führt über ein flaches Bassin zum gestreckten Gebäude der Großmarkthalle. Es hat nicht allein die Funktion der raschen Erschließung und Verteilung, sondern auch, um nicht zu sagen vor allem, die von Lobby und Foyer. Seine drei lichten, teils offenen, teils verschränkten Ebenen sollen den Besucher – etwa durch eine Buchhandlung und eine Ausstellung – zum Bleiben locken. Unter die lange Reihe von achtzehn schweren Stützen und Bindern stellen sich drei leichte Bauten; es sind amöboide Architekturen mit je zwei Geschoss, davon eine für das Medien- und eine für das Konferenzzentrum. — Genau in der Mitte der südlichen Langseite des wuchtigen Gebäudes öffnet sich den Mitarbeitern der EZB eine schmale Schleuse zu den Bürotürmen. In der ersten Phase sollen der mittlere und die beiden seitlichen, in der zweiten Phase die kleineren äußeren Hochhäuser entstehen. Die starken Füße der Türme bergen die Rechenzentren mit ihren intelligenten Technologien. In den erst breiter, dann schmaler werdenden Zylindern – der mittlere zählt etwa vierzig Etagen – liegen die normalen Geschosse mit flexiblen räumlichen Einheiten, die als Zellen-, als Gruppen- oder als Kombibüros genutzt werden können. — Obwohl die EZB vor Unfällen und Anschlägen jeder Art besonders gesichert werden muss, meidet der Entwurf alles, was dem Ensemble den Charakter einer Festung mit Stacheldraht und Gitterzaun gäbe. Über die erst drei, dann fünf Türme wird ein einziges Stahl-Glas-Netz geworfen. Diese Membran bildet eine zweite Fassade; die Hülle schafft durch ihr Auf und Ab eine reiche, wogende Raumlandschaft, die sich von drinnen nach draußen bewegt und sich, je nach Gestaltung des Umfeldes, bis dicht an das Mainufer erstrecken könnte: ein modelliertes Kontinuum, fast wie mit Berg und Tal und Fluss, vielleicht sogar wie ein Arkadien der Währungshüter.

EUROPÄISCHE ZENTRALBANK HAUPTSITZ **HEADQUARTERS** — SONNEMANNSTR. / EYSSENSTR.
FRANKFURT AM MAIN — GELADENER WETTBEWERB, 2003 **INVITED COMPETITION, 2003**

Im Grundriss (1:4.000) wird klar, dass die Pavillons und die Hochhäuser einen Halbkreis von gestuften Zylindern um die Eingangshalle bilden. Der Querschnitt (1:3.000) relativiert die Dominanz der Großmarkthalle. Die Ansicht von Südwest zeigt erst recht, dass die geradezu vulkanische Eruption der Hochhäuser das gesamte Ensemble bestimmt. — As is clear from the ground plan (1:4,000) the pavilions and high-rise buildings form a semicircle of stepped cylinders around the entrance hall. The cross-section (1:3,000) makes relative the dominance of the wholesale market hall. The view from the southwest shows more than ever that the almost volcanic eruption of the high-rise buildings determines the entire ensemble.

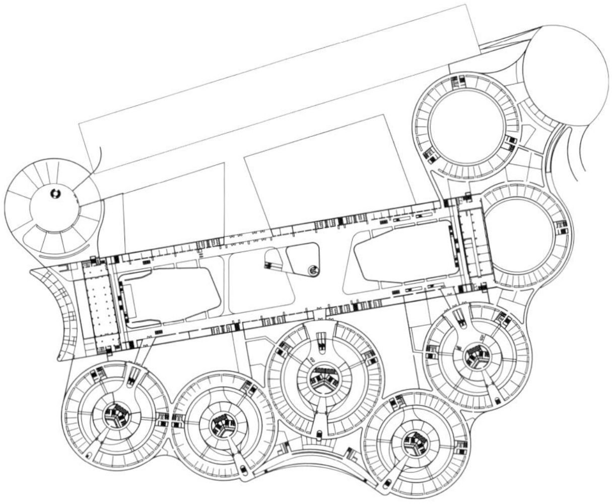

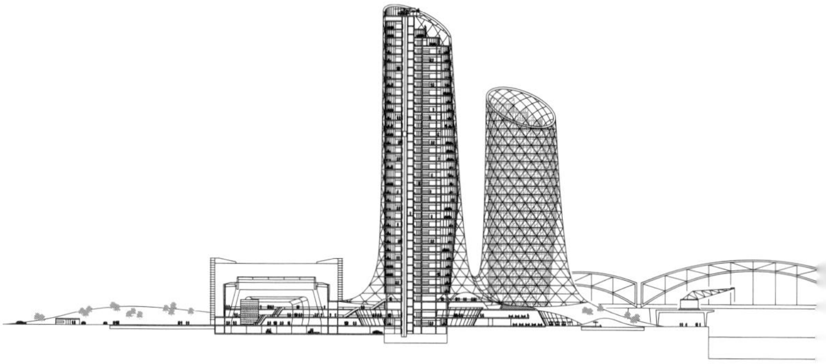

Auf dem Lageplan (1:2.500) zeichnet sich das zwölf Hektar große Terrain der Europäischen Zentralbank ab. Zwischen Sonnemannstraße im Norden und Mainufer im Süden verschmelzen Stadtraum und Landschaft zu einem teils offenen, teils gedeckten, singulären Kontinuum. Diskrete Barrieren dienen dem Bedürfnis nach Sicherheit. — The terrain of the European Central Bank, twelve hectares in size, is delineated on the site plan (1:2,500). Between the Sonnemannstrasse to the north and the bank of the River Main to the south, the city space and landscape blend together into a part open, part concealed singular continuum. Discrete barriers serve security needs.

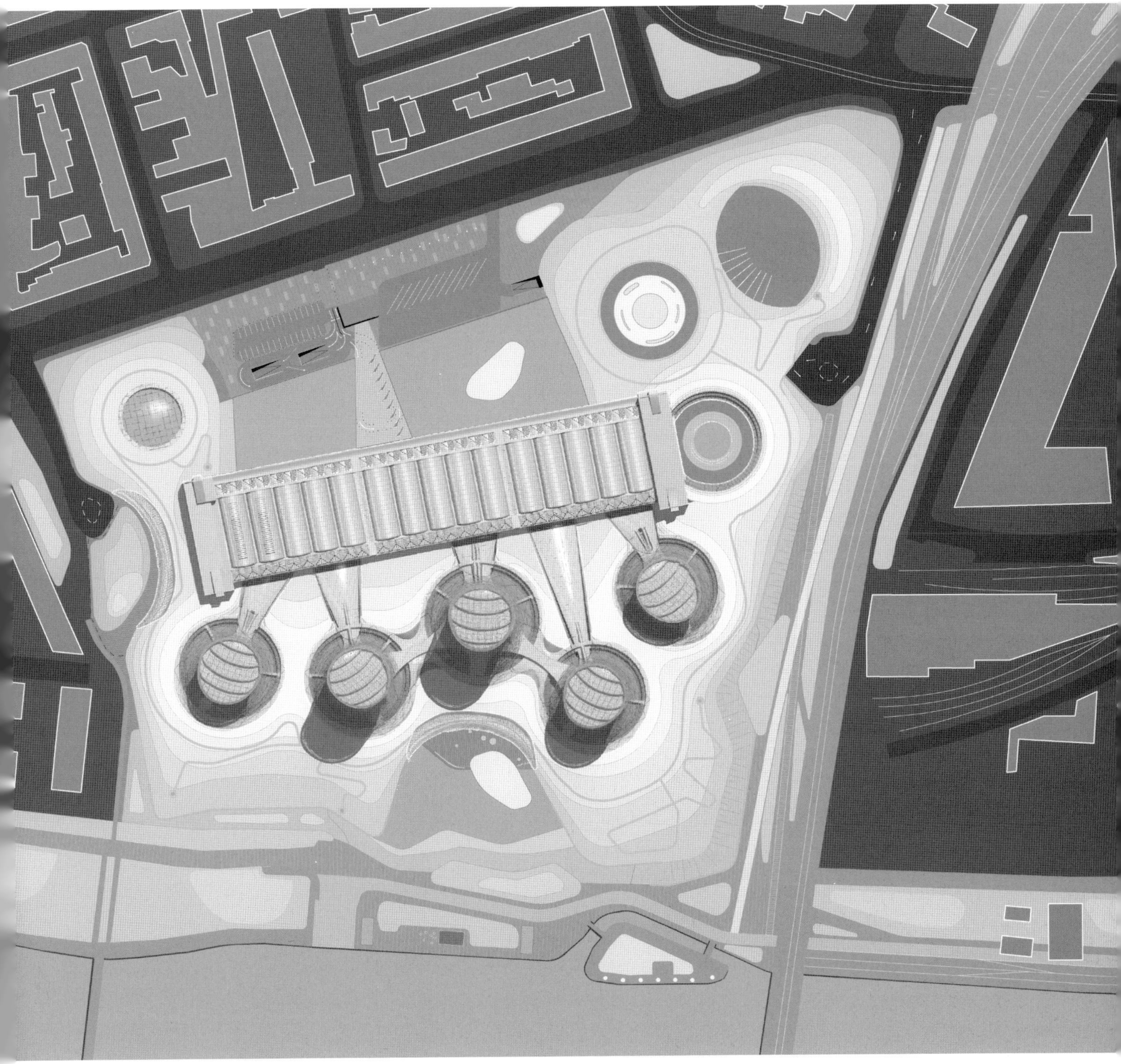

The site chosen for the European Central Bank (ECB) is situated between the city centre and the Eastern Docks. Bordered to the south by the Eyssenstrasse and the embankment of the River Main, to the west by the new Rückertstrasse, to the north by the broad Sonnemannstrasse, and to the east by the railway lines, the flat terrain forms a trapezoid of no less than twelve hectares. The area is dominated by the wholesale market hall, abondoned for some time, and its adjacent higher building additions. With dimensions of 220 by 51 by 23.5 metres and due to its massive concrete frame, the fruit hall, designed by Martin Elsaesser and completed in 1928, counts as one of the most important monumental architectural pieces of the Weimar Republic. —— The ECB, as it was stated in the brief for the limited competition, feels itself obligated to the values of "transparency, integrity, excellence and efficiency". Its headquarters building must be understood as a "conveyor of meaning", even as a "contribution to European unity". On the other hand it has to offer 100,000 square metres for around 2,500 workplaces with an extremely high degree of functionality and security. —— With this project, the cluster of high-rise buildings in the banking and business quarter of Frankfurt receives a counterpart around 2,000 metres to the east; not as large as the western ensemble, but with a presence for the ECB which it could never achieve in the dense huddle of the inner city. The complex conveys meaning in that it produces, through the opposition of extremely horizontal and extremely vertical structures, i.e. through the contrast of the stone hall and the glass tower, the image of the ups and downs of a curve above a basis, in the same way that it is associated with monetary activity. The division of the area – from north to south: gate keeper's office, footbridge, entrance building, office tower – follows a clear front, middle, back schema, without this turning the frontal or rear portion into a first or second-class space. —— The broad forecourt and parking place facing the residential buildings on the busy Sonnemannstrasse is flanked by two round pavilions; to the east a building for the daily deliveries of the ECB, to the west a building with restaurant and terrace, with a sports centre, a language laboratory, and a room for religious devotion. A bridge leads over a shallow water basin into the elongated building of the wholesale market hall. This not only provides for rapid access and distribution, but also, if not to say above all, has the function of lobby and foyer. Its three light, partly open, partly intersecting levels should entice the visitor to linger; perhaps by means of a bookshop and exhibition area. Three light buildings are placed beneath the long row of eighteen heavy supports and roof beams. These are amoebic architectures, each two storeyed, one of which is for the media and another for a conference centre. —— Exactly in the middle of the southern longitudinal façade of the weighty building, a narrow passage for ECB personnel opens into the office towers. The central high-rise building, plus the two side ones, should be erected in the first phase; the two smaller outer buildings in the second. The robust bases of the towers contain the computer centres with their intelligent technology. In the cylinders, tapering at the top and bottom – the centre one of about forty storeys – are situated the standard floors with flexible spatial units, that may be used as single-occupant, group or combi-offices. —— Although the ECB must be made secure against accidents or attacks in every form, the design avoids everything that would give the ensemble the character of a fortress with barbed-wire and high fences. A single steel and glass net is thrown over firstly three, and later, five towers. This membrane forms a second façade; the skin creates through its ups and downs a rich undulating spatial landscape that moves from inside to out and could, depending on the landscaping of the surroundings, stretch up close to the bank of the River Main; a modelled continuum, almost like a hill, valley and river, perhaps even like an Arcadia of the guardians of currency.

Als Entree und Foyer fungiert die Großmarkthalle von 1928. Beherrscht von achtzehn Stützen und Bindern, nimmt dieser Bau drei Pavillons für Rezeption, Medien und Konferenzen auf. Nach dem Passieren der Kontrolle auf der oberen Ebene erreichen die Mitarbeiter der EZB die ungemein bewegte Raumlandschaft unter dem Stahl-Glas-Netz zwischen den Türmen. — **The wholesale market hall of 1928 functions as entrance and foyer. Dominated by eighteen supports and roof beams, this building incorporates three pavilions for reception, media and conferences. After passing through a security check on the upper level, employees of the ECB reach the extraordinarily agitated spatial landscape under the steel-glass network between the towers.**

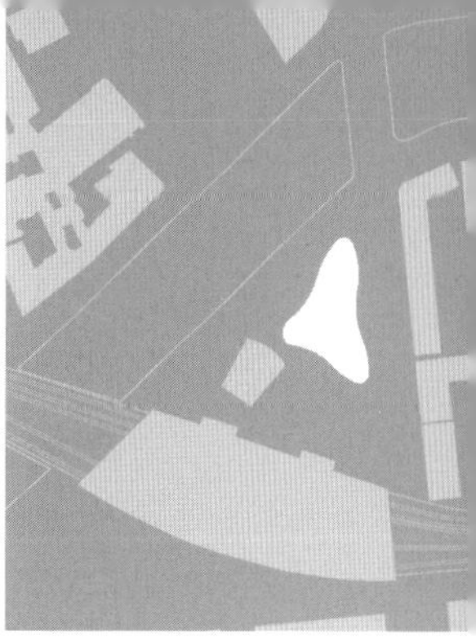

Im Verhältnis zum mittleren Teil der Friedrichstraße hatten die nördlichen und südlichen Partien dieser langen Achse seit dem Weltkrieg nur geringe Bedeutung. Auch die Tatsache, dass im Norden der Straße drei größere Theater ihren Standort haben, konnte daran bisher nichts ändern. Dass hier aber auch ein Grundstück in unschätzbar prominenter, unschätzbar exponierter Lage – die nach solitärer Architektur fast schreit – so gut wie ohne Bauten blieb, ist allein der jahrelangen Teilung Berlins als einer misslichen historischen Kondition geschuldet. — Die Rede ist von jenem Terrain, wo das Reichstagufer am Fluss der Spree, die Friedrichstraße und die Nordseite des Bahnhofs mit gleichem Namen ein schönes Dreieck von Kanten mit jeweils etwa 95 Metern Länge bilden. Neben dem Eingang zur Untergrundbahn sowie einigen beschmierten Flach- und Putzbauten ohne Belang steht hier auch heute nicht mehr als ein bläulicher Pavillon von mäßiger Eleganz und Transparenz. 1962 als Vorbau des Bahnhofs errichtet, diente die Halle bis 1989 der peniblen Kontrolle von Einreise und Ausreise zwischen DDR und BRD. — Zum Wettbewerb trugen Armand Grüntuch und Almut Ernst mit einer Arbeit bei, welche zunächst die Gestalt des Dreiecks durch ein Plateau mit gleichem Bodenbelag und gleichen Straßenleuchten besonders erfahrbar macht. In Nachbarschaft des Pavillons entsteht für den Nahverkehr im Untergrund ein Treppentrichter, der die Fahrgäste schon kraft seiner Figur gleichsam einsaugt und ausspeit. Anspruch auf den Hauptteil des Plateaus hat indes ein Büro- und Geschäftshaus, dessen Grundriss ein kleineres weiches auf das größere harte Dreieck zeichnet. Während dieser Neubau im Norden bis an die Spitze des Grundstücks und die Weidendammer Brücke drängt, macht er im Osten – zu spüren durch den Einschwung und Eingang genau in seiner Mitte – die Kante längs der Friedrichstraße zu seiner Front, ohne dass die zwei übrigen, südlichen und westlichen und ebenfalls nach innen schwingenden Fassaden dadurch ins Abseits gerückt würden. — In Richtung seiner Ecken steigend, in Richtung seiner Mitte fallend, nimmt das Dach den Schwung der konkaven Fassaden auf. Diese dauernde Bewegung, die einerseits die Rundung der drei Spitzen betont, anderseits mit dem Strom der Autos, Züge und Schiffe in der näheren Umgebung auf du und du steht, bleibt alles in allem waagrecht. Senkrecht aber bringt das Prinzip Raster – exakter formuliert: die in stetem Wechsel mal helleren, mal dunkleren, mal breiteren, mal schmaleren Vor- und Rücksprünge – den ganzen Bau ein wenig zur Ruhe. — Dass die Fassade mäandert, dass sie nicht recht einschichtig und nicht recht zweischichtig in Erscheinung treten möchte, ist nicht allein kalkulierte ästhetische Ambivalenz, sondern auch eine Sache voller Nutzen: Die äußeren Scheiben und die inneren Klappen dienen dem Durchlass dort von Licht, hier von Luft. Zugleich formen die Scheiben rund um das Haus eine dichte Folge hoher »Erker«. Da für deren Schmal- und Langseiten nicht notwendig die gleiche Sorte Glas verwandt werden muss, könnte das Gebäude dem Passanten die Offerte eines Spiels glatter und rauher oder kaum transparenter und stark transparenter Flächen machen. — Über den Läden an den zwei Straßen sowie an der Passage vor der Bahnhofshalle stapeln sich neun Geschosse, die ein hellichtes, durch alle Etagen führendes Atrium umrunden. Erreichbar durch Treppenhäuser und Aufzugsschächte nahe den drei Ecken, weisen die Büros nach außen. Die gesamte Anlage ist einhüftig, großzügig und so flexibel, dass überall getrennte räumliche Einheiten gebildet werden können. Vom achten und neunten Obergeschoss – diese Etagen gleichen Emporen – erreicht man die wogende Dachlandschaft; kein technischer Apparat trübt hier den Blick auf das Zentrum Berlins. — Wer mit Architektur und Urbanismus aus dem zwanzigsten Jahrhundert auch nur flüchtig vertraut ist, wird ahnen, dass der jüngste Wettbewerb um das Spreedreieck nicht das erste Verfahren ist, an dessen Ende die Bebauung des Geländes stehen soll. Begleitet vom »Schrei nach dem Turmhaus«, wie damals »Die Bauwelt« schrieb, fand schon 1921/22 ein Wettbewerb statt, von dessen Arbeiten manche zu »Inkunabeln« wurden. Auch der Entwurf von Armand Grüntuch und Almut Ernst weiß sich den früheren Vorschlägen verbunden. So wird das ungemein Dynamische eines Hugo Häring wie das ungemein Kristalline eines Ludwig Mies van der Rohe transformiert, ja sublimiert. Die Tradition des Modernismus wahren heißt heute: sich den Aufgaben mit zugleich utopischer und pragmatischer Haltung nähern.

SPREEDREIECK BÜROHAUS AM BAHNHOF FRIEDRICHSTRASSE OFFICE BUILDING AT FRIEDRICHSTRASSE STATION —— FRIEDRICHSTRASSE / REICHSTAGUFER · BERLIN-MITTE —— GELADENER WETTBEWERB, 2004 INVITED COMPETITION, 2004

Die Grundrisse (1:1.500) verdeutlichen die Großzügigkeit der Anlage. Alle Büroräume liegen außen; ihr Achsmaß beträgt 1,35 Meter. Die Position der Treppenhäuser erleichtert die Aufteilung der Mietflächen. Das achte und das neunte Obergeschoss bilden eine Einheit. Die Emporen in den Ecken unter dem Dach sind als Orte zum Arbeiten besonders attraktiv. — **The ground plans (1:1,500) make clear the generosity of the layout. All offices face outwards; their unit spacing is 1.35 metres. The position of the stairwells makes the division of the rental space simpler. The eighth and ninth floors form one big unit. The galleries in the corners under the roof are especially attractive as work places.**

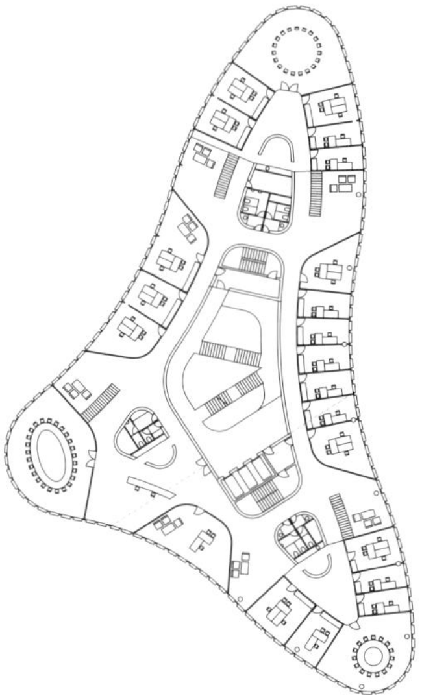

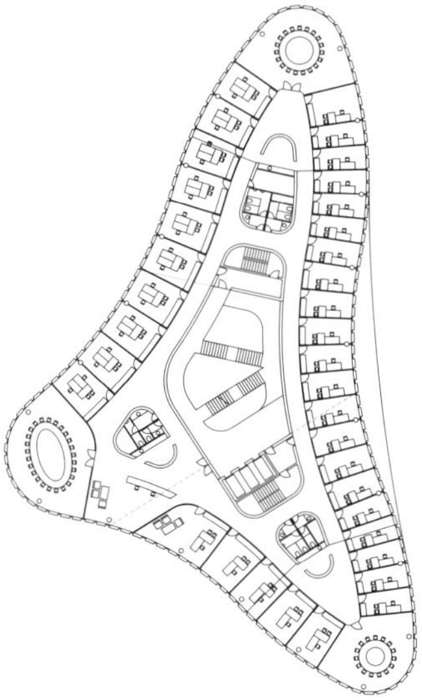

Das Spreedreieck liegt zugleich an der wichtigsten West-Ost-Eisenbahn-Linie und an einer der bedeutendsten Geschäftsstraßen von Berlin. Auf den beiden Ansichten – oben von Südosten, unten von Nordwesten – erscheint das schwungvolle Gebäude mit einem »Gesicht« zu jeder Seite. Die Steigung an den Ecken des Hauses macht das Dreieck besonders erfahrbar. — **The Spree Triangle is situated on the most important west-east railway axis as well as on one of the most important commercial streets of Berlin. From both viewing points – above from the southwest, beneath from the northwest – the curvaceous building appears with a 'face' on each side. The gradient on the corners of the building makes the triangle especially perceptible.**

In their relation to the central portion of Friedrichstrasse, the northern and southern parts of this long axis have had only a small importance since the war. The fact that in the northern stretch of the street three major theatres are situated could not, until now, alter things. Even an invaluably prominent, invaluably exposed site, almost calling out for a solitary architecture, remained nearly without buildings. This is entirely due to the decades-long division of Berlin as an awkward historical condition. —— The reference is to that terrain where the Reichstagufer on the River Spree, the Friedrichstrasse and the northern side of the station of the same name form a neat triangle with edges of around 95 metres each. Beside the entrance to the underground and some unimportant scribbled-on low-rise and rough-cast buildings, there is not much more to see than a blueish pavilion of limited elegance and transparency. Erected in 1962 as a front building of the station, this hall served until 1989 for the fussy supervision of entrance and exit between the 'GDR' and 'FRG'. —— To the competition, Armand Grüntuch and Almut Ernst contributed a design which instantly makes possible the spatial experience of the triangle's form by means of a plateau using the same paving and the same lighting throughout. In the near vicinity of the pavilion a 'stair funnel' for local underground transport is built which, due to the strength of its shape, at the same time sucks in and spits out passengers. However, the main part of the plateau is claimed by offices and commercial premises whose ground plans trace a small soft triangle onto the large hard one. In the north, the new building pushes up to the sharp point of the site and the Weidendamm Bridge, whilst in the east it transforms the side along the Friedrichstrasse into its front – noticeable through the concavity and entrance exactly in its centre – without thereby pushing the other two, the southern and western sides with similarly curving façades, into obscurity. —— The roof takes up the rythm of the concave façades, rising towards its corners and falling towards its centre. This permanent movement, that on the one hand emphasizes the rounding of the three points, and on the other has a nodding acquaintance with the stream of cars, trams, and ships in its close proximity, remains on the whole horizontal. The verticality of the grid principle, however, or more exactly formulated, the constant forward-backward meandering, the change from light to dark, from broad to narrow, calms down the whole building somewhat. —— That the façade does not wish to reveal itself as wholly single or double-layered, is not alone calculated aesthetic ambivalence, but also an advantageous thing. The exterior panes and the interior vents serve here for the access of light and there for air. Simultaneously, the panes around the building form a dense sequence of high 'bay windows'. Because it is not necessary to use the same sort of glass for the broad and narrow sides, the building could offer a play of smoother and rougher or barely and strongly transparent surfaces to the passerby. —— Above the shops on the two streets as well as on the passage in front of the station hall, nine storeys are stacked; they ring an atrium full of light, running from bottom to top. The offices face outwards, accessible by staircases and lift shafts near the three corners. The whole layout is such that the office space is only on one side of the corridors. It is generous and so flexible that separate spatial units may be created throughout. From the eighth and ninth floors – these storeys resemble galleries – one can reach the billowy roof landscape; here no technical apparatus obscures the view of Berlin's centre. —— Whoever is even vaguely acquainted with architecture and urbanism of the twentieth century will guess that the latest competition for the Spree Triangle is not the first procedure the end result of which would be the building over of this site. Accompanied by a 'skyscraper clamour', as the magazine 'Die Bauwelt' put it at the time, in 1921/22 already there was a competition some of whose entries became 'incunabulae'. The design by Armand Grüntuch and Almut Ernst too is somehow connected with these earlier ideas. Thus the extraordinary dynamic of a Hugo Häring as well as the extraordinary crystalline of a Ludwig Mies van der Rohe is transformed, indeed sublimated. Upholding the tradition of modernism means today approaching the task with an equally utopian and pragmatic attitude.

Raum, Bau und Licht erzeugen eine elegante Architektur, die den Widerspruch des Dynamischen und des Kristallinen, des Expressiven und des Monotonen bestens beherrscht. Durch den Wechsel von Scheiben und Klappen bekommt die schimmernde Fassade ihre Tiefe. Das feine »Plissee« umspielt den weichen Körper und stärkt die Plastizität der Architektur. — **Space, construction and light produce an elegant architecture that knows very well how to deal with the paradox of the dynamic and the crystalline, the expressive and the monotonous. Through the interplay of panes and vents, the shimmering façade receives its depth. The fine 'pleats' caress the yielding body and strengthen the plasticity of the architecture.**

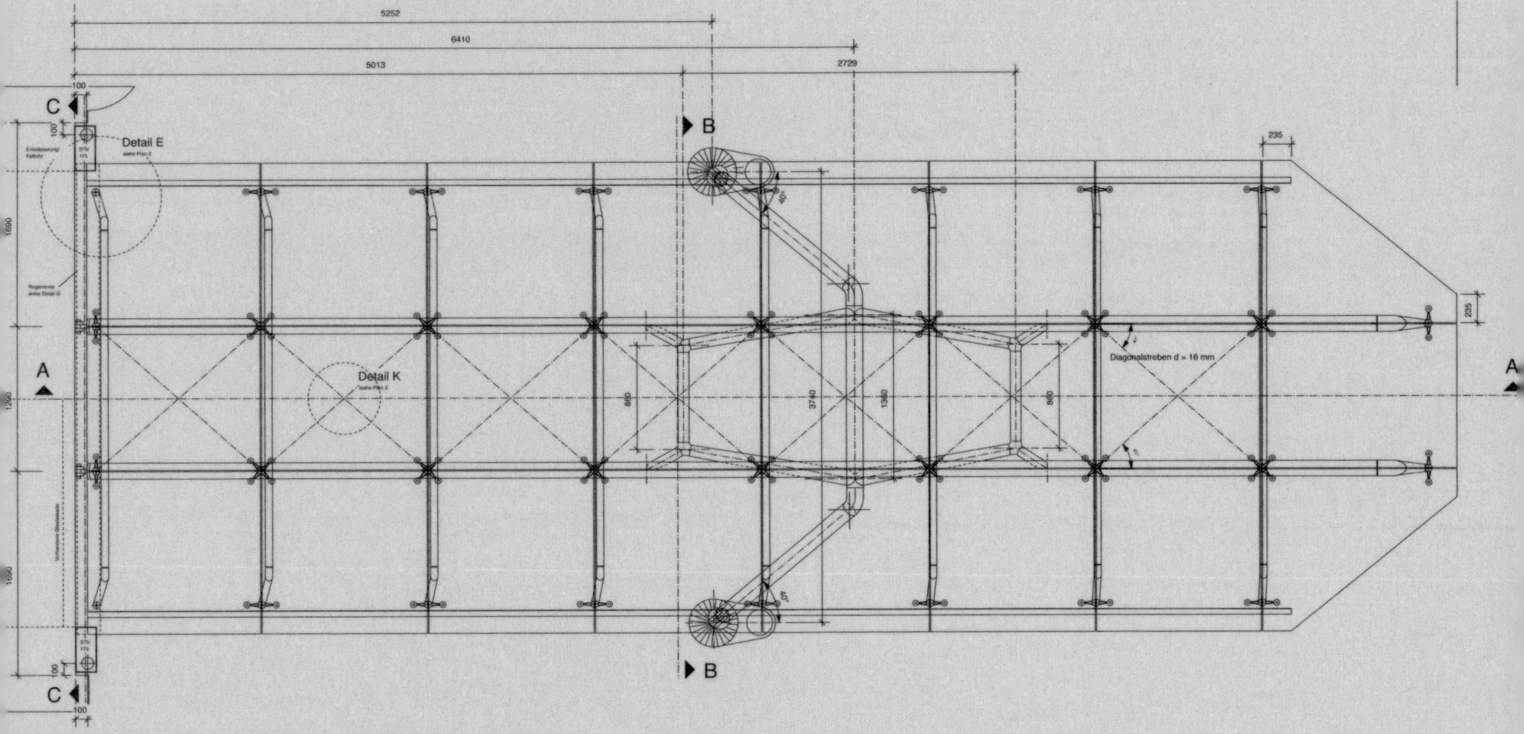
5252
6410
5013
2729
C
B
Detail E
Detail K
A
Diagonalstreben d = 16 mm
235
1690
1290
860
3740
1360
100

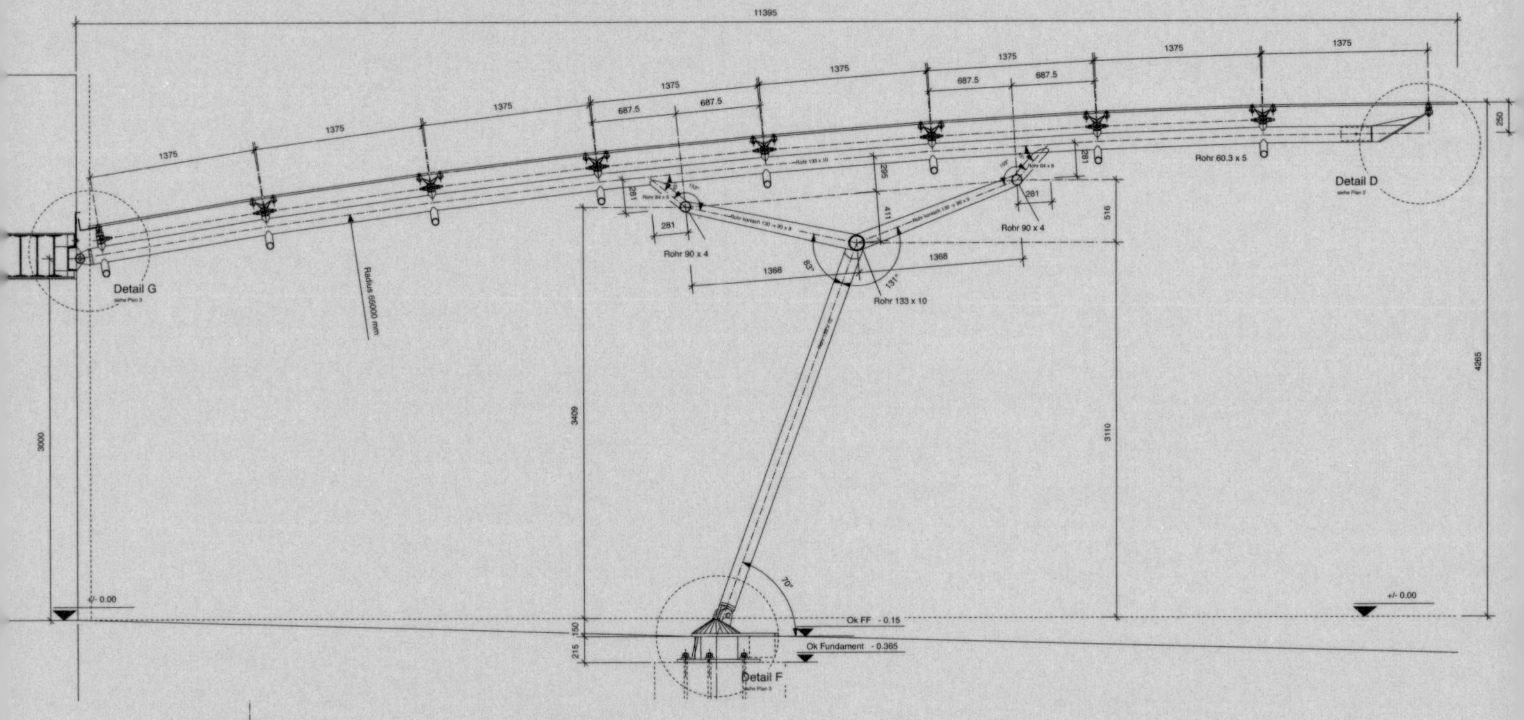
11395
1375
687.5
Rohr 60.3 x 5
Detail D
Detail G
Radius 65000 mm
Rohr 90 x 4
Rohr 133 x 10
1368
281
411
516
295
250
3000
3409
3110
4265
70°
+/- 0.00
Ok FF -0.15
Ok Fundament -0.365
Detail F

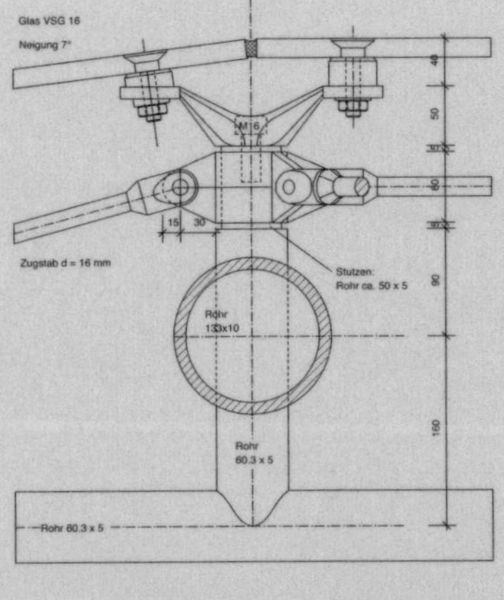
Glas VSG 16
Neigung 7°
M16
Zugstab d = 16 mm
Stutzen:
Rohr ca. 50 x 5
Rohr
133x10
Rohr
60.3 x 5
Rohr 60.3 x 5

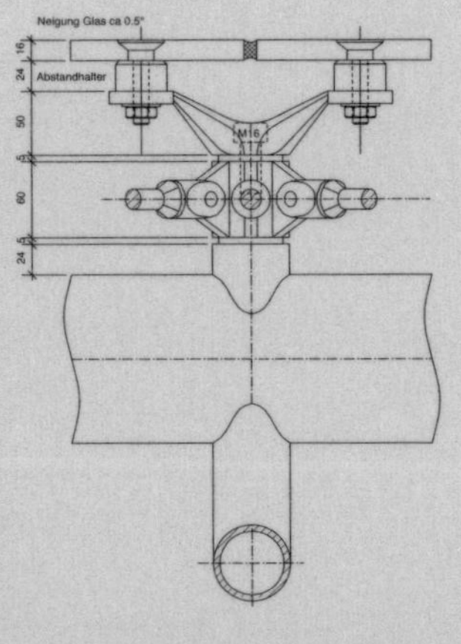
Neigung Glas ca 0.5°
Abstandhalter
M16

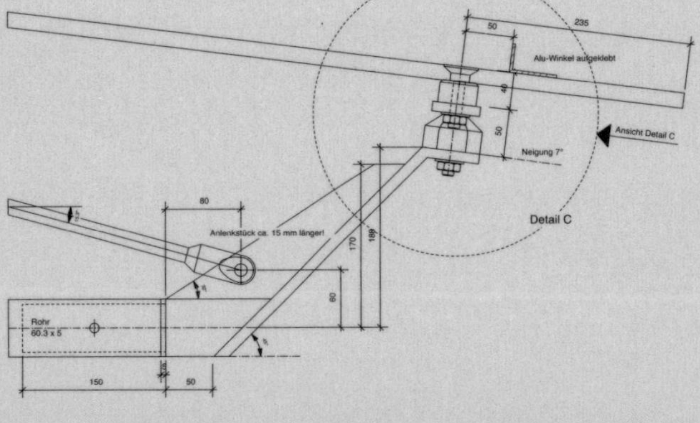
50
235
Alu-Winkel aufgeklebt
Ansicht Detail C
Neigung 7°
Detail C
80
Anlenkstück ca. 15 mm länger
Rohr
60.3 x 5
150
50

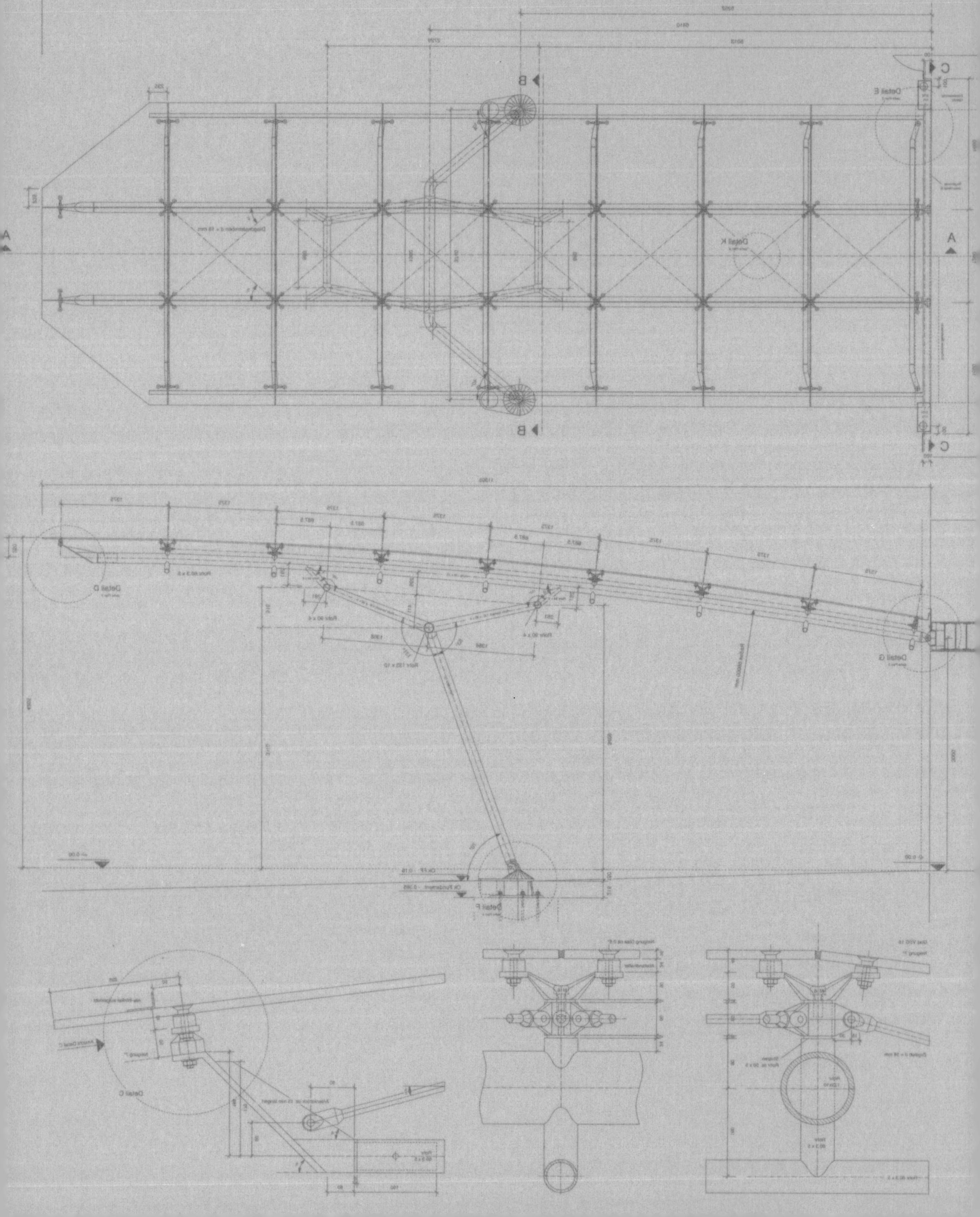

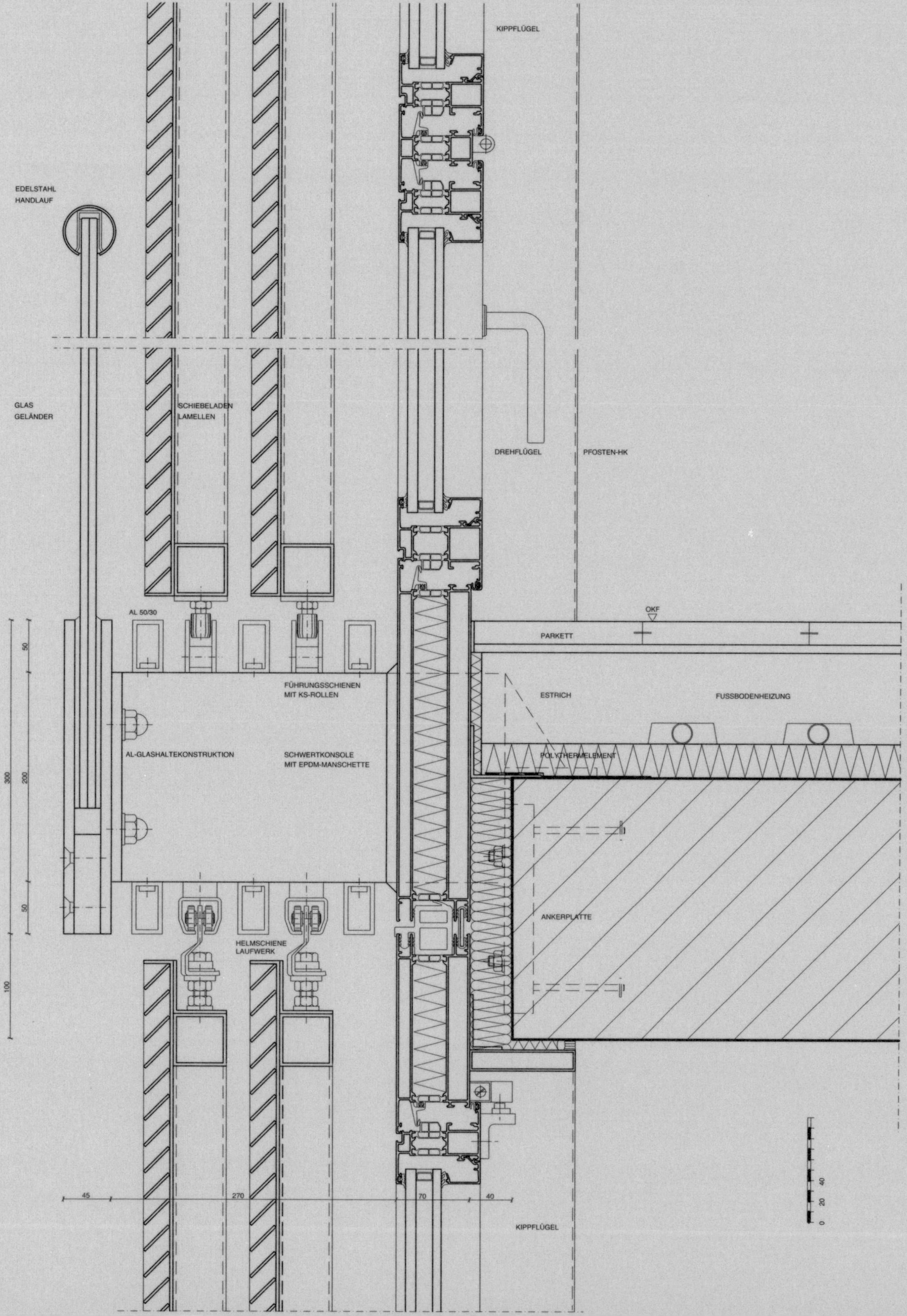
KIPPFLÜGEL
EDELSTAHL
HANDLAUF
GLAS
GELÄNDER
SCHIEBELADEN
LAMELLEN
DREHFLÜGEL
PFOSTEN-HK
AL 50/30
OKF
PARKETT
FÜHRUNGSSCHIENEN
MIT KS-ROLLEN
ESTRICH
FUSSBODENHEIZUNG
AL-GLASHALTEKONSTRUKTION
SCHWERTKONSOLE
MIT EPDM-MANSCHETTE
POLYTHERMELEMENT
ANKERPLATTE
HELMSCHIENE
LAUFWERK
50
200
300
50
100
45
270
70
40
KIPPFLÜGEL
0
20
40

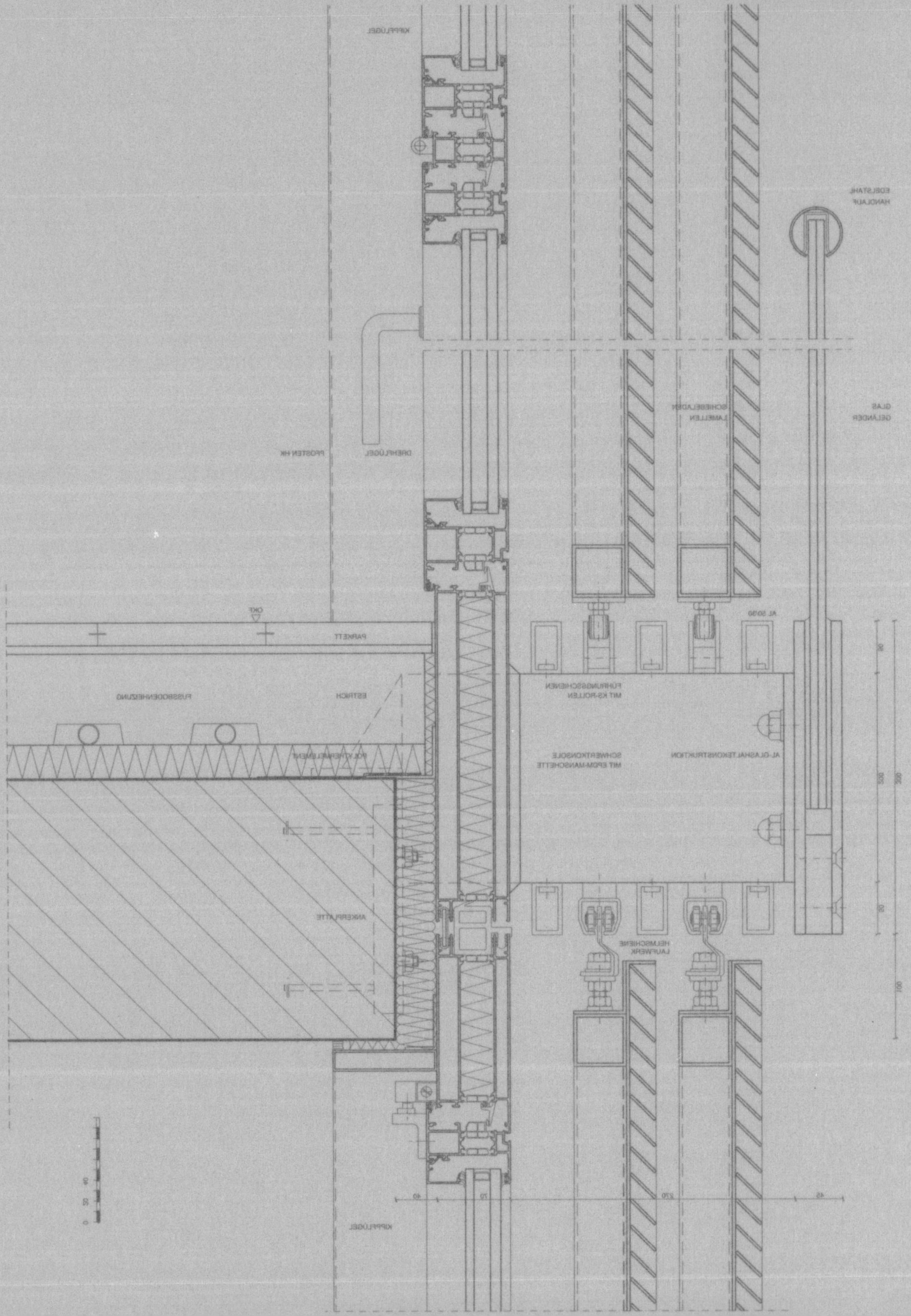
KIPPFLÜGEL
EDELSTAHL HANDLAUF
GLAS GELÄNDER
SCHIEBELADEN LAMELLEN
DREHFLÜGEL
PFOSTEN HK
OKF
PARKETT
AL 50/30
FÜHRUNGSSCHIENEN MIT KS-ROLLEN
ESTRICH
FUSSBODENHEIZUNG
SCHWERTKONSOLE MIT EPDM-MANSCHETTE
AL-GLASHALTEKONSTRUKTION
ANKERPLATTE
LAUFWERK
40
70
270
45
KIPPFLÜGEL

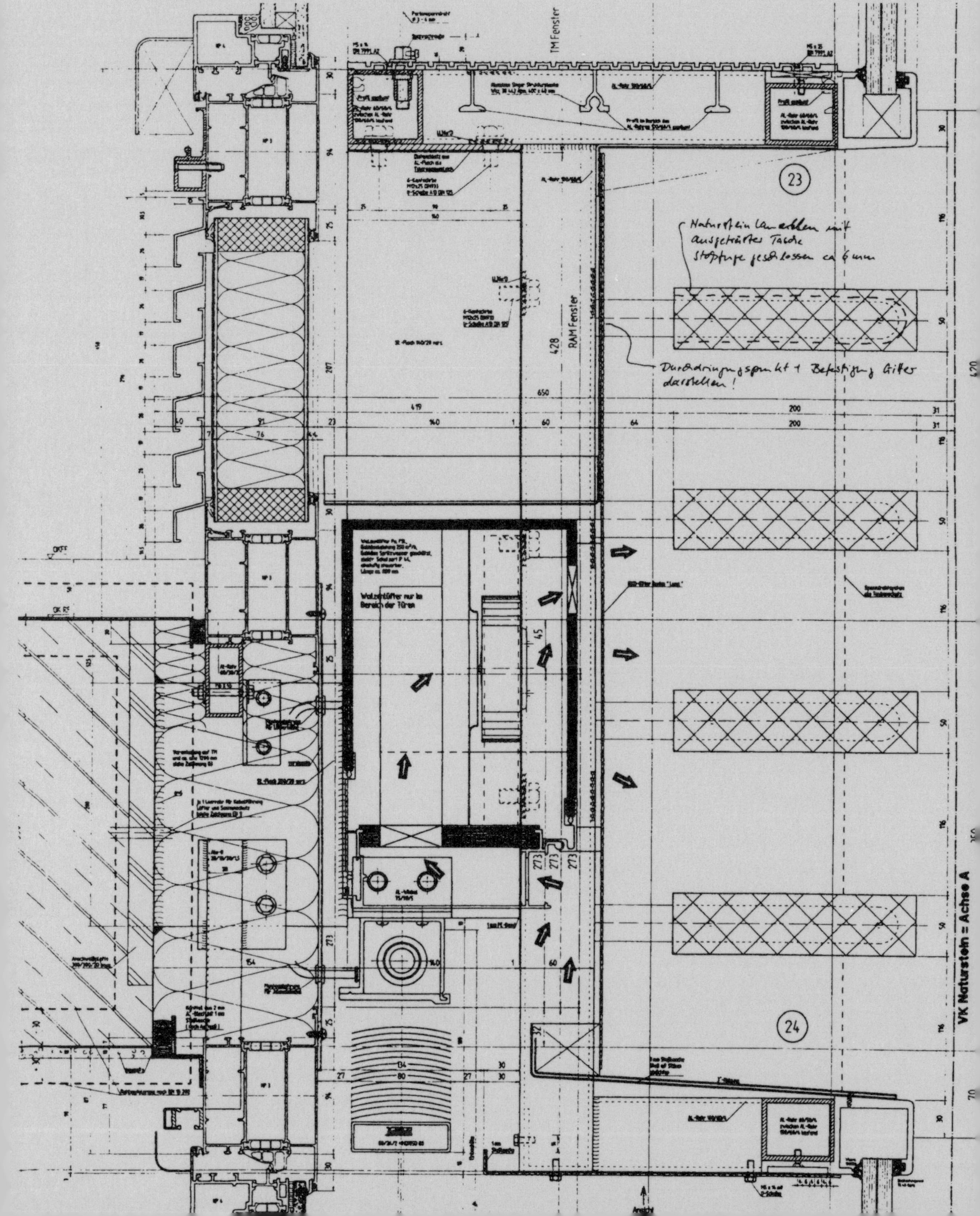
TM Fenster
RAM Fenster
23
24
Naturstein lamellen mit ausgefräster Tasche
Stoßfuge geschlossen ca 6 mm
Durchdringungspunkt + Befestigung Gitter darstellen!
Walzenlüfter nur im Bereich der Türen
OKFF
VK Naturstein = Achse A
Ansicht

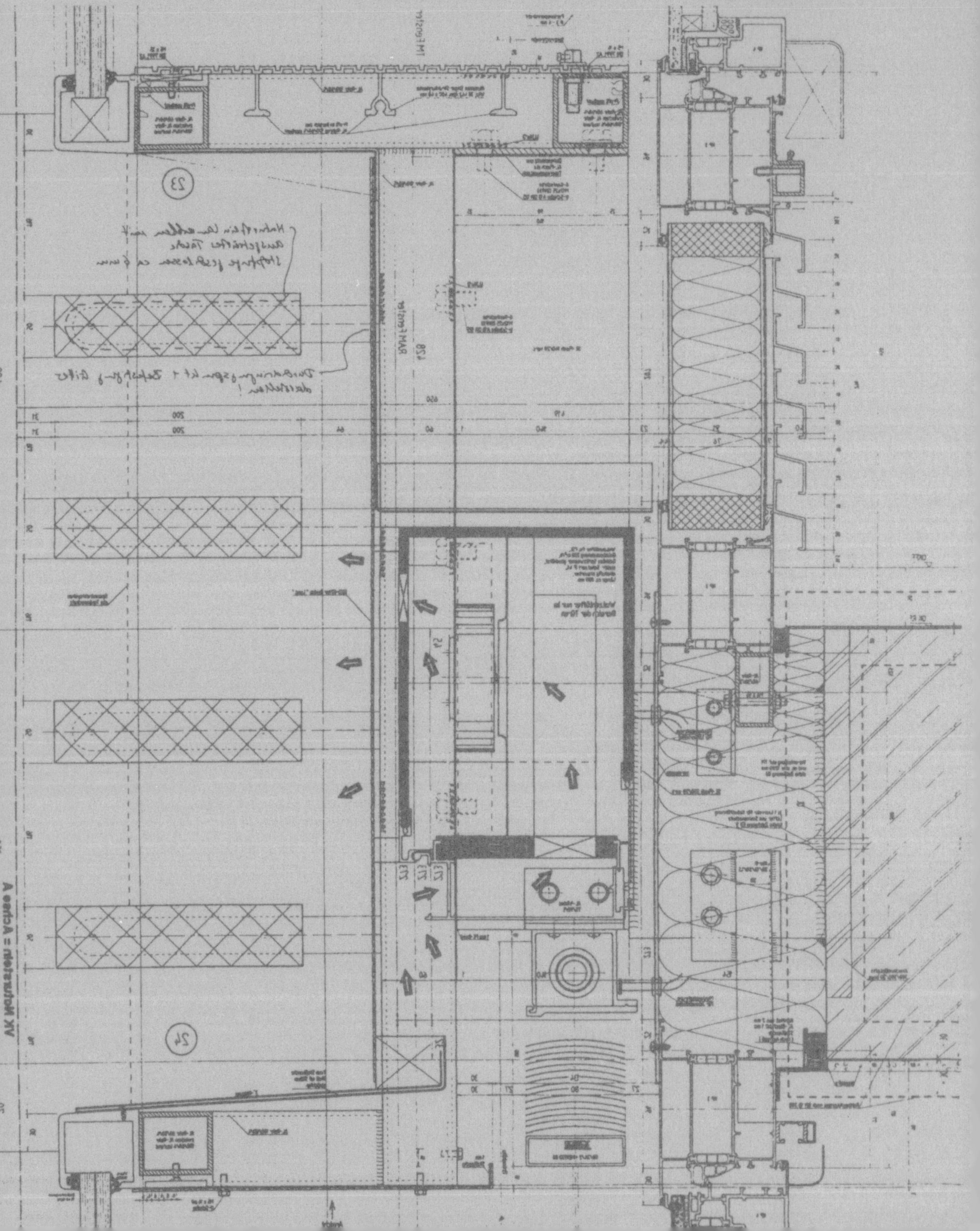
IM-Fenster
RAM-Fenster
VK Naturstein = Achse A
23
24

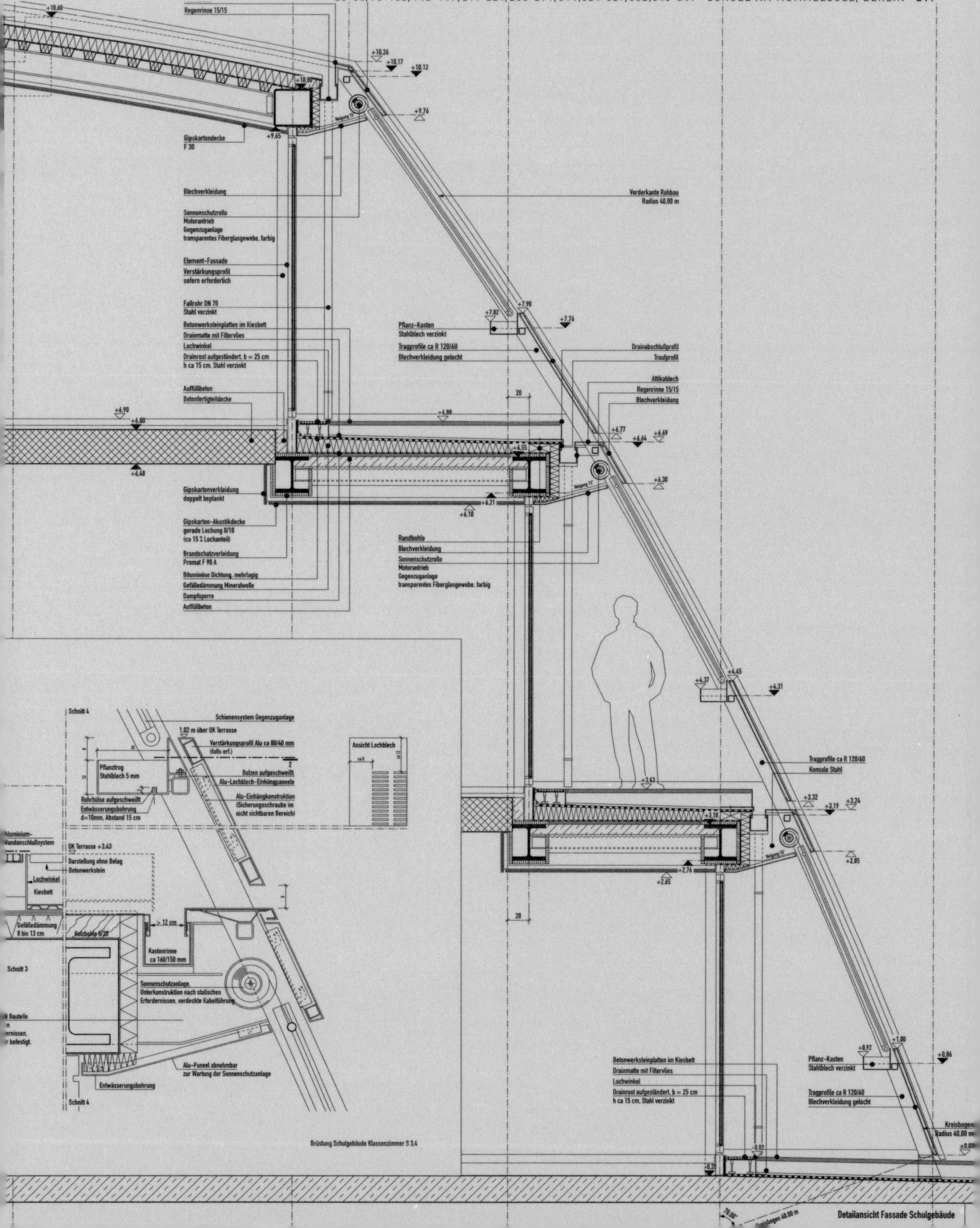
Regenrinne 15/15
Gipskartondecke
F 30
Blechverkleidung
Sonnenschutzrollo
Motorantrieb
Gegenzuganlage
transparentes Fiberglasgewebe, farbig
Element-Fassade
Verstärkungsprofil
sofern erforderlich
Fallrohr DN 70
Stahl verzinkt
Betonwerksteinplatten im Kiesbett
Drainmatte mit Filtervlies
Lochwinkel
Drainrost aufgeständert, b = 25 cm
h ca 15 cm, Stahl verzinkt
Auffüllbeton
Betonfertigteildecke
Vorderkante Rohbau
Radius 40,00 m
Pflanz-Kasten
Stahlblech verzinkt
Tragprofile ca R 120/60
Blechverkleidung gelocht
Drainabschlußprofil
Traufprofil
Attikablech
Regenrinne 15/15
Blechverkleidung
Gipskartonverkleidung
doppelt beplankt
Gipskarton-Akustikdecke
gerade Lochung 8/18
(ca 15 % Lochanteil)
Brandschutzverleidung
Promat F 90 A
Bituminöse Dichtung, mehrlagig
Gefälledämmung Mineralwolle
Dampfsperre
Auffüllbeton
Randbohle
Blechverkleidung
Sonnenschutzrollo
Motorantrieb
Gegenzuganlage
transparentes Fiberglasgewebe, farbig
Schnitt 4
Schienensystem Gegenzuganlage
1,02 m über OK Terrasse
Verstärkungsprofil Alu ca 80/40 mm
(falls erf.)
Pflanztrog
Stahlblech 5 mm
Bolzen aufgeschweißt
Alu-Lochblech-Einhängpaneele
Rohrhülse aufgeschweißt
Entwässerungsbohrung
d=10mm, Abstand 15 cm
Alu-Einhängkonstruktion
(Sicherungsschraube im
nicht sichtbaren Bereich)
Ansicht Lochblech
Aluminium-
Wandanschlußsystem
OK Terrasse +3,43
Darstellung ohne Belag
Betonwerkstein
Lochwinkel
Kiesbett
Gefälledämmung
8 bis 13 cm
Holzbohle 8/20
> 12 cm
Kastenrinne
ca 160/150 mm
Schnitt 3
Sonnenschutzanlage,
Unterkonstruktion nach statischen
Erfordernissen, verdeckte Kabelführung
Alu-Paneel abnehmbar
zur Wartung der Sonnenschutzanlage
Entwässerungsbohrung
Schnitt 4
Brüstung Schulgebäude Klassenzimmer S 3.4
Tragprofile ca R 120/60
Konsole Stahl
Betonwerksteinplatten im Kiesbett
Drainmatte mit Filtervlies
Lochwinkel
Drainrost aufgeständert, b = 25 cm
h ca 15 cm, Stahl verzinkt
Pflanz-Kasten
Stahlblech verzinkt
Tragprofile ca R 120/60
Blechverkleidung gelocht
Kreisbogen
Radius 40,00 m
Kreisbogen 40,00 m
Detailansicht Fassade Schulgebäude

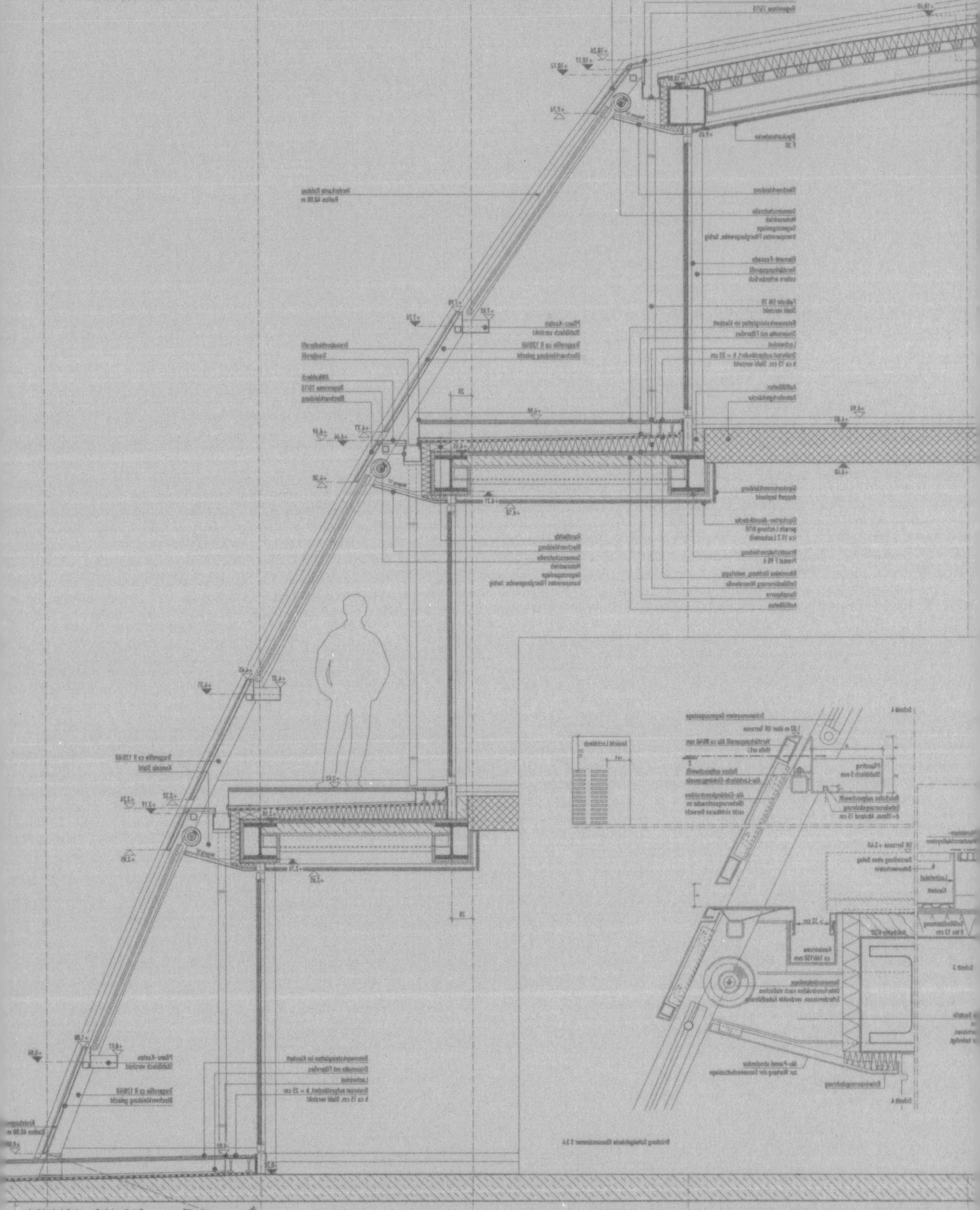

Detailansicht Fassade Schulgebäude

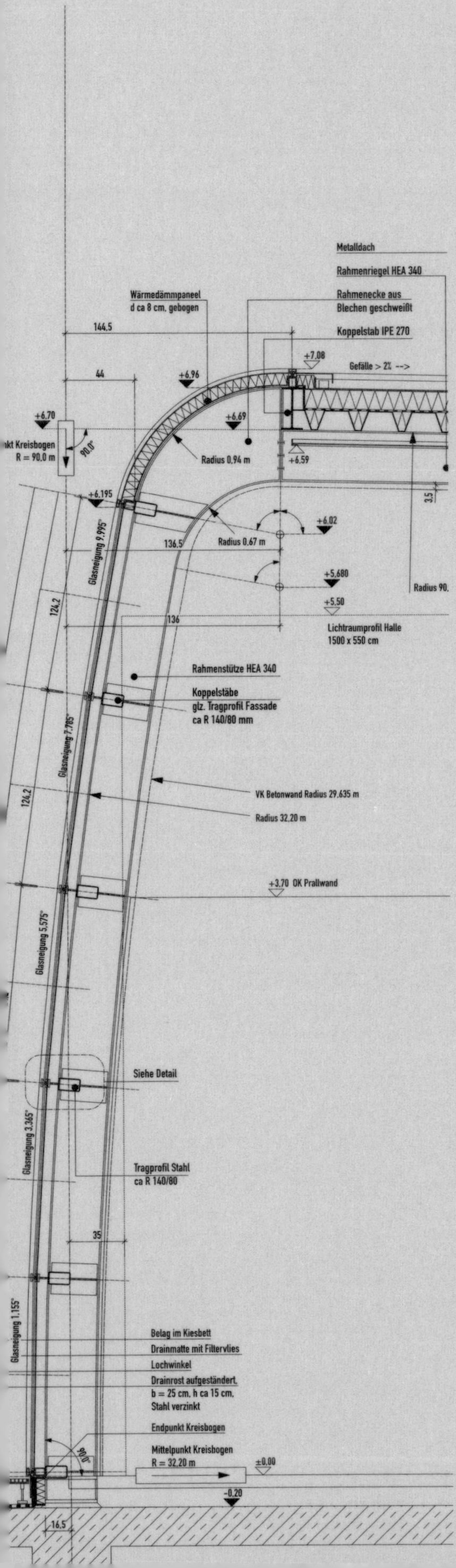

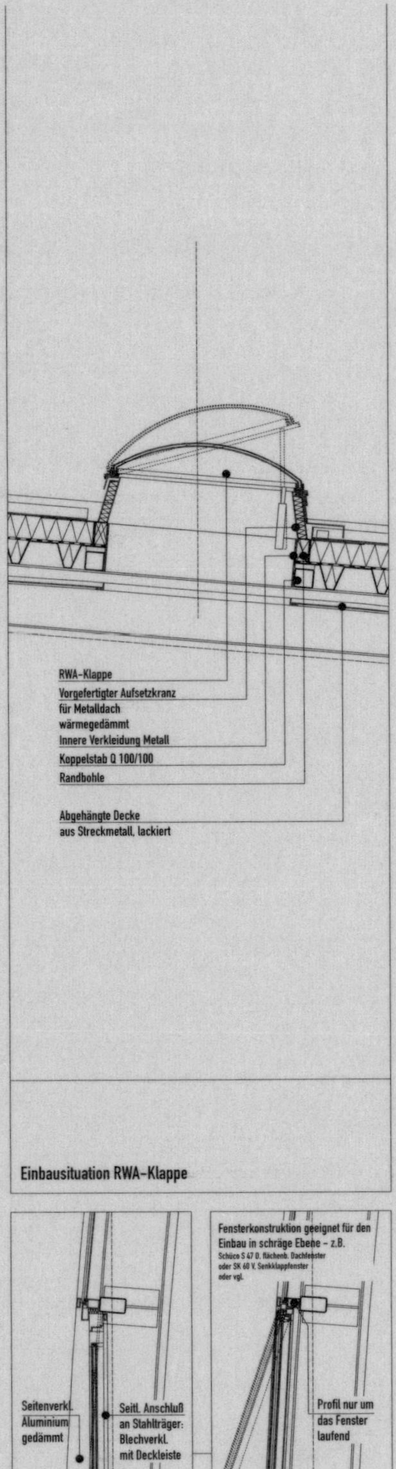

Einbausituation RWA-Klappe

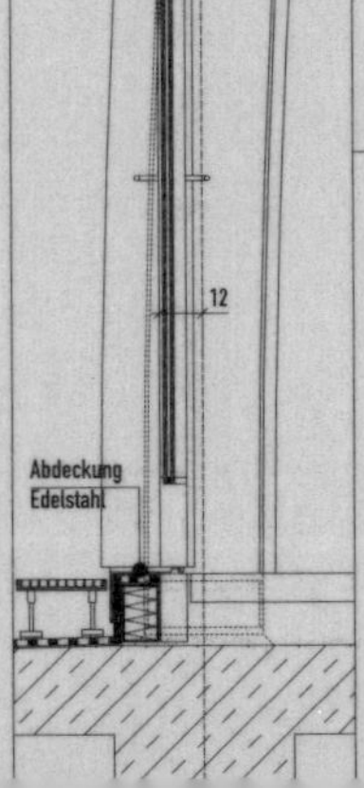

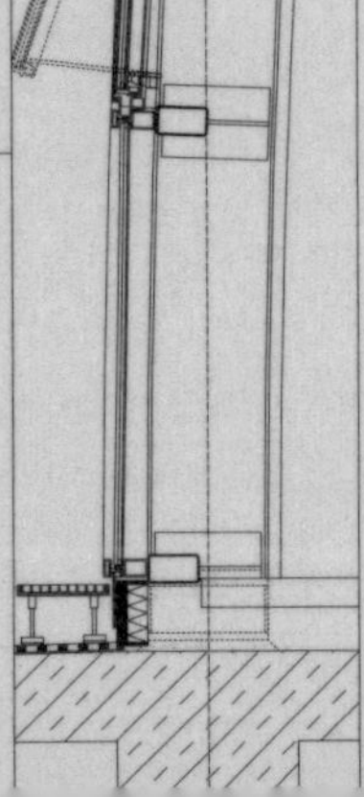

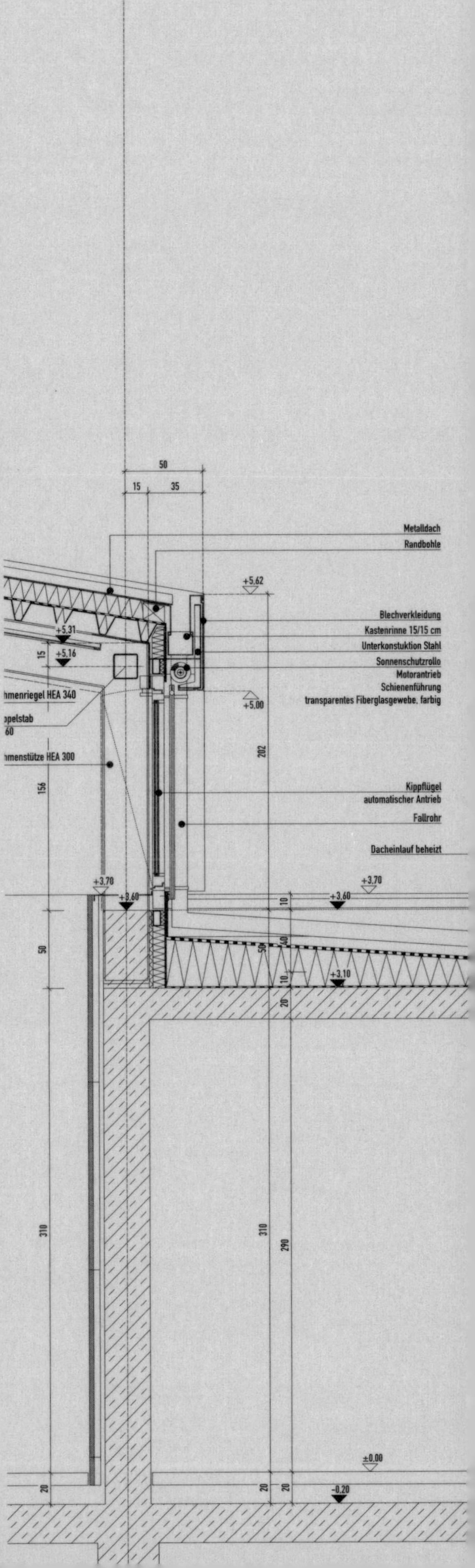

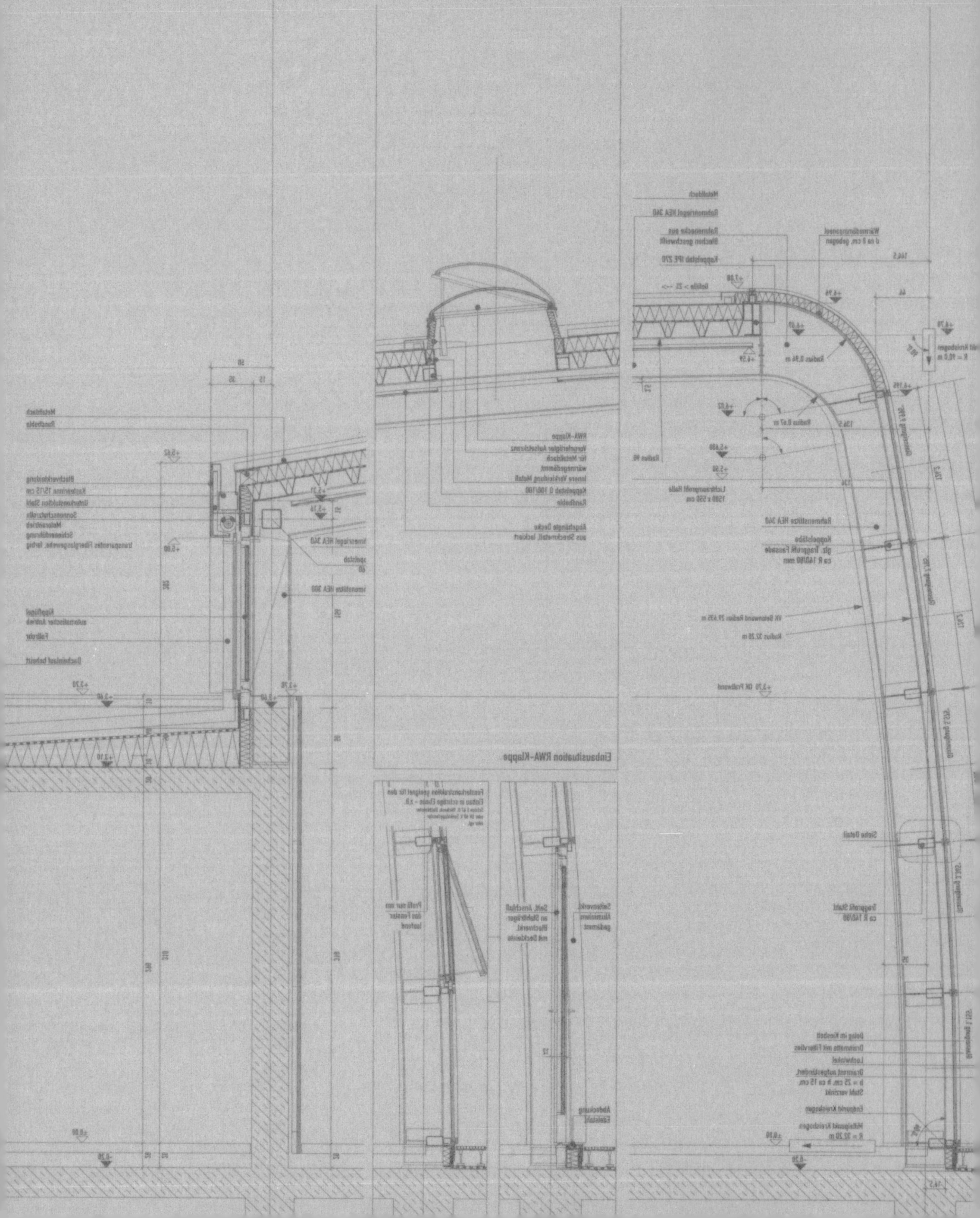
Einbausituation RWA-Klappe

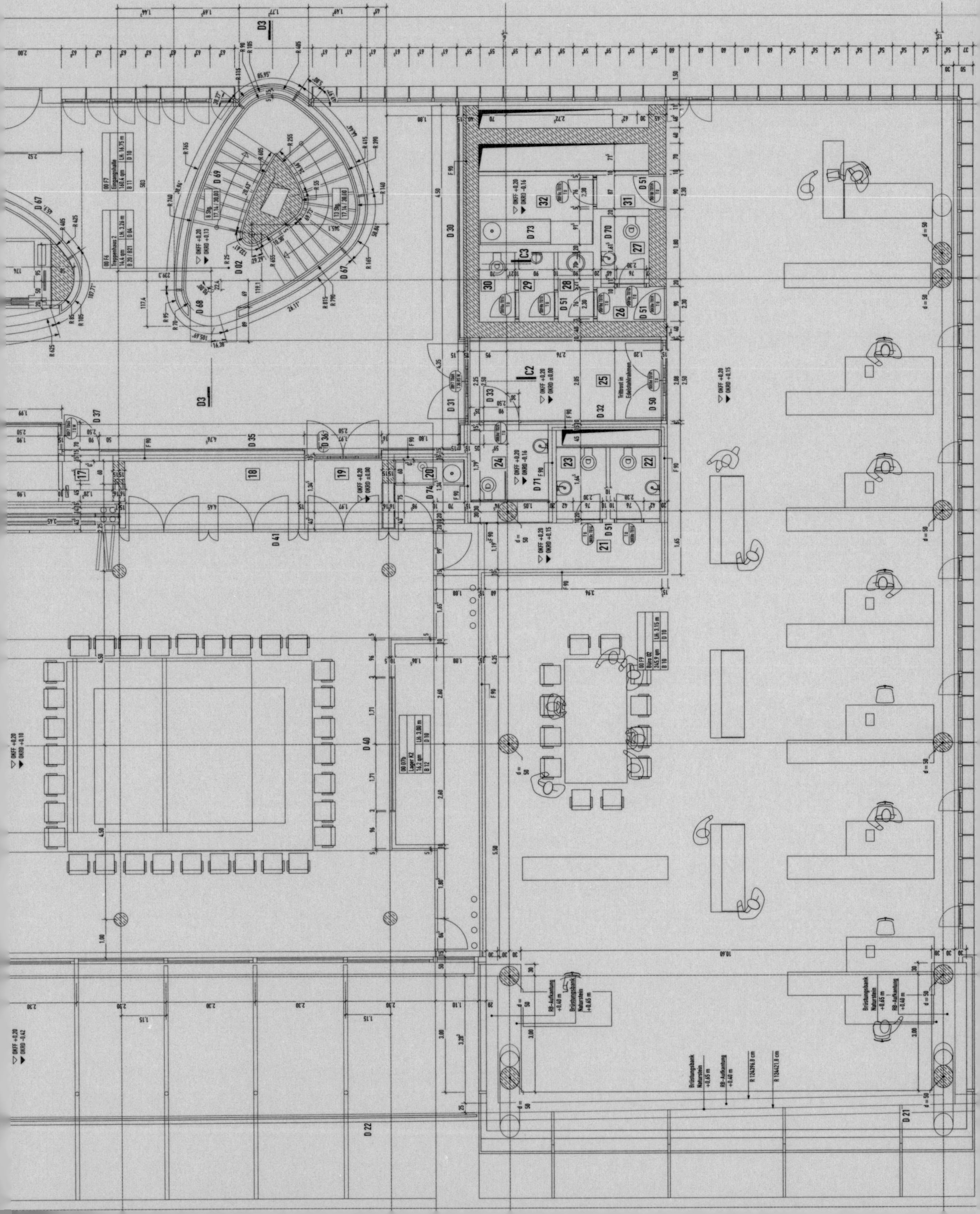

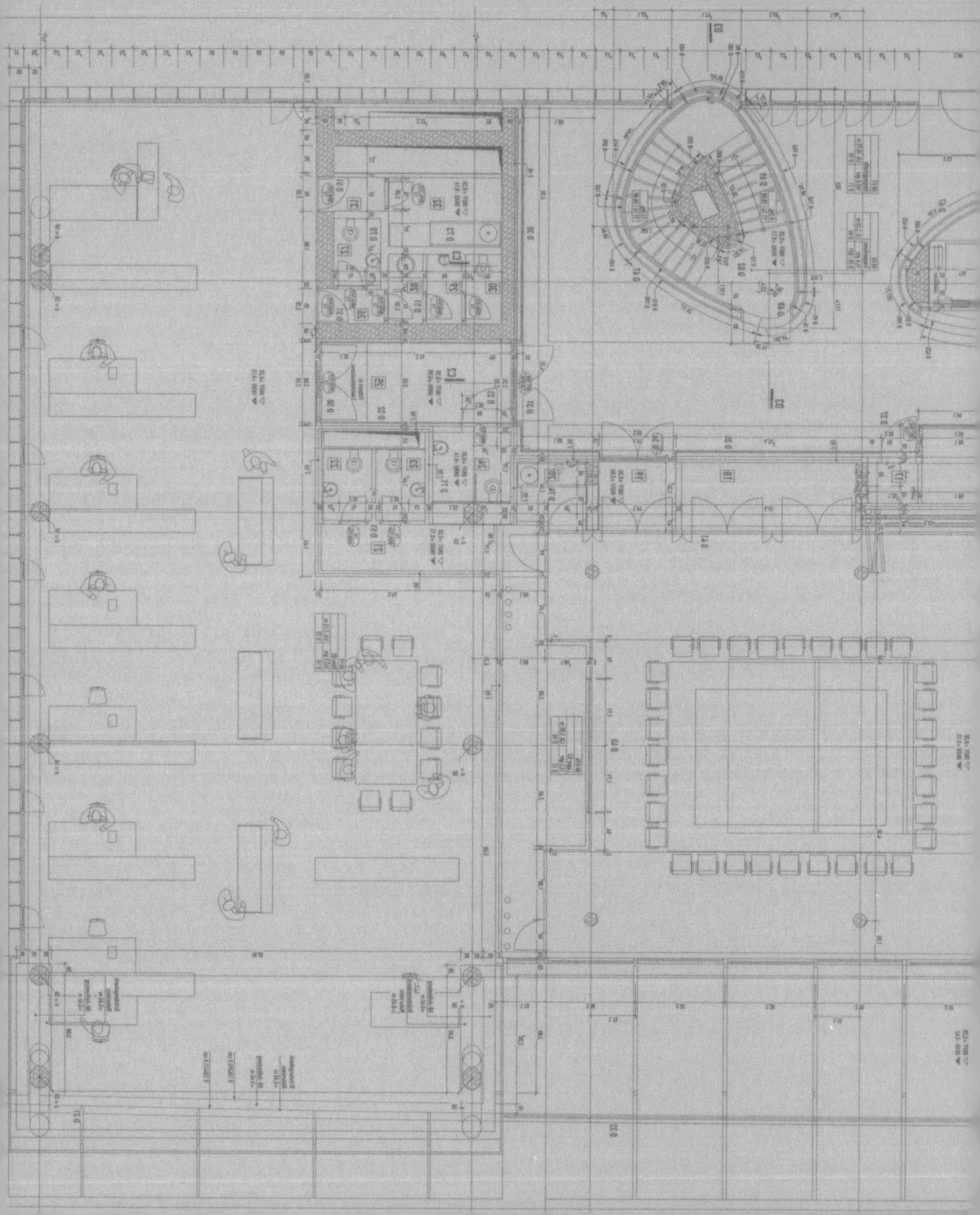

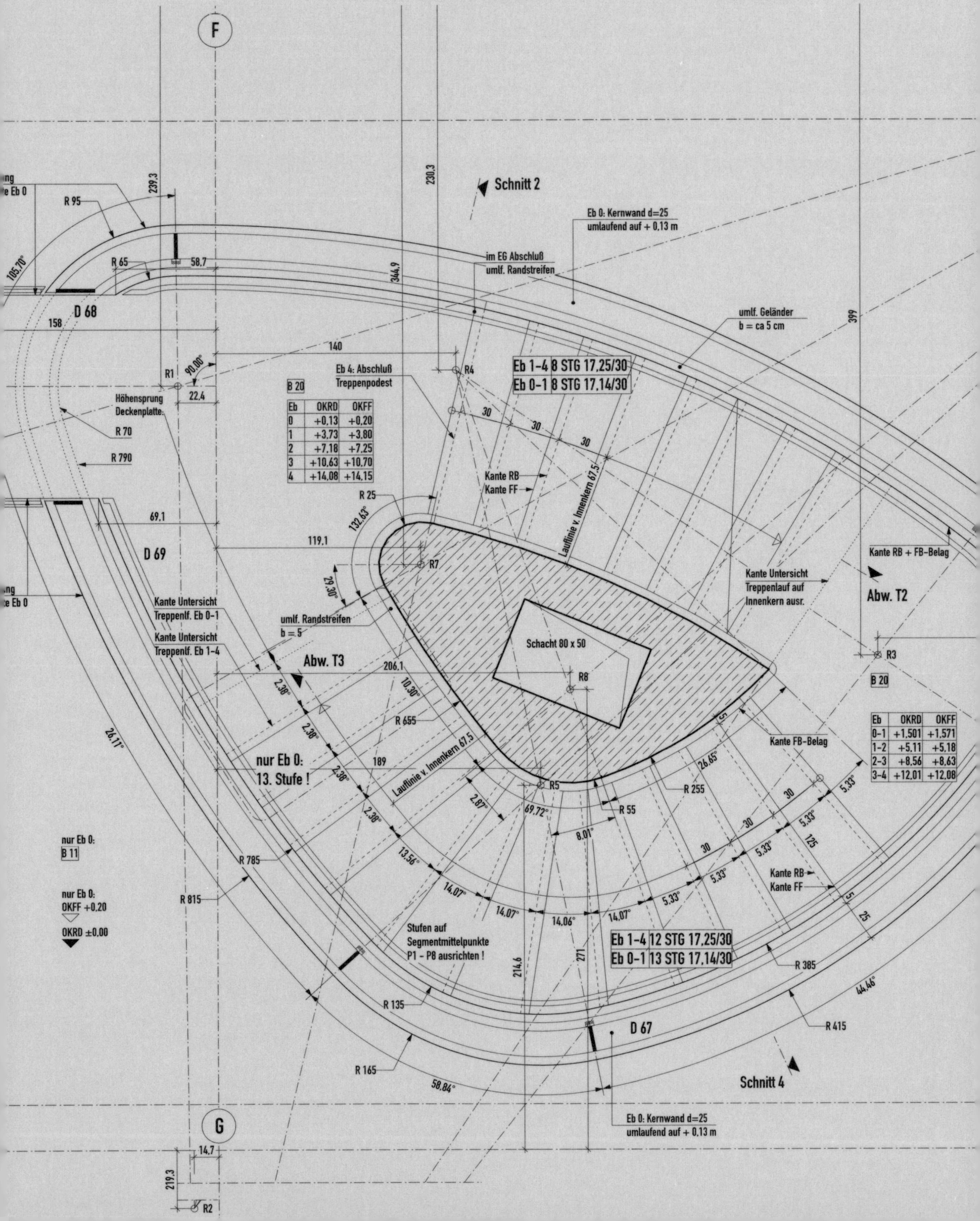

Eb	OKRD	OKFF
0	+0,13	+0,20
1	+3,73	+3,80
2	+7,18	+7,25
3	+10,63	+10,70
4	+14,08	+14,15

Eb	OKRD	OKFF
0-1	+1,501	+1,571
1-2	+5,11	+5,18
2-3	+8,56	+8,63
3-4	+12,01	+12,08

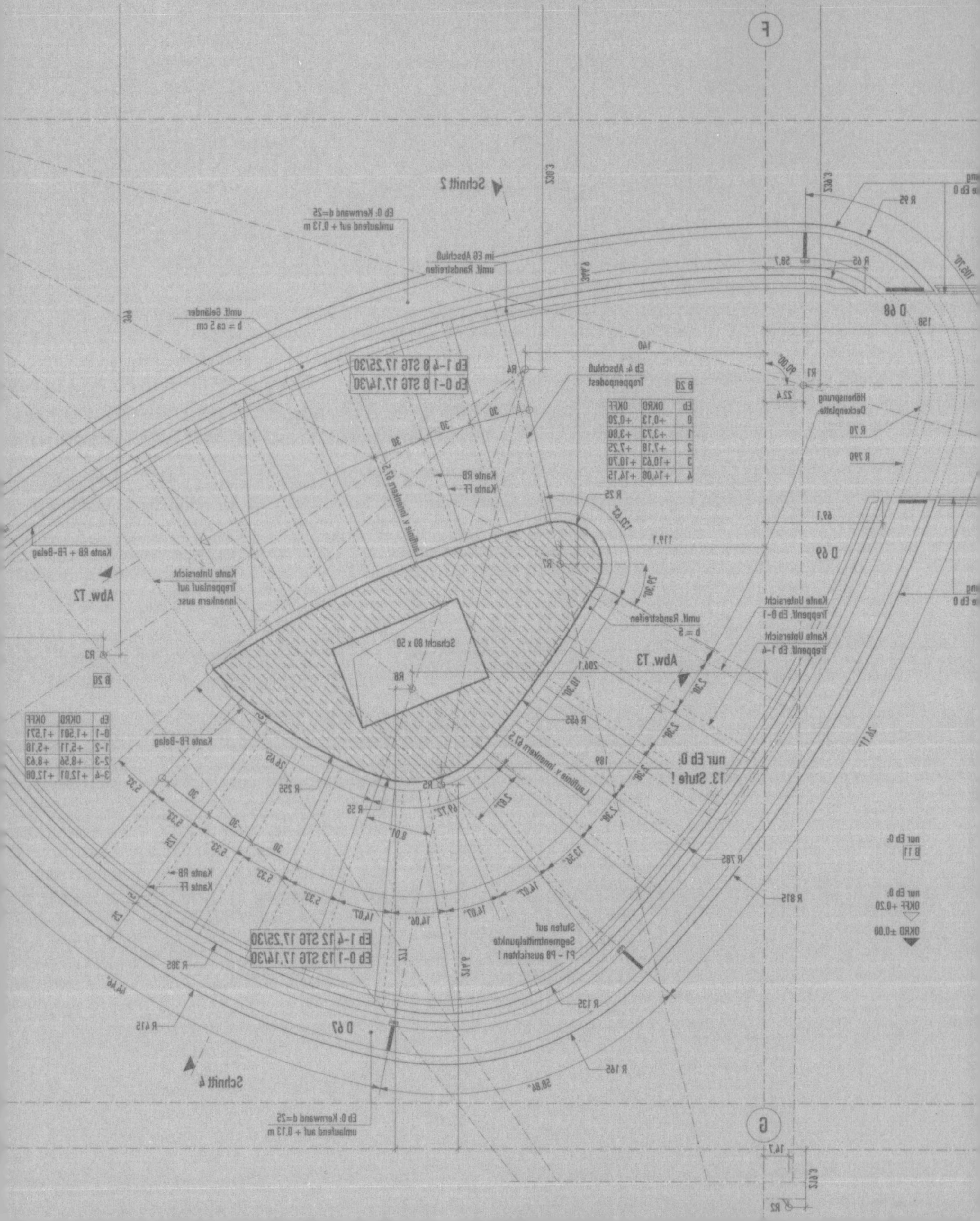
F
G
Schnitt 2
Schnitt 4
Eb 0: Kernwand d=25
umlaufend auf + 0,13 m
im EG Abschluß
umlf. Randstreifen
umlf. Geländer
b = ca 5 cm
Eb 1-4 8 STG 17,25/30
Eb 0-1 8 STG 17,14/30
Eb 4: Abschluß
Treppenpodest
B 20
Höhensprung
Deckenplatte
Kante RB
Kante FF
Lauflinie v. Innenkern 67,5
Kante RB + FB-Belag
Kante Untersicht
Treppenlauf auf
Innenkern ausr.
Abw. T2
Abw. T3
Schacht 80 x 50
umlf. Randstreifen
b = 5
Kante Untersicht
Treppenl. Eb 0-1
Kante Untersicht
Treppenl. Eb 1-4
Kante FB-Belag
nur Eb 0:
13. Stufe !
Eb 1-4 12 STG 17,25/30
Eb 0-1 13 STG 17,14/30
Stufen auf
Segmentmittelpunkte
P1 - P8 ausrichten !
nur Eb 0:
B 11
nur Eb 0:
OKFF +0.20
OKRD ±0.00
D 67
D 68
D 69
Eb | OKRD | OKFF
0 | +0,13 | +0,20
1 | +3,73 | +3,80
2 | +7,18 | +7,25
3 | +10,63 | +10,70
4 | +14,08 | +14,15
Eb | OKRD | OKFF
0-1 | +1,501 | +1,571
1-2 | +5,11 | +5,18
2-3 | +8,56 | +8,63
3-4 | +12,01 | +12,08

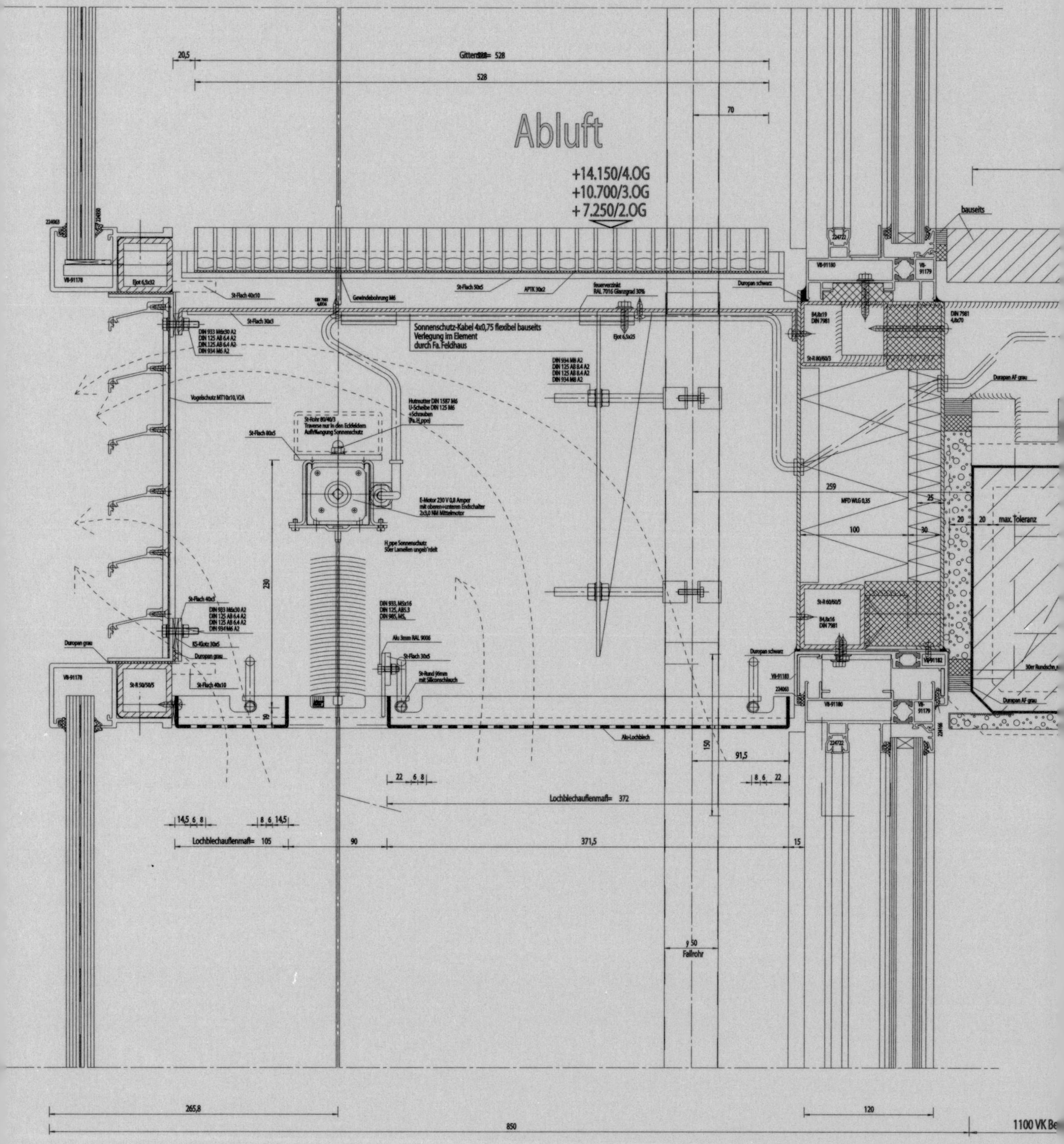
Abluft
+14.150/4.OG
+10.700/3.OG
+ 7.250/2.OG
Sonnenschutz-Kabel 4x0,75 flexibel bauseits
Verlegung im Element
durch Fa. Feldhaus
bauseits
max. Toleranz
Lochblechauflenmaß= 372
Lochblechauflenmaß= 105
Fallrohr
265,8
850
120
1100 VK Be

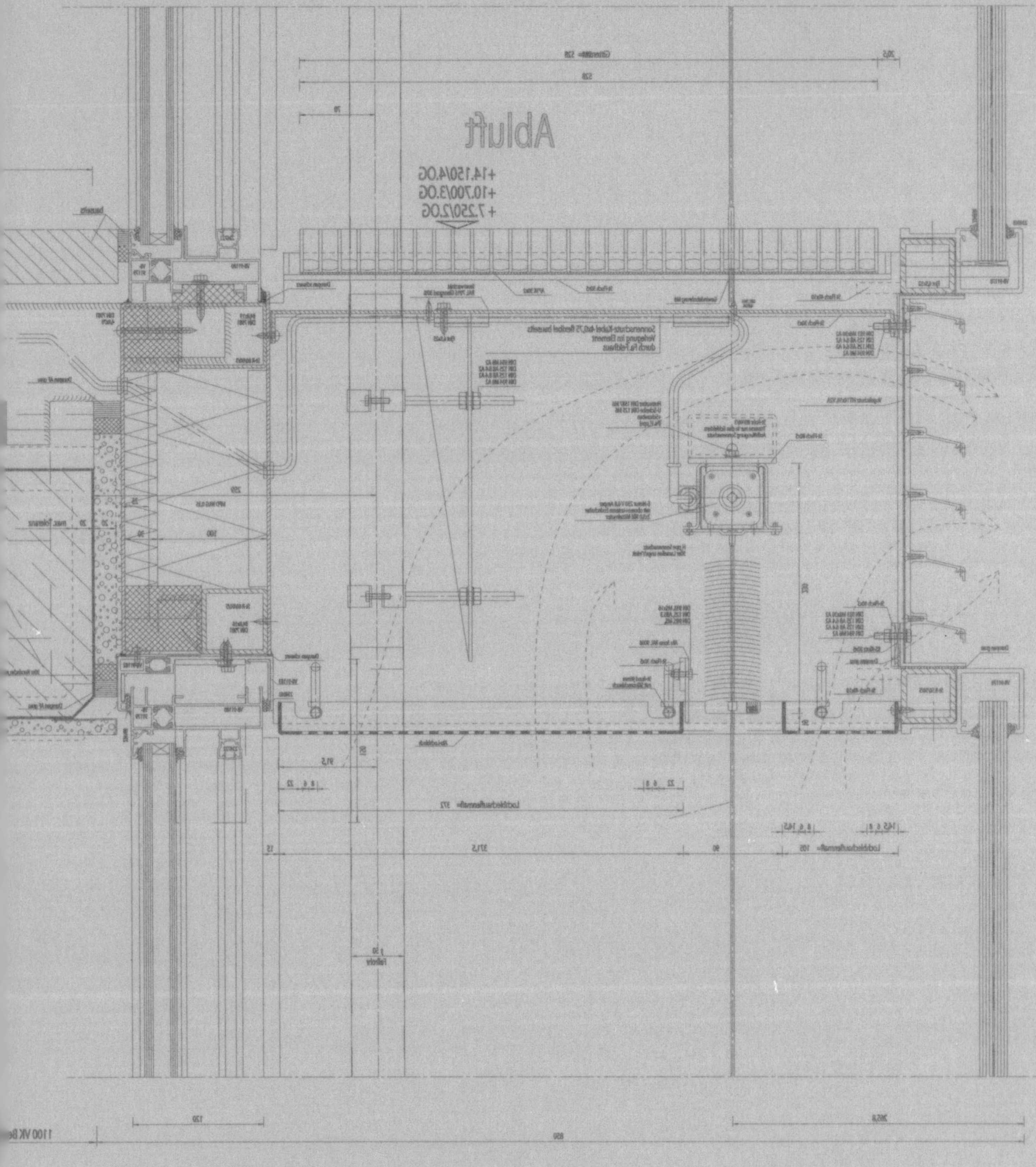
Abluft
+14.150/4.OG
+10.700/3.OG
+7.250/2.OG
Lochblechauflagemaß= 372
Lochblechauflagemaß= 105
1100 VK Bo

OK Attika 18,08
OKFD +17,88
OKRD +17,55
OKFF +17,60
OKRD +17,55
+17,60
+14,15
OKRD +13,97
OKFF +14,15
3. Obergeschoß
+10,70
OKRD +10,52
OKFF +10,70
2. Obergeschoß
+7,25
OKRD +7,07
OKFF +7,25
1. Obergeschoß
+3,80
OKRD +3,50
OKRD +3,62
OKFF +3,80
Erdgeschoß
Eingangshalle
OKRD ±0,00
OKFF +0,20
OKFF +0,05
OKRD -0,32
OKFF -325
OKRD -3,40
OKRD-3,40
OKFF-3,25

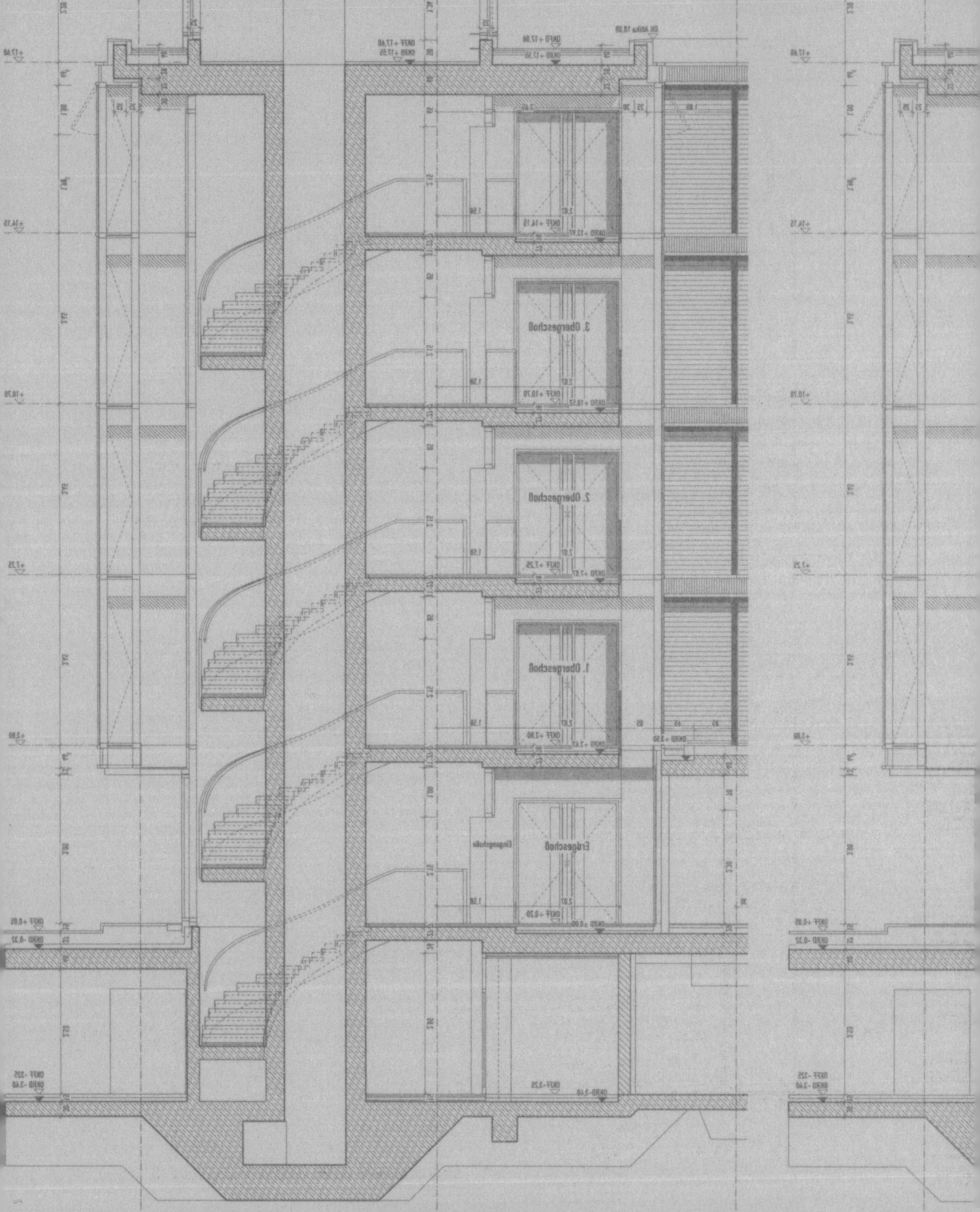
3. Obergeschoß
2. Obergeschoß
1. Obergeschoß
Erdgeschoß
Eingangshalle

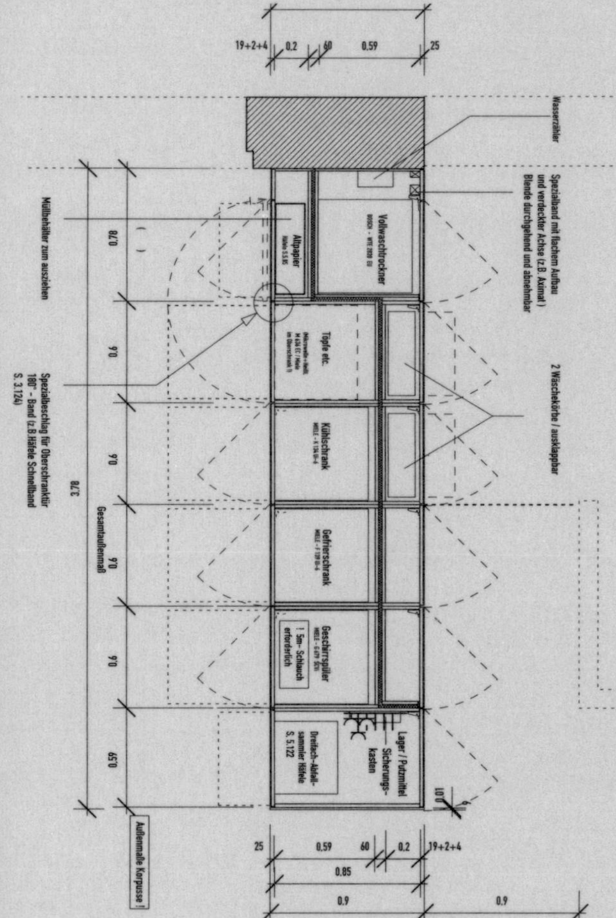
Wasserzähler
Spezialband mit flachem Aufbau und verdeckter Achse (z.B. Axinal) Blende durchgehend und abnehmbar
Müllbehälter zum ausziehen
Spezialbeschlag für Oberschranktür 180° - Band (z.B. Häfele Schnellband S. 3.124)
Vollwaschtrockner
Altpapier
Töpfe etc.
Kühlschrank
Gefrierschrank
Geschirrspüler
1.5m Schlauch erforderlich
Dreiteck-Abfallsammler Häfele S. 5.122
Lager / Putzmittel - Sicherungskasten
2 Wäschekörbe / ausklappbar
Gesamtaußenmaß
3.78
Außenmaße Korpusse
19+2+4
0.2
60
0.59
25
0.78
0.6
0.85
0.9

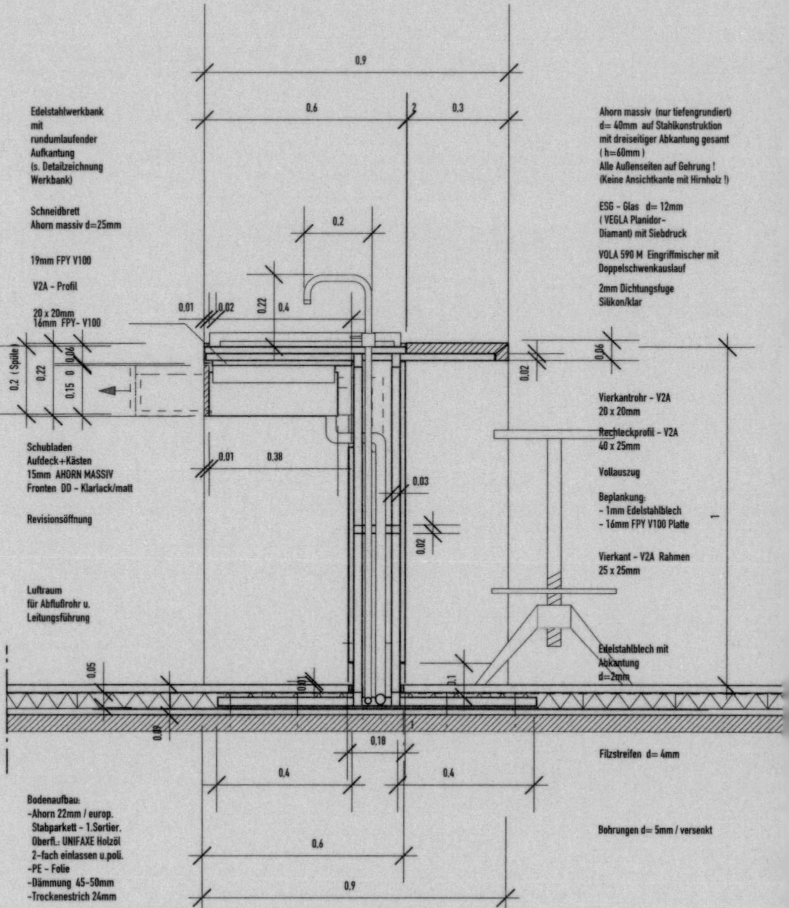
Edelstahlwerkbank mit rundumlaufender Aufkantung (s. Detailzeichnung Werkbank)
Schneidbrett Ahorn massiv d=25mm
19mm FPY V100
V2A - Profil
20 x 20mm
16mm FPY- V100
Schubladen Aufdeck+Kästen 15mm AHORN MASSIV Fronten DD - Klarlack/matt
Revisionsöffnung
Luftraum für Abflußrohr u. Leitungsführung
Bodenaufbau:
-Ahorn 22mm / europ. Stabparkett - 1.Sortier. Oberfl.: UNIFAXE Holzöl 2-fach einlassen u.poli.
-PE - Folie
-Dämmung 45-50mm
-Trockenestrich 24mm
Ahorn massiv (nur tiefengrundiert) d= 40mm auf Stahlkonstruktion mit dreiseitiger Abkantung gesamt (h=60mm) Alle Außenseiten auf Gehrung ! (Keine Ansichtkante mit Hirnholz !)
ESG - Glas d= 12mm (VEGLA Planidor-Diamant) mit Siebdruck
VOLA 590 M Eingriffmischer mit Doppelschwenkauslauf
2mm Dichtungsfuge Silikon/klar
Vierkantrohr - V2A 20 x 20mm
Rechteckprofil - V2A 40 x 25mm
Vollauszug
Beplankung:
- 1mm Edelstahlblech
- 16mm FPY V100 Platte
Vierkant - V2A Rahmen 25 x 25mm
Edelstahlblech mit Abkantung d=2mm
Filzstreifen d= 4mm
Bohrungen d= 5mm / versenkt
0.9
0.6
0.3
0.2
0.4
0.18
0.38

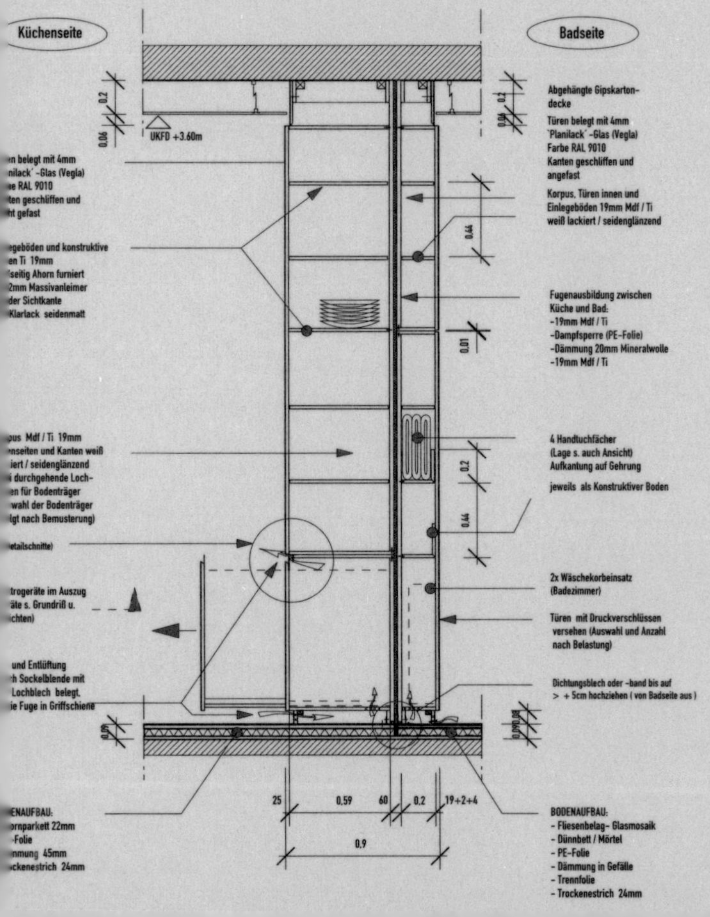
Küchenseite
Badseite
UKFD +3.60m
Abgehängte Gipskartondecke
Türen belegt mit 4mm 'Planilack' -Glas (Vegla) Farbe RAL 9010 Kanten geschliffen und angefast
Korpus, Türen innen und Einlegeböden 19mm Mdf / Ti weiß lackiert / seidenglänzend
Fugenausbildung zwischen Küche und Bad:
-19mm Mdf / Ti
-Dampfsperre (PE-Folie)
-Dämmung 20mm Mineralwolle
-19mm Mdf / Ti
4 Handtuchfächer (Lage s. auch Ansicht) Aufkantung auf Gehrung
jeweils als Konstruktiver Boden
2x Wäschekorbeinsatz (Badezimmer)
Türen mit Druckverschlüssen versehen (Auswahl und Anzahl nach Belastung)
Dichtungsblech oder -band bis auf > + 5cm hochziehen (von Badseite aus)
BODENAUFBAU:
- Fliesenbelag- Glasmosaik
- Dünnbett / Mörtel
- PE-Folie
- Dämmung in Gefälle
- Trennfolie
- Trockenestrich 24mm
25
0.59
60
0.2
19+2+4
0.9

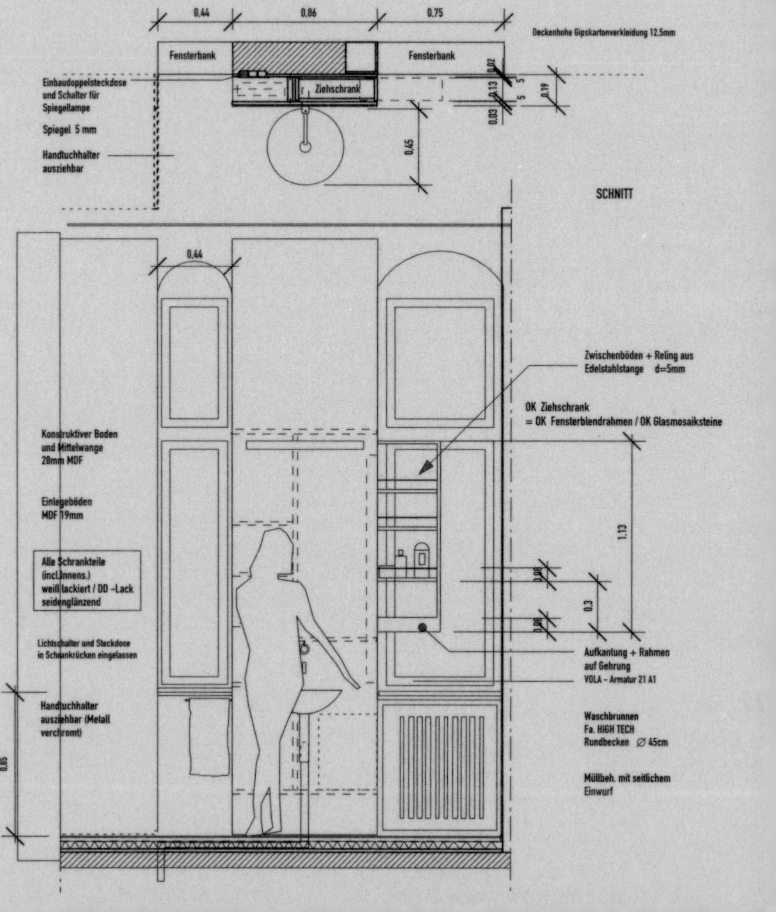
Fensterbank
Ziehschrank
Deckenhohe Gipskartonverkleidung 12.5mm
Einbaudoppelsteckdose und Schalter für Spiegellampe
Spiegel 5 mm
Handtuchhalter ausziehbar
SCHNITT
Zwischenböden + Reling aus Edelstahlstange d=5mm
OK Ziehschrank = OK Fensterblendrahmen / OK Glasmosaiksteine
Konstruktiver Boden und Mittelwange 28mm MDF
Einlegeböden MDF 19mm
Alle Schrankteile (incl.innens.) weiß lackiert / DD -Lack seidenglänzend
Lichtschalter und Steckdose in Schrankrücken eingelassen
Handtuchhalter ausziehbar (Metall verchromt)
Aufkantung + Rahmen auf Gehrung
VOLA - Armatur 21 A1
Waschbrunnen Fa. HIGH TECH Rundbecken ∅ 45cm
Müllbeh. mit seitlichem Einwurf
0.44
0.86
0.75
0.45
1.13
0.3
0.85

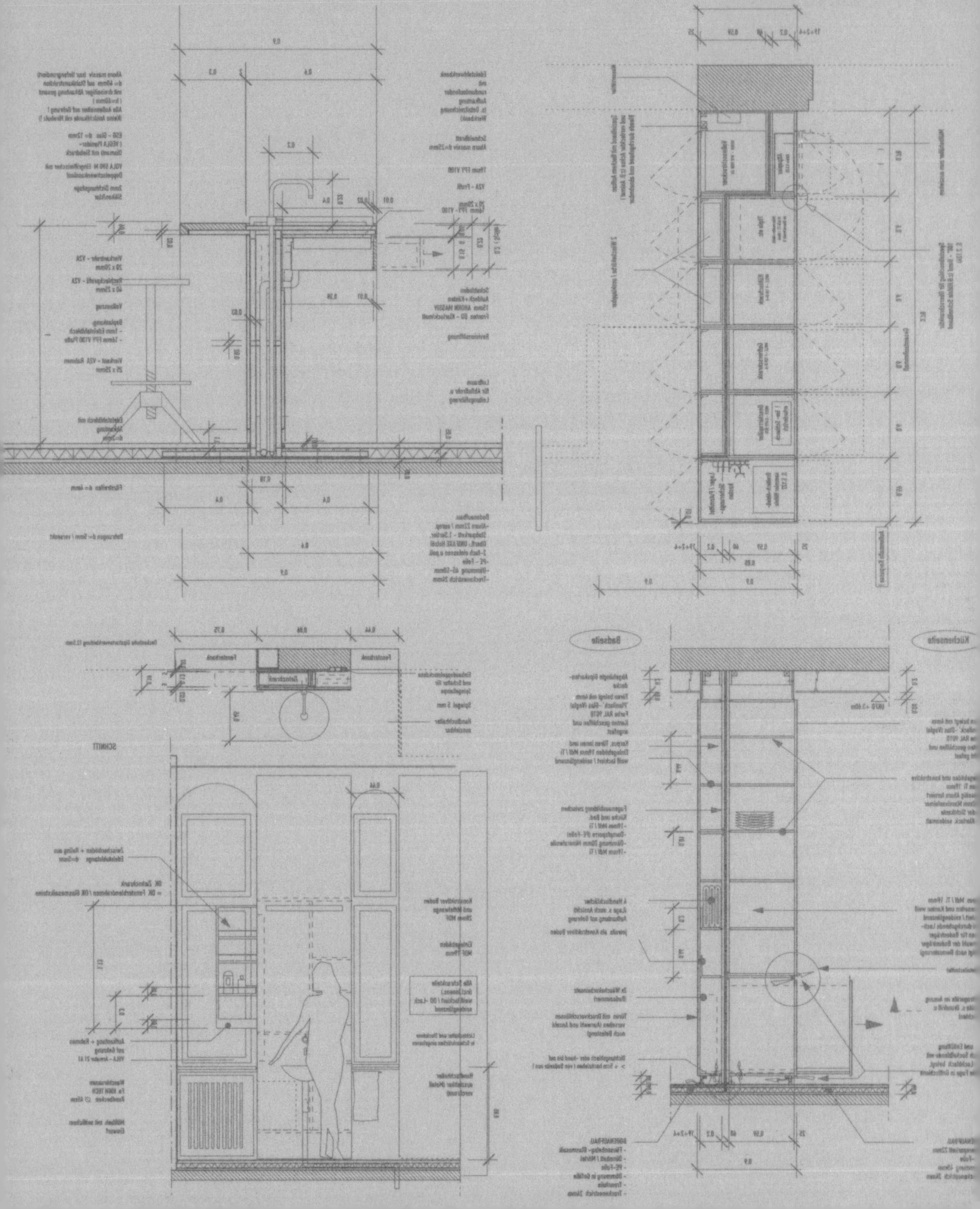

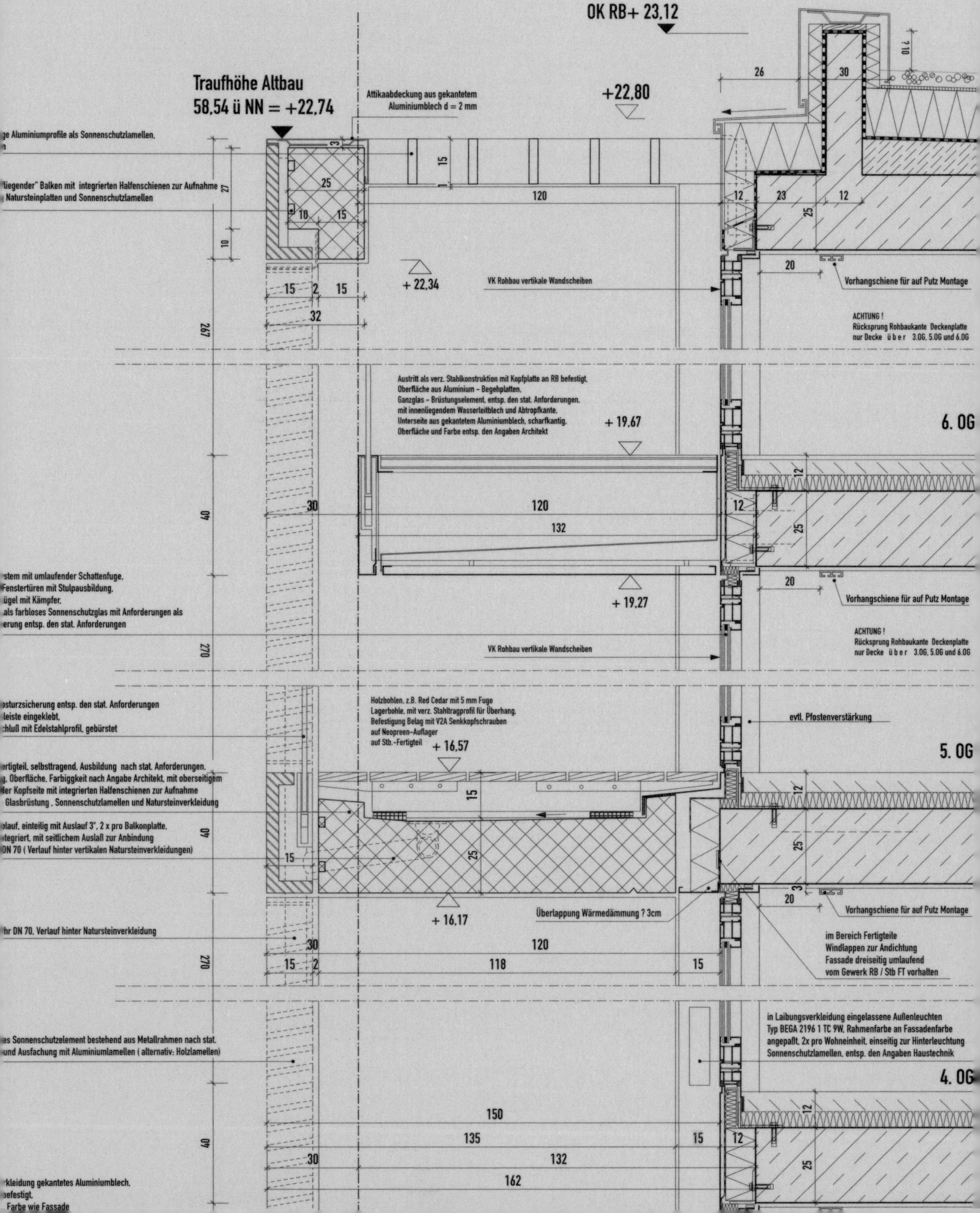
OK RB+ 23,12
Traufhöhe Altbau
58,54 ü NN = +22,74
Attikaabdeckung aus gekantetem
Aluminiumblech d = 2 mm
+22,80
ge Aluminiumprofile als Sonnenschutzlamellen,
'liegender" Balken mit integrierten Halfenschienen zur Aufnahme
Natursteinplatten und Sonnenschutzlamellen
+ 22,34
VK Rohbau vertikale Wandscheiben
Vorhangschiene für auf Putz Montage
ACHTUNG !
Rücksprung Rohbaukante Deckenplatte
nur Decke über 3.OG, 5.OG und 6.OG
Austritt als verz. Stahlkonstruktion mit Kopfplatte an RB befestigt,
Oberfläche aus Aluminium - Begehplatten,
Ganzglas - Brüstungselement, entsp. den stat. Anforderungen,
mit innenliegendem Wasserleitblech und Abtropfkante,
Unterseite aus gekantetem Aluminiumblech, scharfkantig,
Oberfläche und Farbe entsp. den Angaben Architekt
+ 19,67
6. OG
+ 19,27
stem mit umlaufender Schattenfuge,
Fenstertüren mit Stulpausbildung,
ügel mit Kämpfer,
als farbloses Sonnenschutzglas mit Anforderungen als
erung entsp. den stat. Anforderungen
VK Rohbau vertikale Wandscheiben
Vorhangschiene für auf Putz Montage
ACHTUNG !
Rücksprung Rohbaukante Deckenplatte
nur Decke über 3.OG, 5.OG und 6.OG
sturzsicherung entsp. den stat. Anforderungen
leiste eingeklebt,
chluß mit Edelstahlprofil, gebürstet
Holzbohlen, z.B. Red Cedar mit 5 mm Fuge
Lagerbohle, mit verz. Stahltragprofil für Überhang,
Befestigung Belag mit V2A Senkkopfschrauben
auf Neopreen-Auflager
auf Stb.-Fertigteil
+ 16,57
evtl. Pfostenverstärkung
5. OG
ertigteil, selbsttragend, Ausbildung nach stat. Anforderungen,
, Oberfläche, Farbiggkeit nach Angabe Architekt, mit oberseitigem
der Kopfseite mit integrierten Halfenschienen zur Aufnahme
Glasbrüstung, Sonnenschutzlamellen und Natursteinverkleidung
lauf, einteilig mit Auslauf 3", 2 x pro Balkonplatte,
tegriert, mit seitlichem Auslaß zur Anbindung
DN 70 (Verlauf hinter vertikalen Natursteinverkleidungen)
+ 16,17
Überlappung Wärmedämmung ? 3cm
Vorhangschiene für auf Putz Montage
im Bereich Fertigteile
Windlappen zur Andichtung
Fassade dreiseitig umlaufend
vom Gewerk RB / Stb FT vorhalten
hr DN 70, Verlauf hinter Natursteinverkleidung
in Laibungsverkleidung eingelassene Außenleuchten
Typ BEGA 2196 1 TC 9W, Rahmenfarbe an Fassadenfarbe
angepaßt, 2x pro Wohneinheit, einseitig zur Hinterleuchtung
Sonnenschutzlamellen, entsp. den Angaben Haustechnik
es Sonnenschutzelement bestehend aus Metallrahmen nach stat.
und Ausfachung mit Aluminiumlamellen (alternativ: Holzlamellen)
4. OG
kleidung gekantetes Aluminiumblech,
befestigt,
Farbe wie Fassade

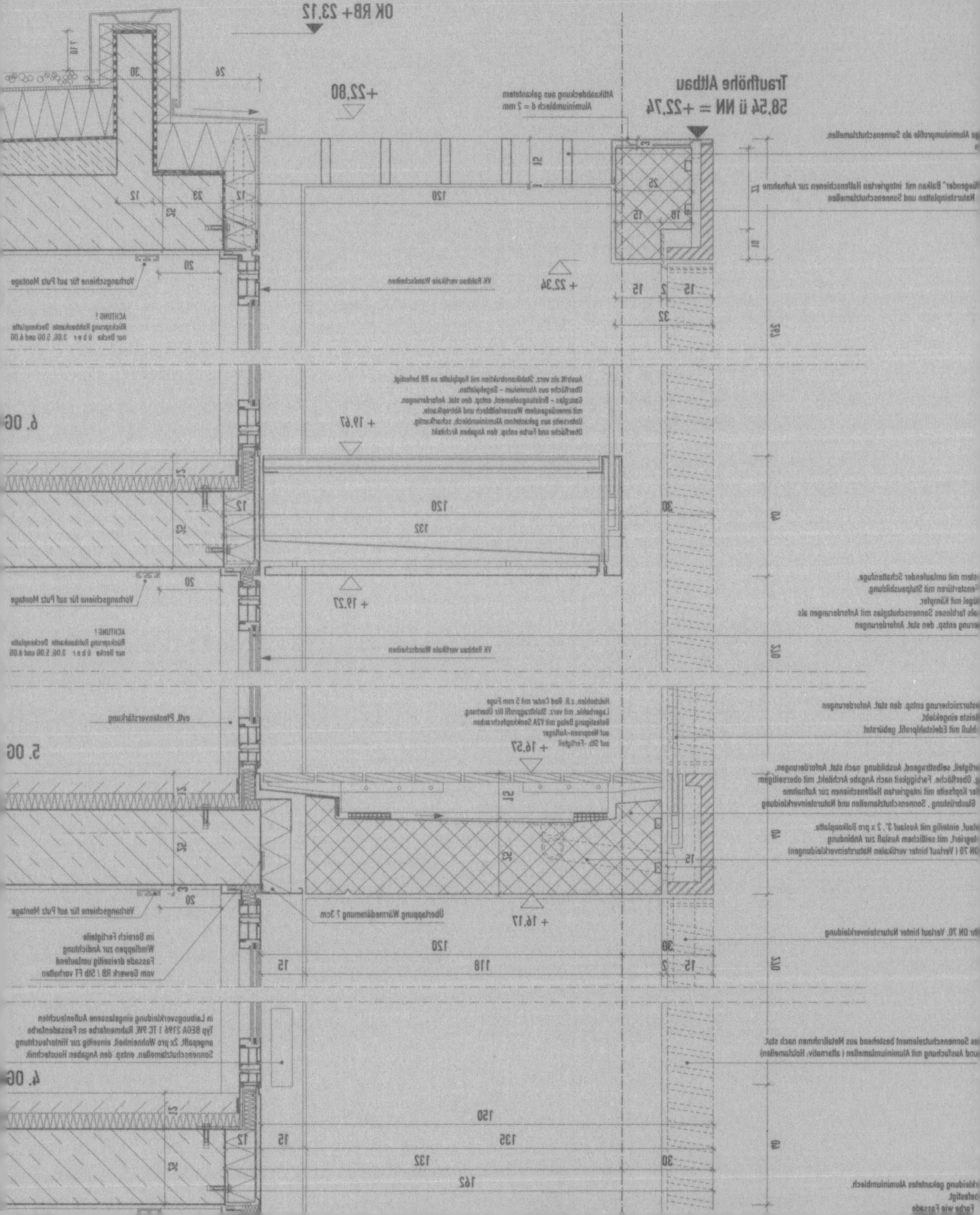
OK RB+ 23,12
+22,80
Traufhöhe Altbau
58,54 ü NN = +22,74
+ 22,34
6. OG
+ 19,67
+ 19,27
5. OG
+ 16,57
+ 16,17
4. OG

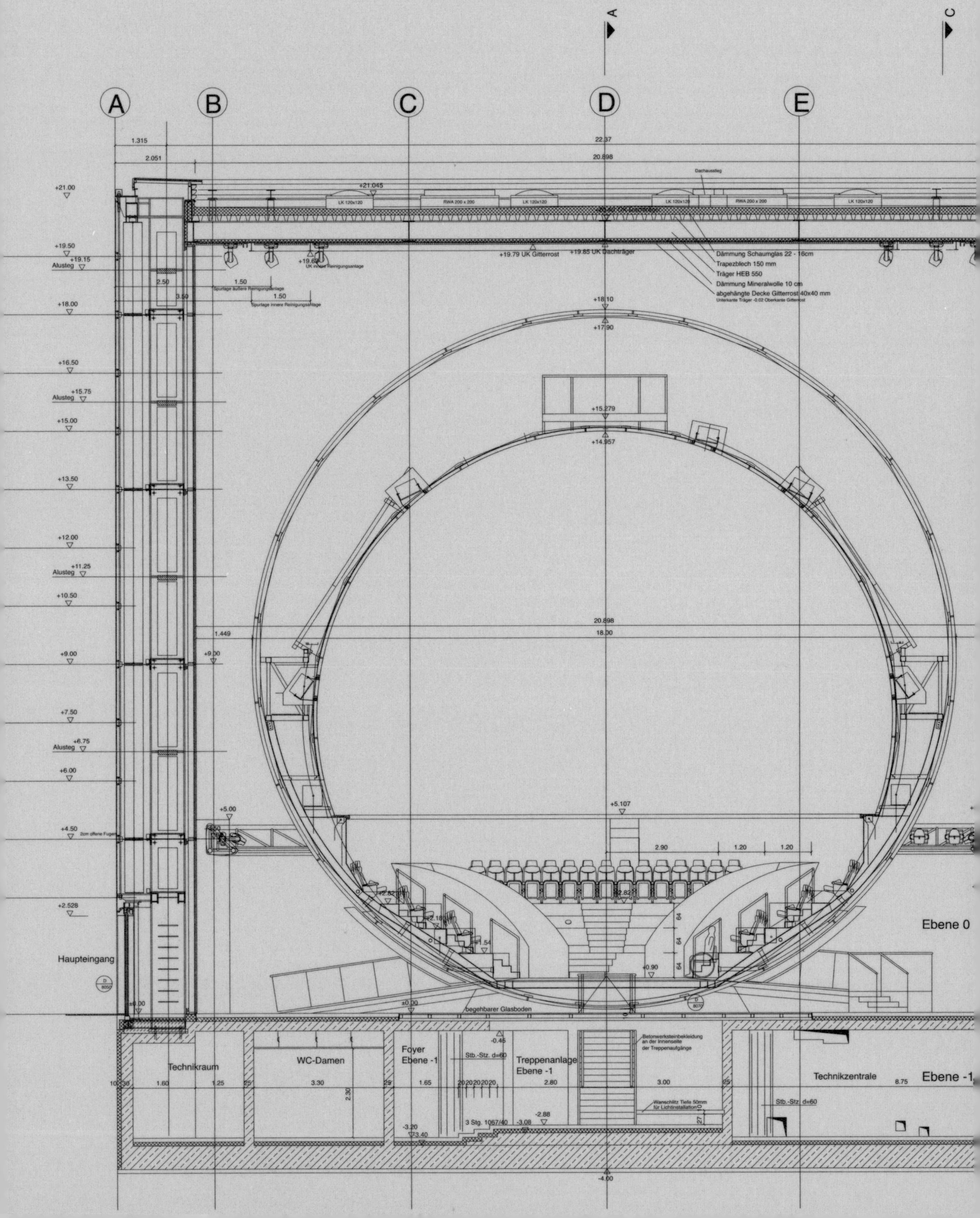
A
B
C
D
E
Dachausstieg
Dämmung Schaumglas 22 - 16cm
Trapezblech 150 mm
Träger HEB 550
Dämmung Mineralwolle 10 cm
abgehängte Decke Gitterrost 40x40 mm
+19.79 UK Gitterrost
+19.85 UK Dachträger
Alusteg
Haupteingang
begehbarer Glasboden
Ebene 0
Ebene -1
Technikraum
WC-Damen
Foyer Ebene -1
Treppenanlage Ebene -1
Technikzentrale
Stb.-Stz. d=60
Betonwerksteinbekleidung an der Innenseite der Treppenaufgänge
Wanschlitz Tiefe 50mm für Lichtinstallation
3 Stg. 1067/40

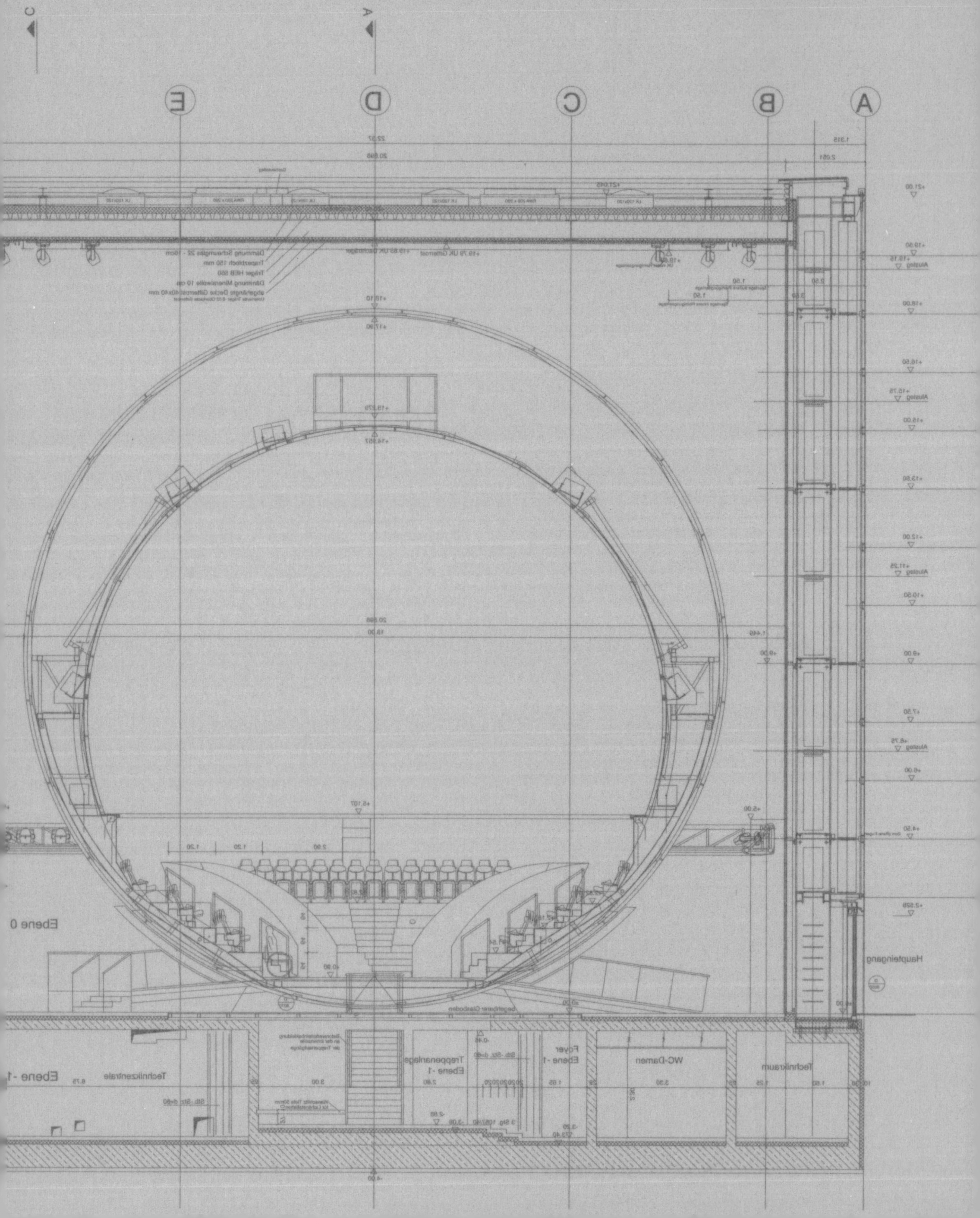
E
D
C
B
A
Ebene 0
Ebene -1
Haupteingang
Technikzentrale
Treppenanlage Ebene -1
Foyer Ebene -1
WC-Damen
Technikraum
begehbarer Glasboden

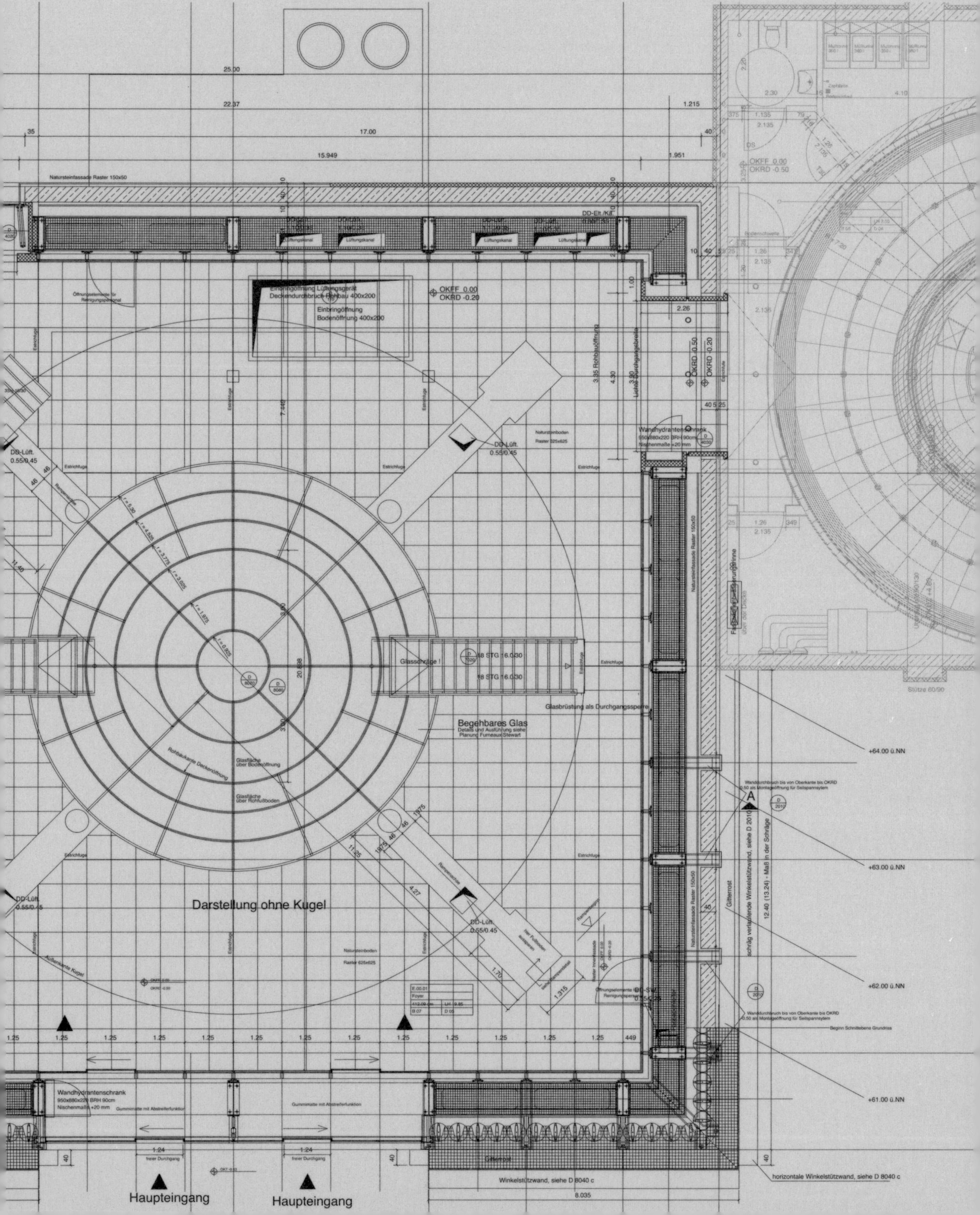

Natursteinfassade Raster 150x50
Lüftungskanal
DD-Elt./KE
Öffnungselemente für Reinigungspersonal
Einbringöffnung Lüftungsgerät
Deckendurchbruch Rohbau 400x200
Einbringöffnung
Bodenöffnung 400x200
OKFF 0.00
OKRD -0.20
3.35 Rohbauöffnung
Lichte Durchgangsbreite
Estrichfuge
DD-Lüft. 0.55/0.45
Natursteinboden Raster 625x625
Wandhydrantenschrank
Glasschräge !
18 STG 16.0/30
Glasbrüstung als Durchgangssperre
Begehbares Glas
Details und Ausführung siehe Planung Furneaux Stewart
Rohbaukante Deckenöffnung
Glasfläche über Bodenöffnung
Glasfläche über Rohfußboden
Rampenachse
Darstellung ohne Kugel
Außenkante Kugel
Natursteinfassade Raster 150x50
Gitterrost
schräg verlaufende Winkelstützwand, siehe D 2010
12.40 (13.24) - Maß in der Schräge
+64.00 ü.NN
+63.00 ü.NN
+62.00 ü.NN
+61.00 ü.NN
Beginn Schnittebene Grundriss
horizontale Winkelstützwand, siehe D 8040 c
Winkelstützwand, siehe D 8040 c
Gummimatte mit Abstreiferfunktion
freier Durchgang
Haupteingang
Haupteingang
Stütze 60/90

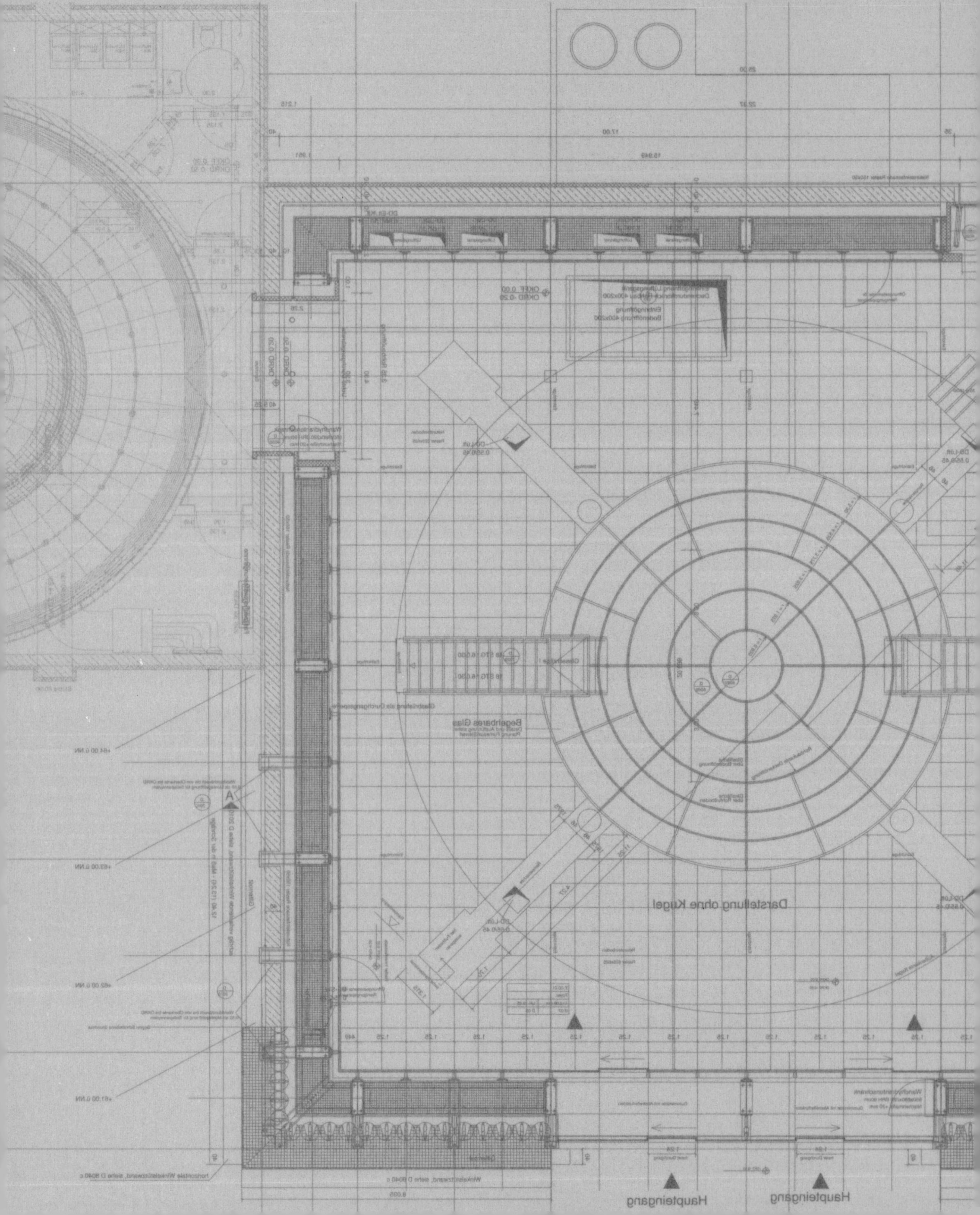
Begehbares Glas
Darstellung ohne Kugel
Haupteingang
Haupteingang

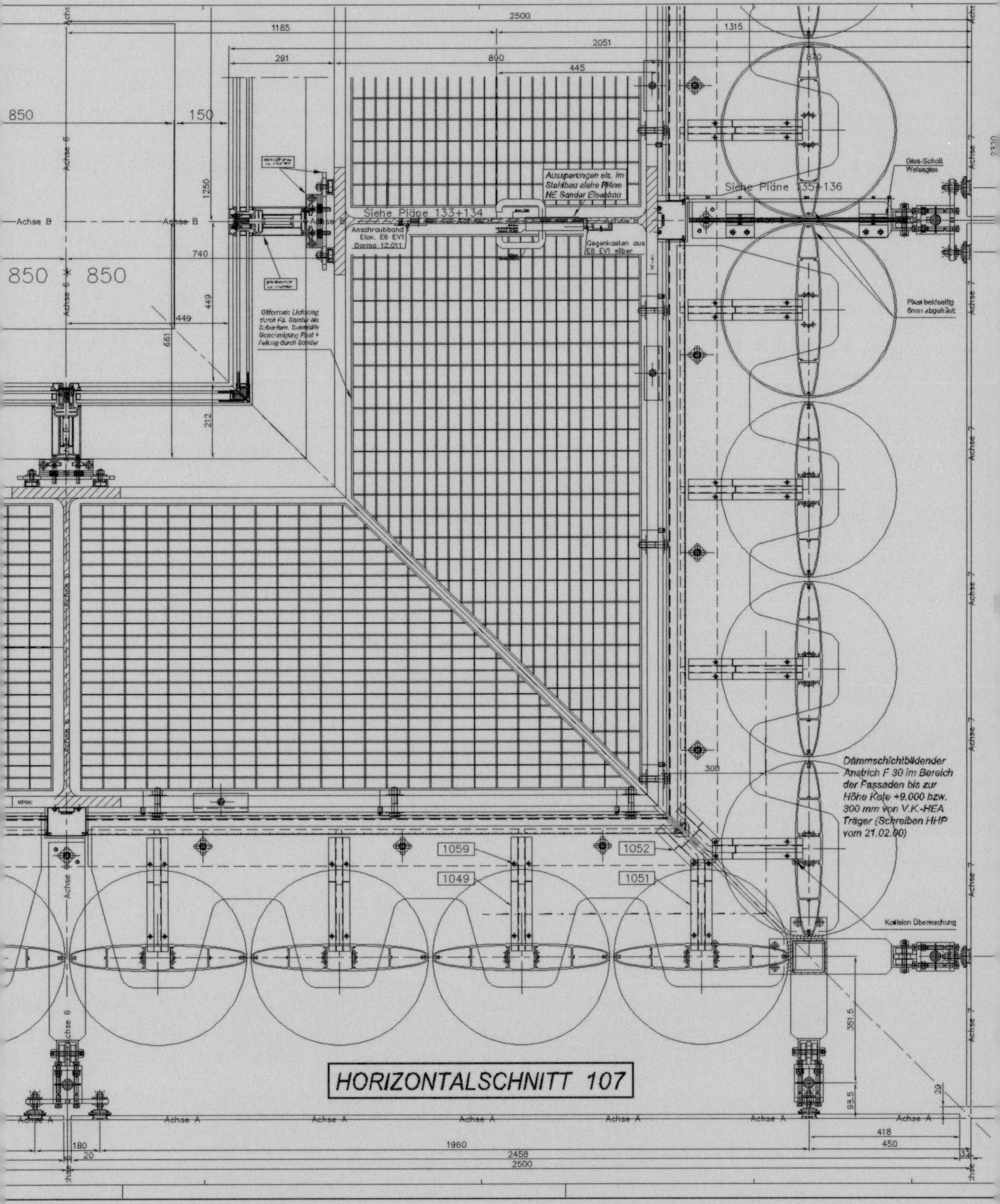

HORIZONTALSCHNITT 107
Siehe Pläne 133+134
Siehe Pläne 135+136
Aussparungen etc. im Stahlbau siehe Pläne NE Sander Elsenbau
Anschraubband Elox. E6 EV1 Dorma 12.011
Gegenkasten aus E6 EV1 silber
Glas-Scholl Weissglas
Pixel beidseitig 6mm abgefräst
Dämmschichtbildender Anstrich F 30 im Bereich der Fassaden bis zur Höhe Kote +9.000 bzw. 300 mm von V.K.-HEA Träger (Schreiben HHP vom 21.02.00)
Kollision Überwachung
Achse A
Achse B
Achse 6
Achse 7
850
150
850 * 850
1059
1049
1052
1051
2500
1185
2051
1315
2458
1960

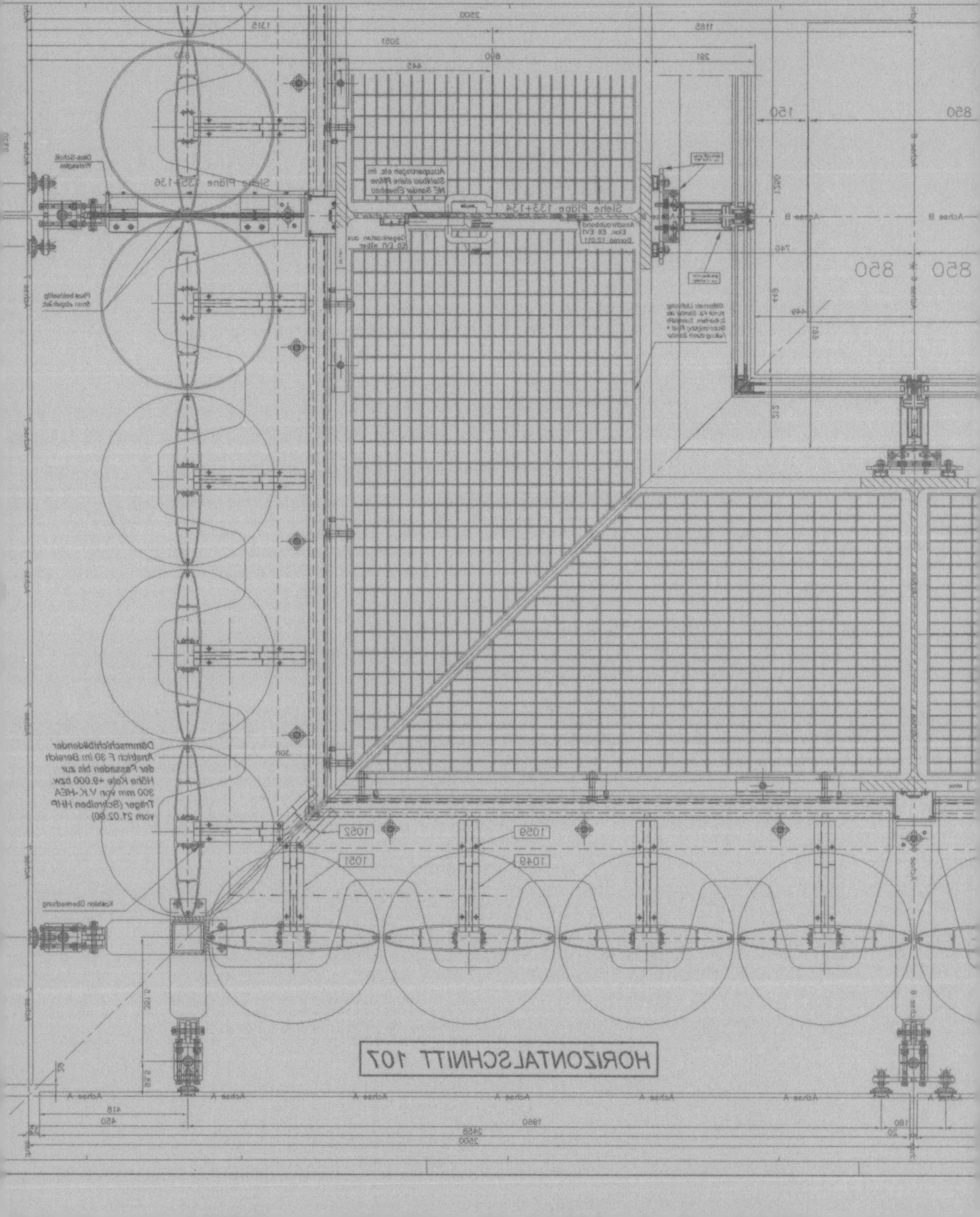
HORIZONTALSCHNITT 107
Siehe Pläne 133+134
Siehe Pläne 135+136
Dämmschichtbildender Anstrich F 30 im Bereich der Fassaden bis zur Höhe Kote +9.000 bzw. 300 mm von V.K.-HEA Träger (Schreiben HHP vom 21.02.00)
Aussparungen etc. im Stahlbau siehe Pläne NE Sander Eisenbau
Achse A
Achse B
850
850
850
150
2500
1185
2051
890
445
1052
1051
1059
1049
1960
2458
2500
450
418
180
20

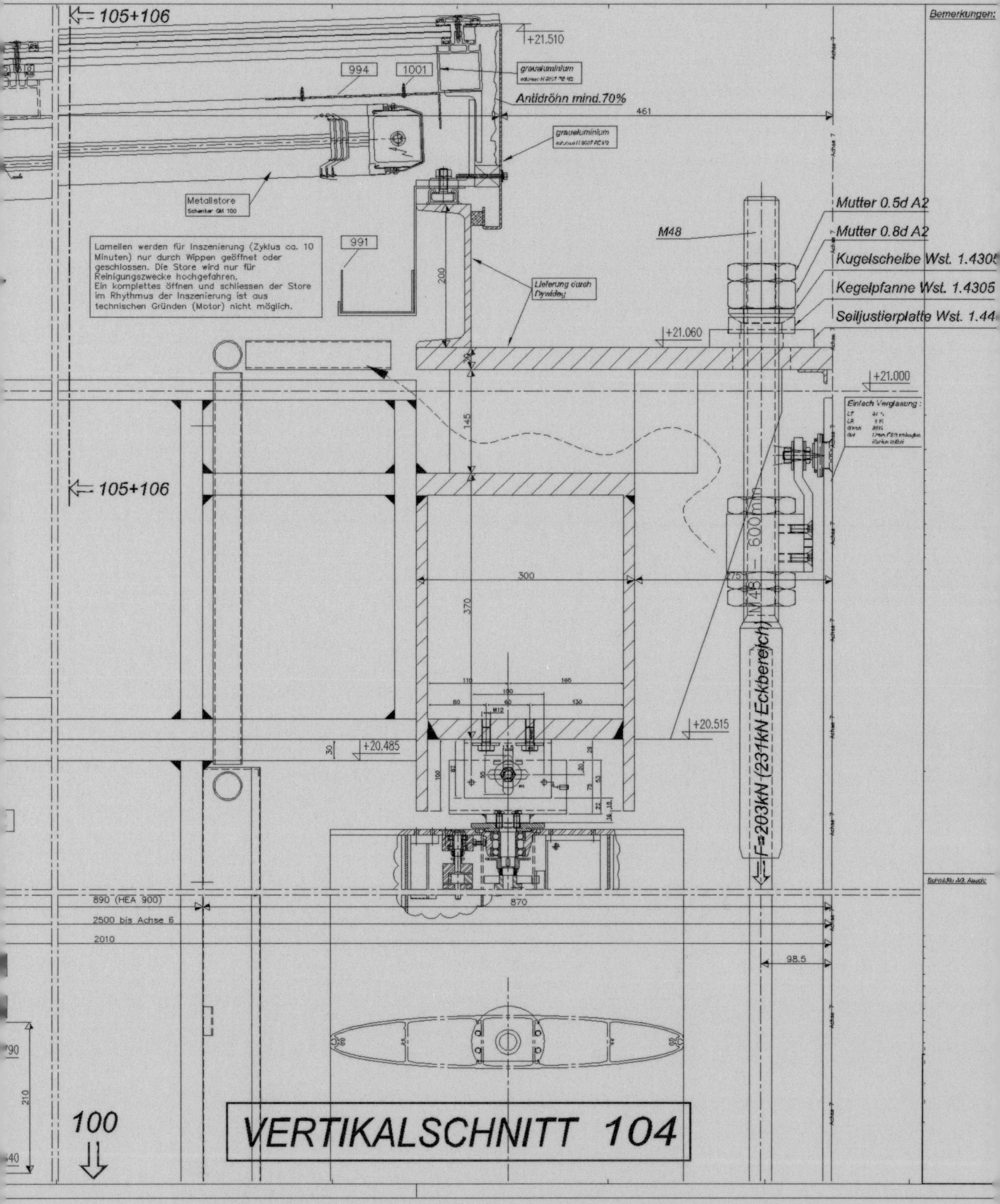
105+106
+21.510
994
1001
graualuminium
Antidröhn mind.70%
461
graualuminium
Metallstore
Schenker GM 100
Lamellen werden für Inszenierung (Zyklus ca. 10 Minuten) nur durch Wippen geöffnet oder geschlossen. Die Store wird nur für Reinigungszwecke hochgefahren.
Ein komplettes öffnen und schliessen der Store im Rhythmus der Inszenierung ist aus technischen Gründen (Motor) nicht möglich.
991
200
Lieferung durch Dywidag
M48
Mutter 0.5d A2
Mutter 0.8d A2
Kugelscheibe Wst. 1.4305
Kegelpfanne Wst. 1.4305
Seiljustierplatte Wst. 1.44
+21.060
+21.000
Einfach Verglasung :
145
105+106
600mm
300
275
M48
370
F=203kN (231kN Eckbereich)
+20.515
30
+20.485
M12
870
890 (HEA 900)
2500 bis Achse 6
2010
98.5
Bemerkungen:
100
VERTIKALSCHNITT 104

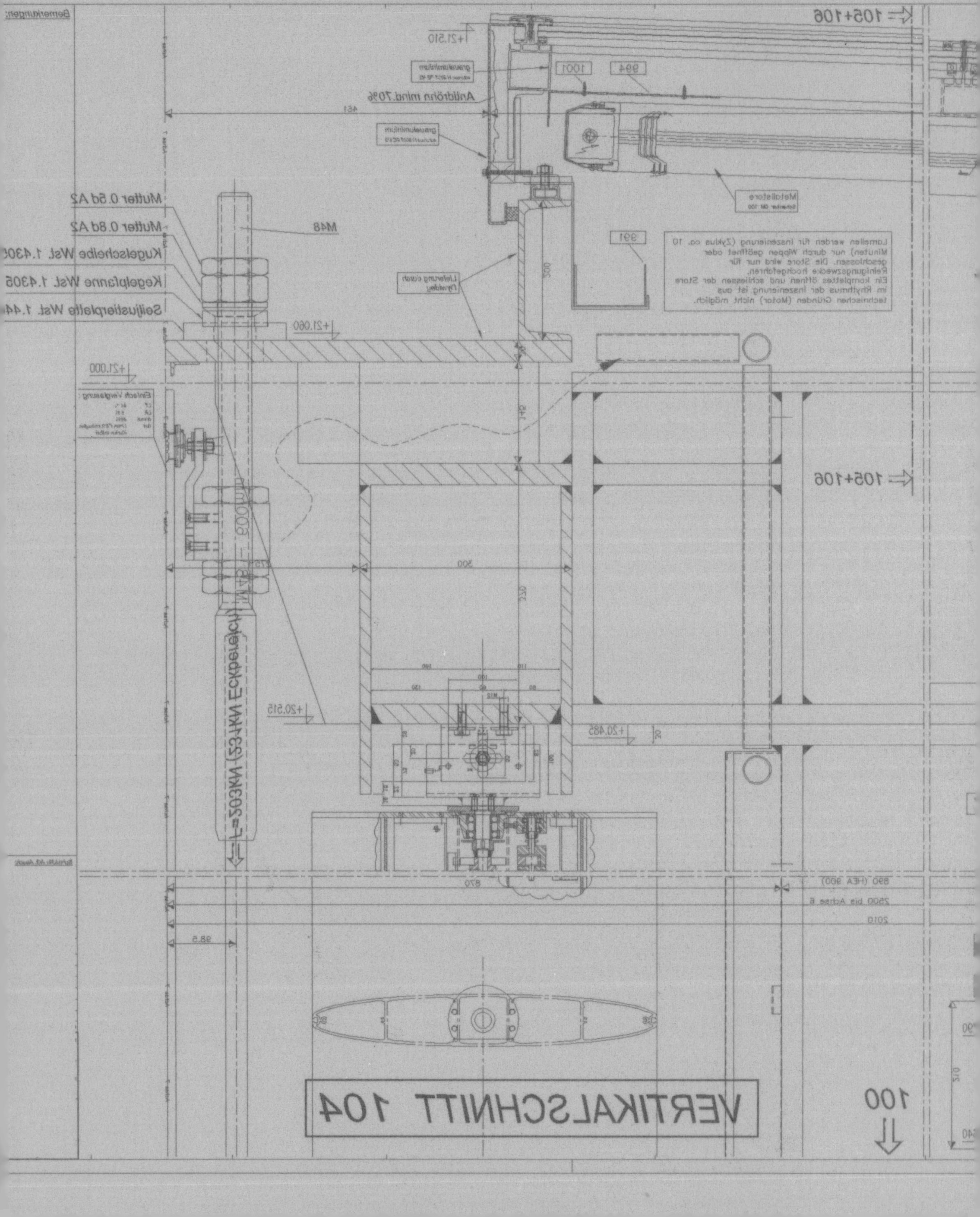
VERTIKALSCHNITT 104
Mutter 0.5d A2
Mutter 0.8d A2
Kegelpfanne Wst. 1.4305
M48
Metallstore
105+106
100
+21.510
+21.060
+21.000
+20.515
+20.485
500
890 (HEA 900)
2500 bis Achse 6
2010

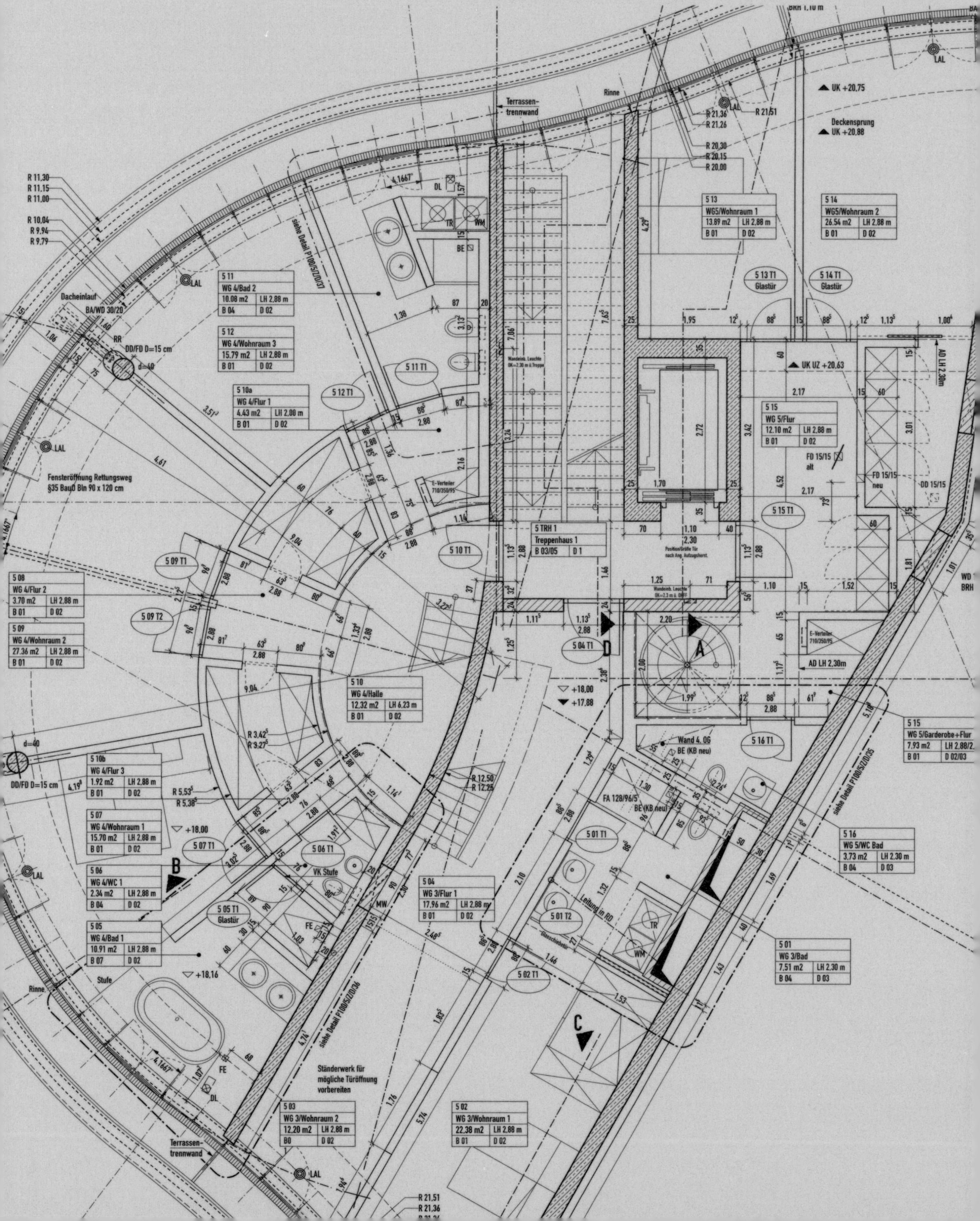
5 13
WG5/Wohnraum 1
13,69 m2 LH 2,88 m
5 14
WG5/Wohnraum 2
26,54 m2 LH 2,88 m
5 11
WG 4/Bad 2
10,08 m2 LH 2,88 m
5 12
WG 4/Wohnraum 3
15,79 m2 LH 2,88 m
5 10a
WG 4/Flur 1
4,43 m2 LH 2,00 m
5 15
WG 5/Flur
12,10 m2 LH 2,88 m
5 TRH 1
Treppenhaus 1
5 08
WG 4/Flur 2
3,70 m2 LH 2,88 m
5 09
WG 4/Wohnraum 2
27,36 m2 LH 2,88 m
5 10
WG 4/Halle
12,32 m2 LH 6,23 m
5 15
WG 5/Garderobe+Flur
7,93 m2
5 10b
WG 4/Flur 3
1,92 m2 LH 2,88 m
5 07
WG 4/Wohnraum 1
15,70 m2 LH 2,88 m
5 06
WG 4/WC 1
2,34 m2 LH 2,88 m
5 05
WG 4/Bad 1
10,91 m2 LH 2,88 m
5 04
WG 3/Flur 1
17,96 m2 LH 2,88 m
5 16
WG 5/WC Bad
3,73 m2 LH 2,30 m
5 01
WG 3/Bad
7,51 m2 LH 2,30 m
5 03
WG 3/Wohnraum 2
12,20 m2 LH 2,88 m
5 02
WG 3/Wohnraum 1
22,38 m2 LH 2,88 m
Terrassen-trennwand
Fensteröffnung Rettungsweg §35 BauO Bln 90 x 120 cm
Ständerwerk für mögliche Türöffnung vorbereiten
Dacheinlauf
Deckensprung
Rinne

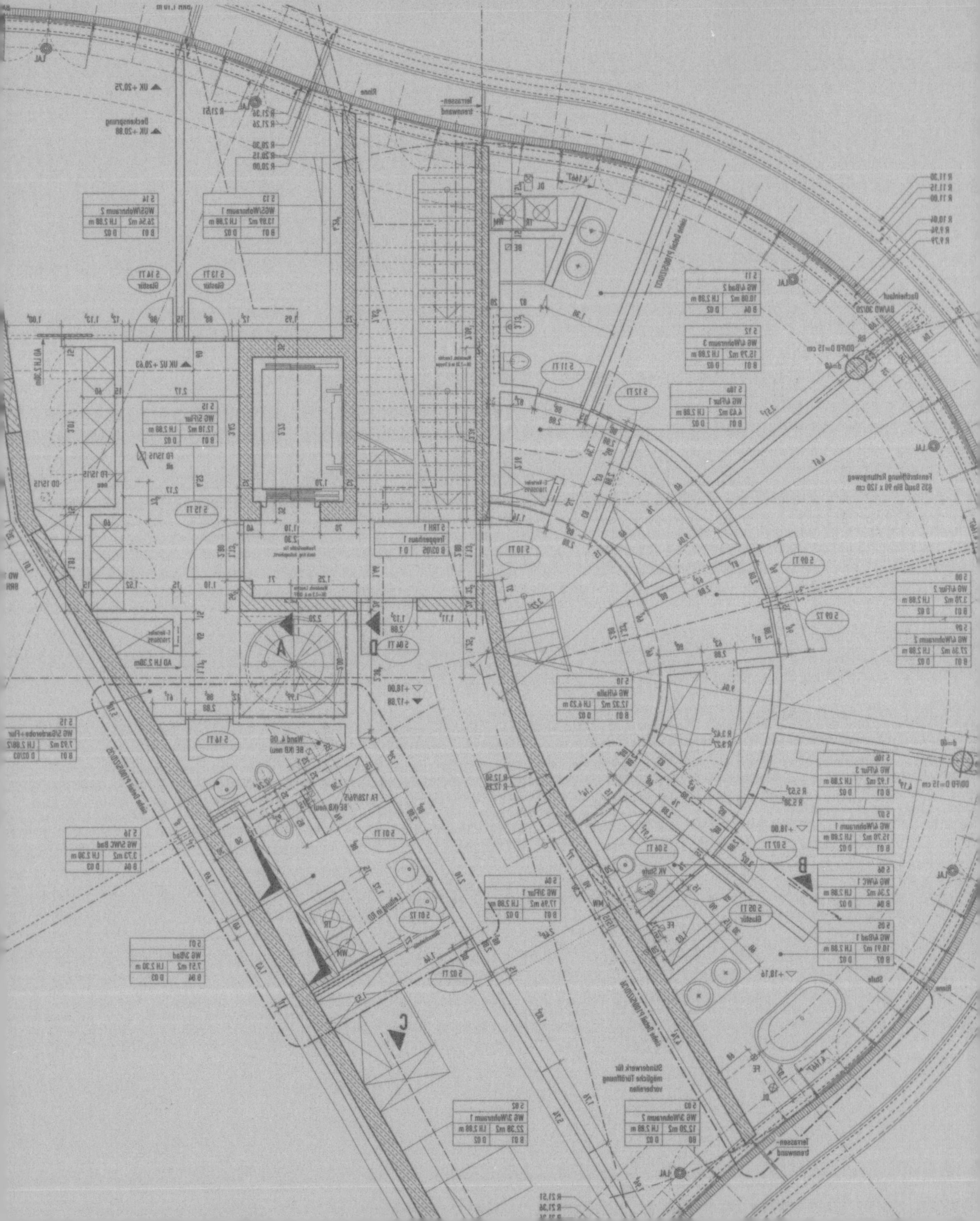

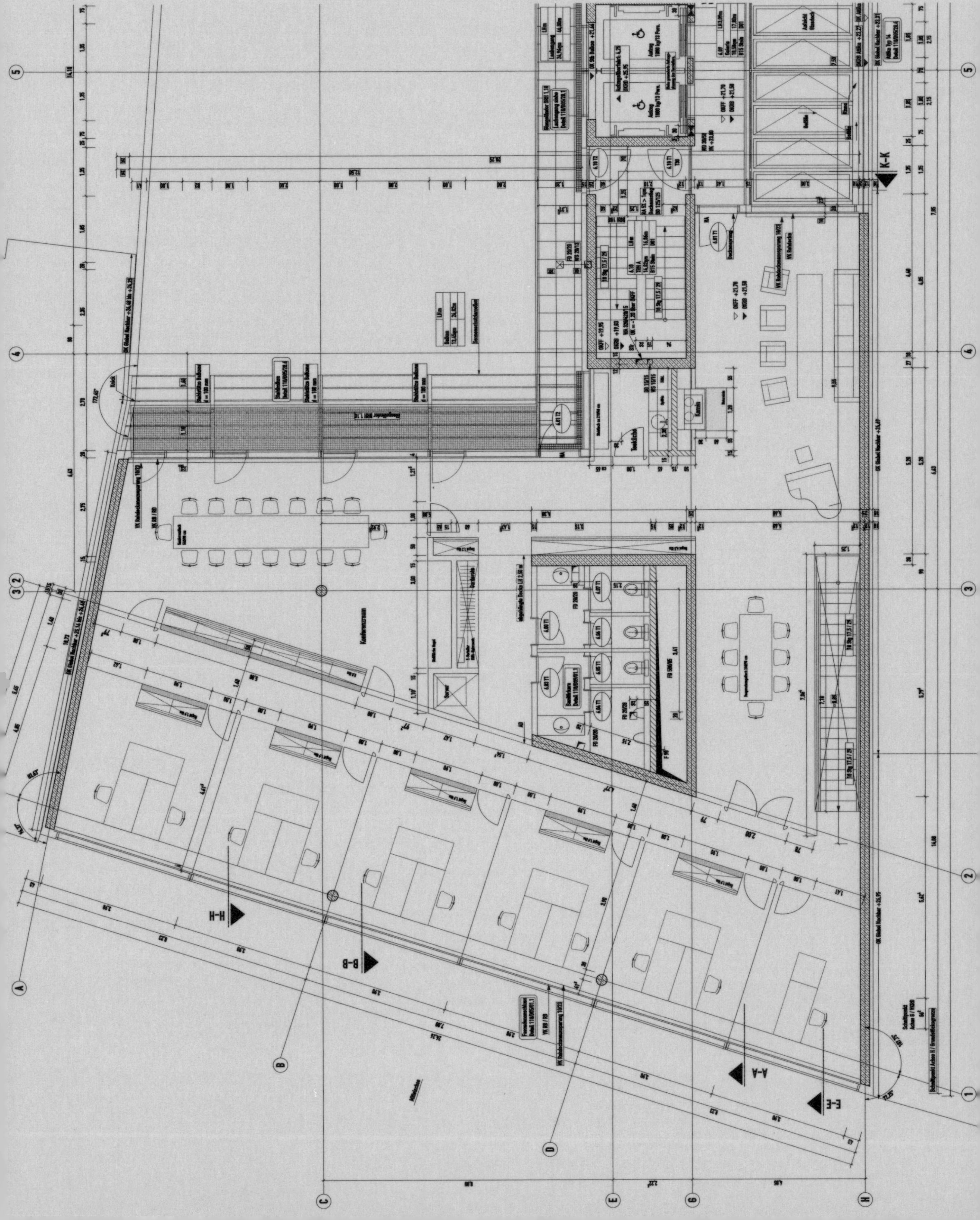

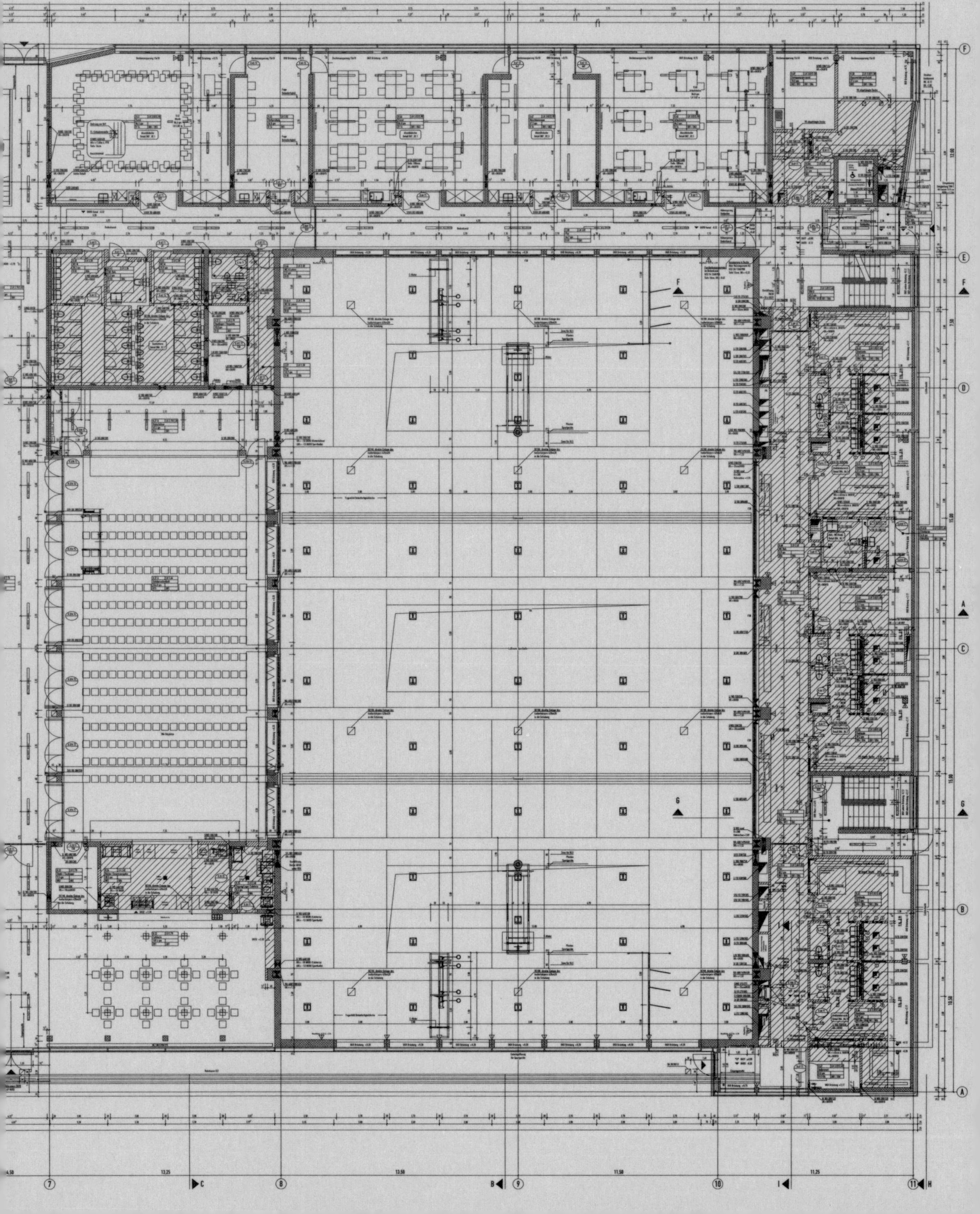
F
E
D
C
B
A
7
8
9
10
11
13,25
13,50
11,50
11,25

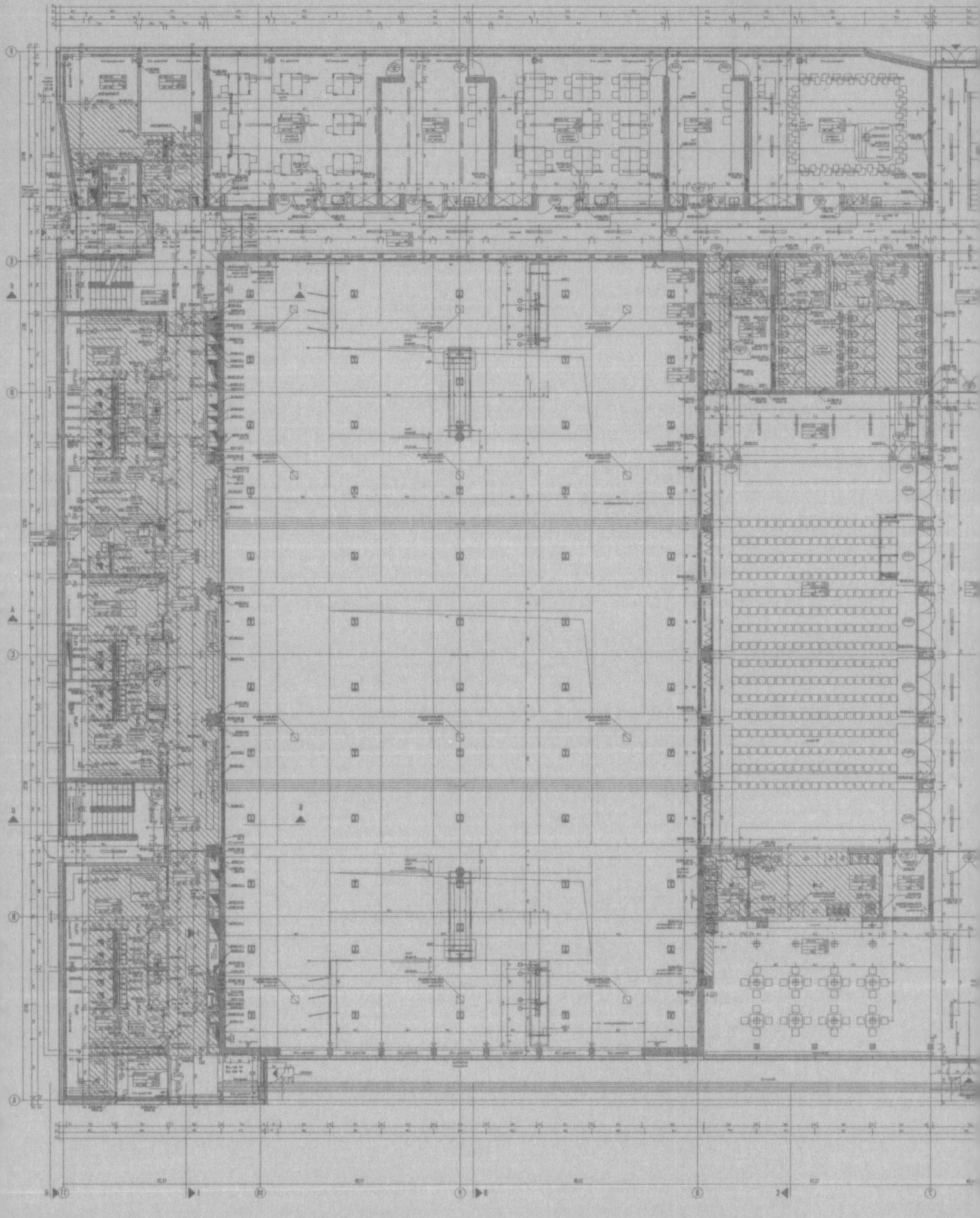

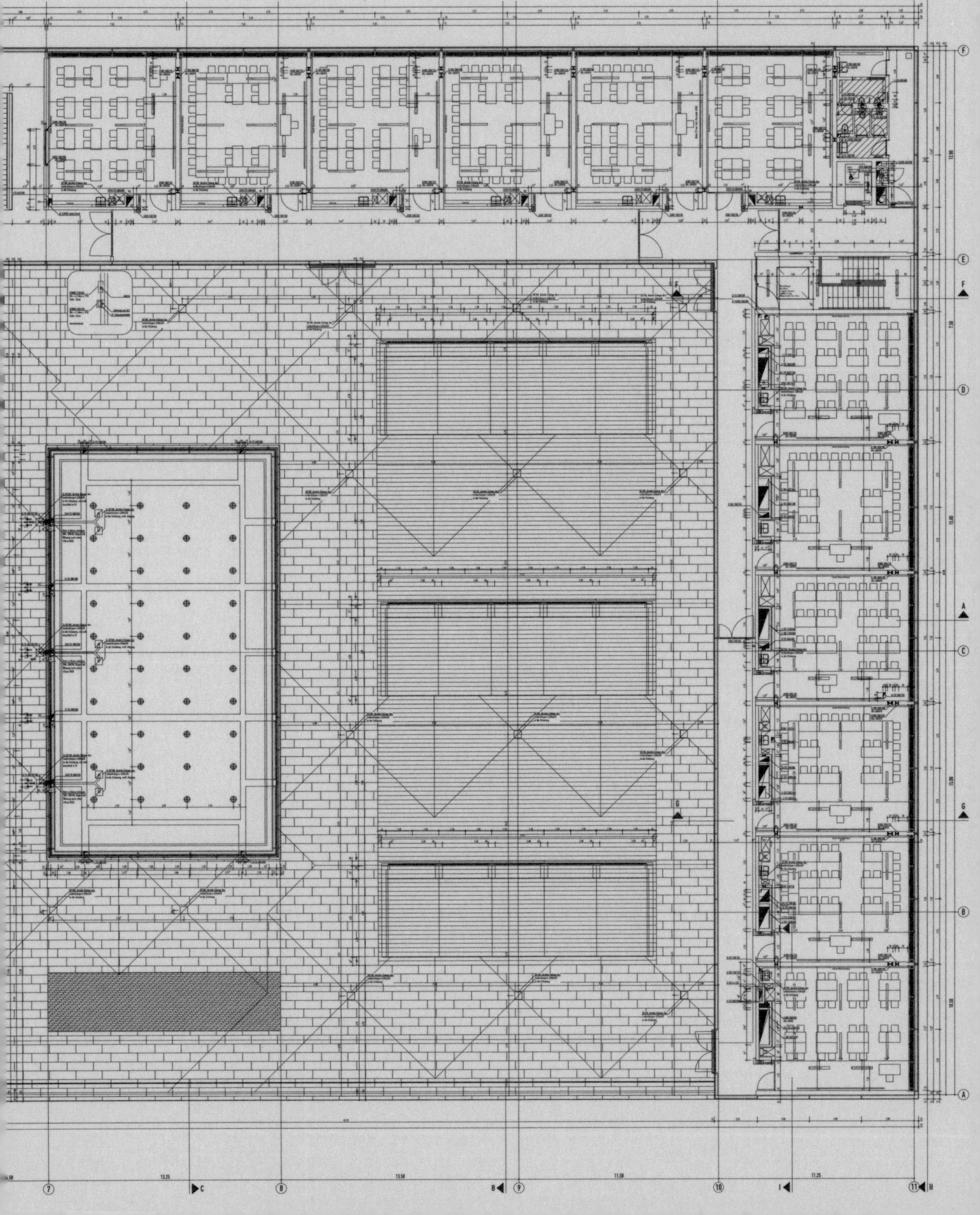

F
E
D
C
B
A
F
G
12.00
7.50
15.00
15.00
10.50
13.25
13.50
11.50
11.25
7
C
8
B
9
10
I
11
H

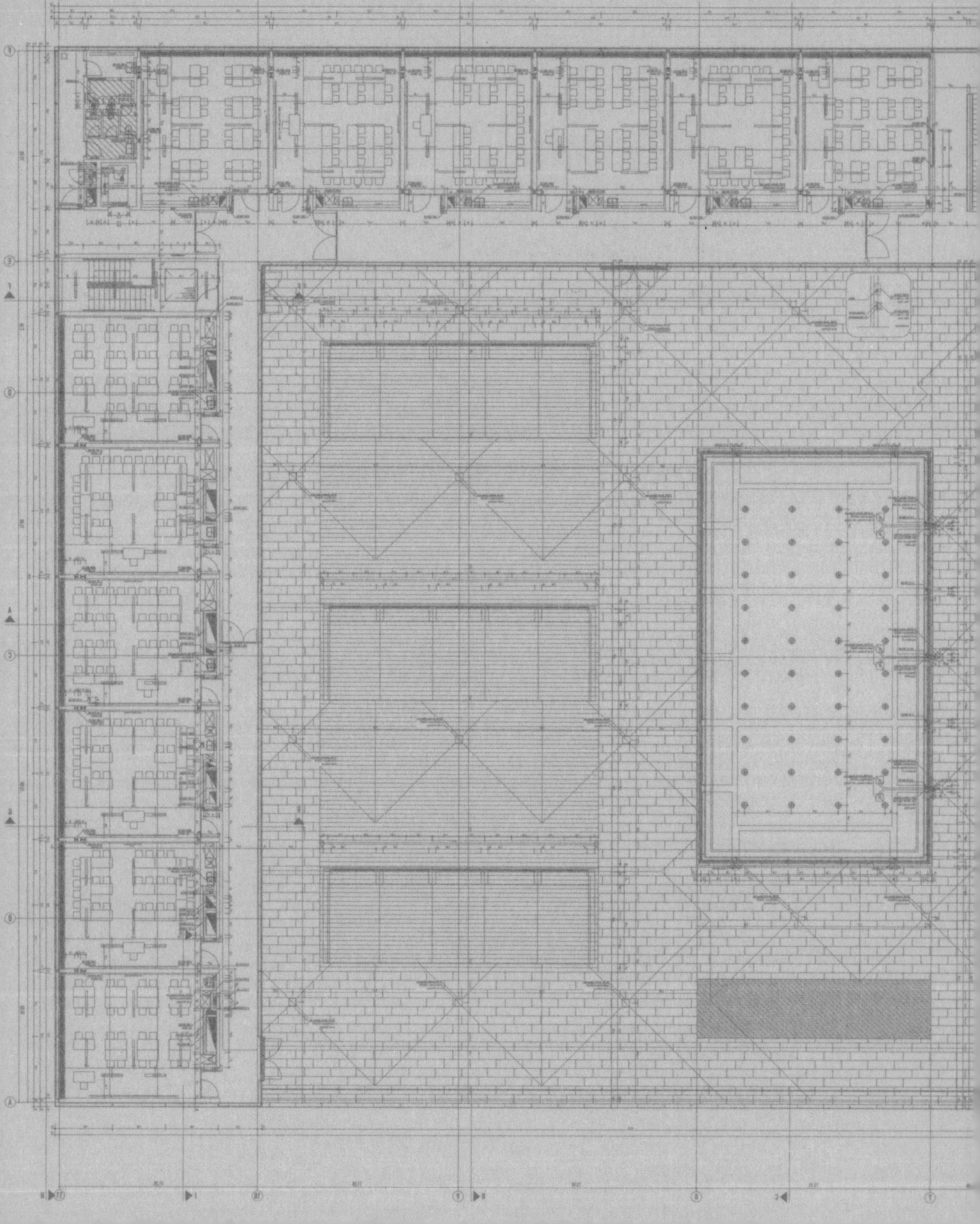

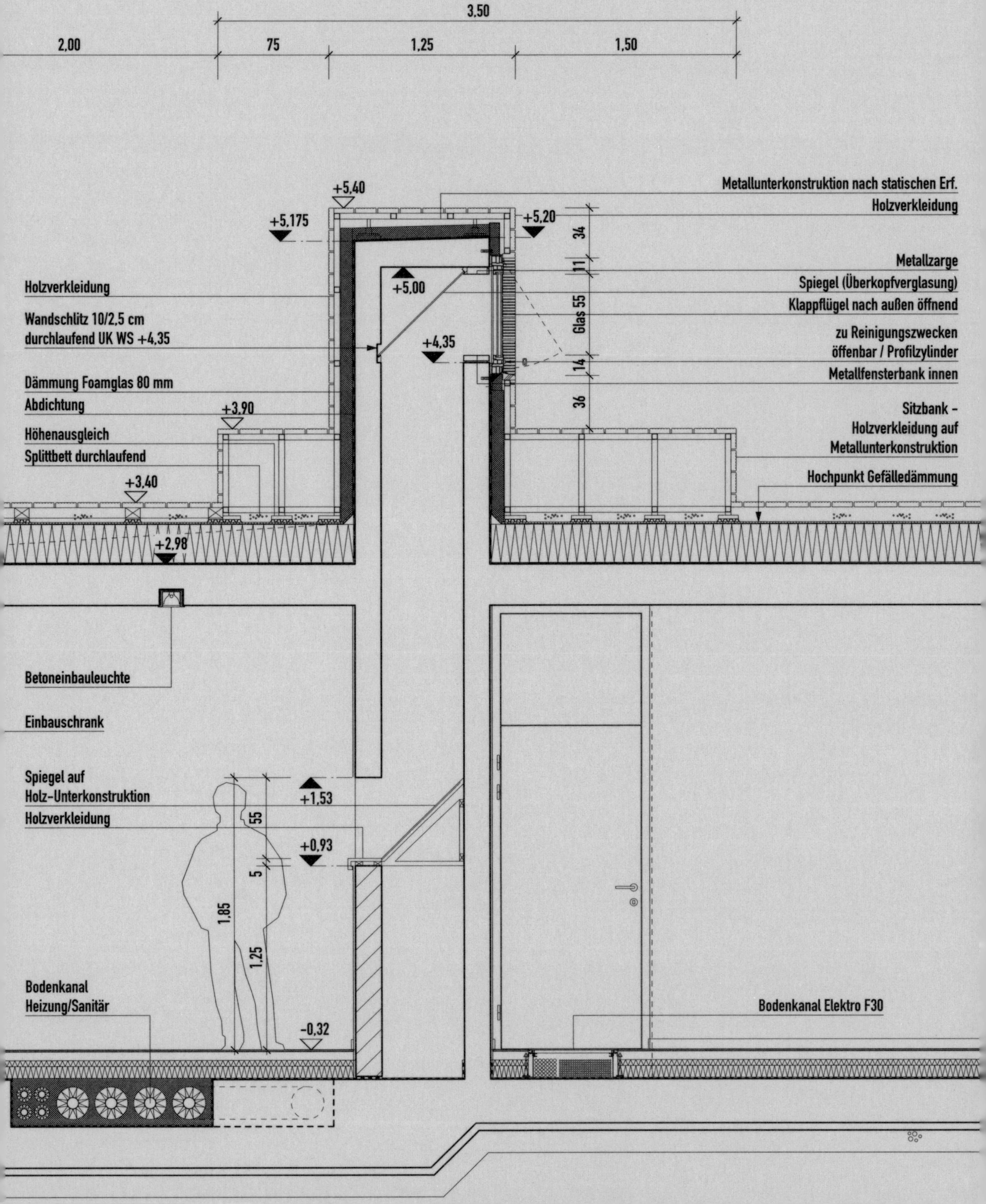
3,50
2,00
75
1,25
1,50
Metallunterkonstruktion nach statischen Erf.
Holzverkleidung
+5,40
+5,175
+5,20
34
Metallzarge
Spiegel (Überkopfverglasung)
Klappflügel nach außen öffnend
zu Reinigungszwecken
öffenbar / Profilzylinder
Metallfensterbank innen
Sitzbank -
Holzverkleidung auf
Metallunterkonstruktion
Hochpunkt Gefälledämmung
11
Glas 55
14
36
+5,00
+4,35
Holzverkleidung
Wandschlitz 10/2,5 cm
durchlaufend UK WS +4,35
Dämmung Foamglas 80 mm
Abdichtung
+3,90
Höhenausgleich
Splittbett durchlaufend
+3,40
+2,98
Betoneinbauleuchte
Einbauschrank
Spiegel auf
Holz-Unterkonstruktion
Holzverkleidung
+1,53
55
+0,93
5
1,85
1,25
Bodenkanal
Heizung/Sanitär
-0,32
Bodenkanal Elektro F30

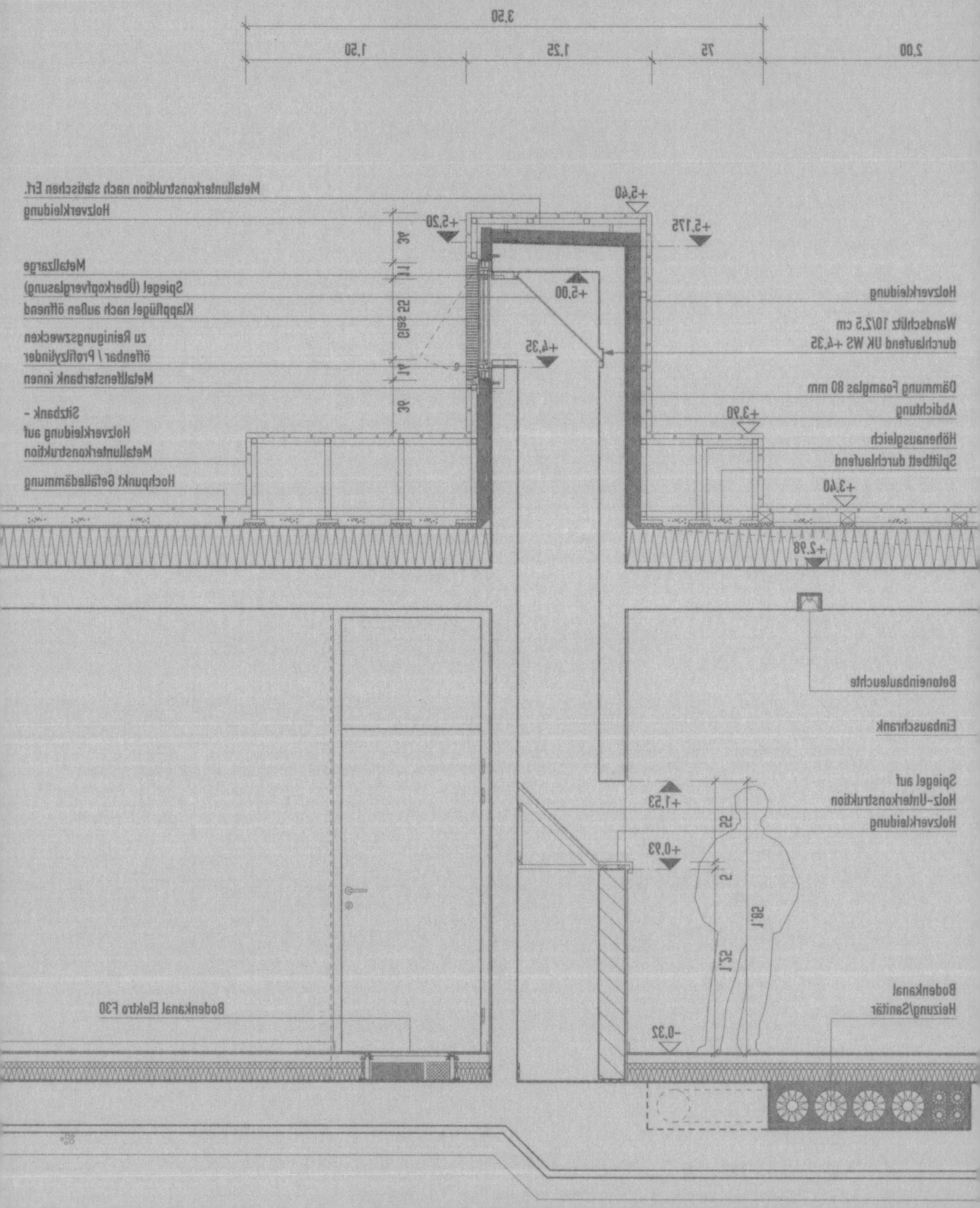
3,50
1,50
1,25
75
2,00
Metallunterkonstruktion nach statischen Erf.
Holzverkleidung
+5,40
+5,20
+5,175
+5,00
Metallzarge
Spiegel (Überkopfverglasung)
Klappflügel nach außen öffnend
zu Reinigungszwecken
öffenbar / Profilzylinder
Metallfensterbank innen
+4,35
Holzverkleidung
Wandschlitz 10/2,5 cm
durchlaufend UK WS +4,35
Dämmung Foamglas 80 mm
Abdichtung
+3,90
Sitzbank -
Holzverkleidung auf
Metallunterkonstruktion
Höhenausgleich
Splittbett durchlaufend
Hochpunkt Gefälledämmung
+3,40
+2,98
Betoneinbauleuchte
Einbauschrank
Spiegel auf
Holz-Unterkonstruktion
Holzverkleidung
+1,53
+0,93
Bodenkanal
Heizung/Sanitär
Bodenkanal Elektro F30
-0,32

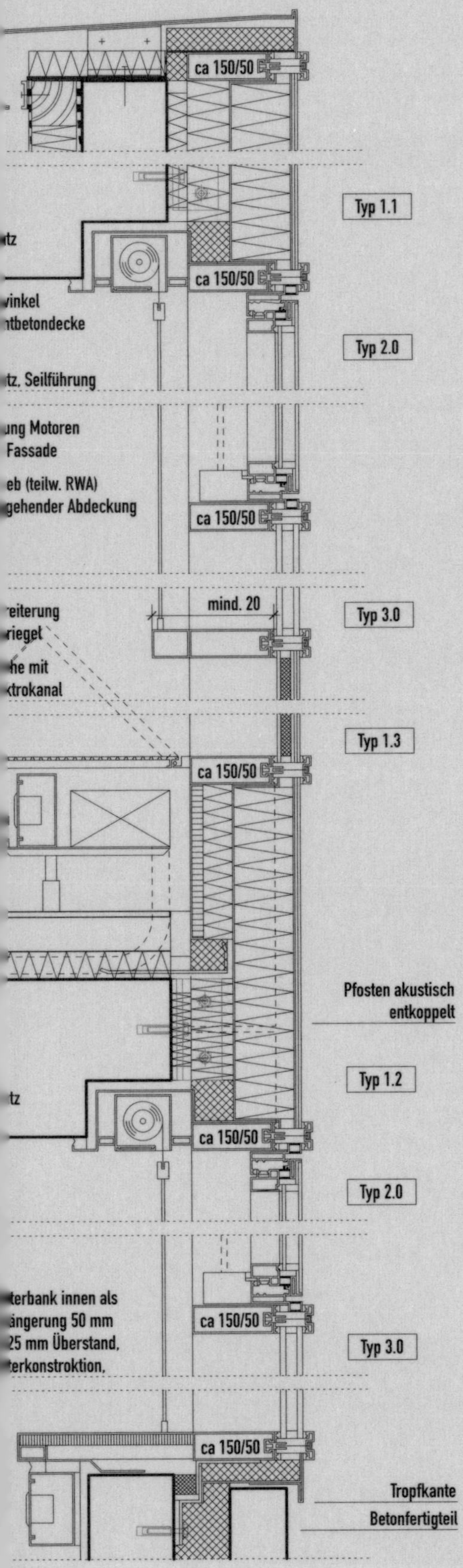

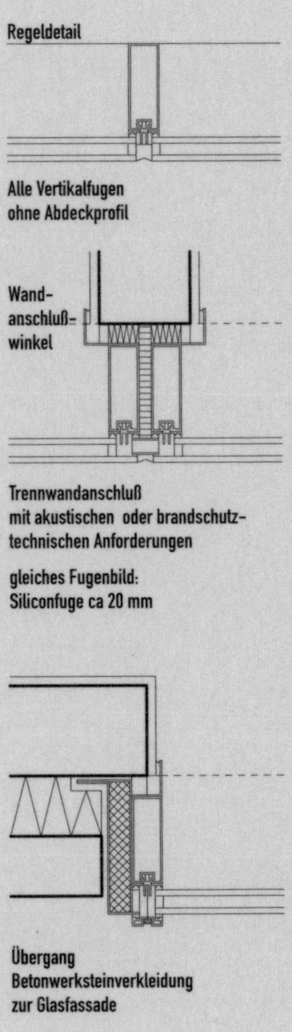

Grundrissausschnitte

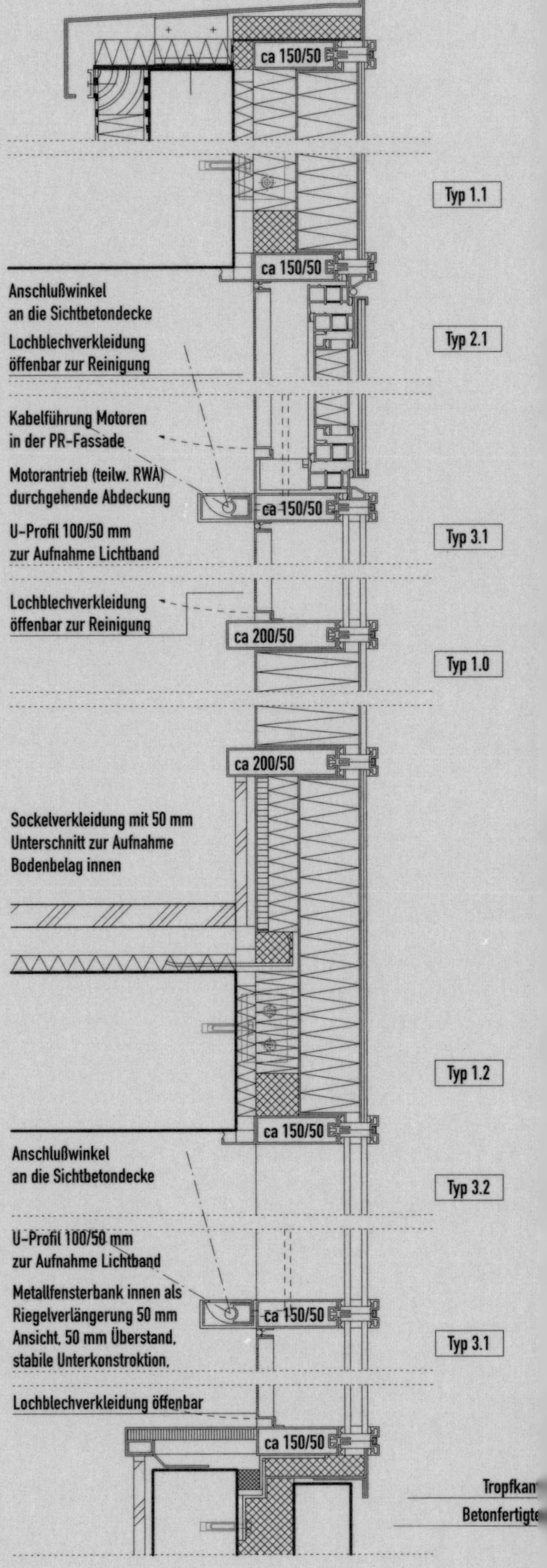

Klassenraumfassade
2-geschossig M 1:10
(Prinzipdarstellungen - baupyhysikalische
und statische Anforderungen gemäß LV)

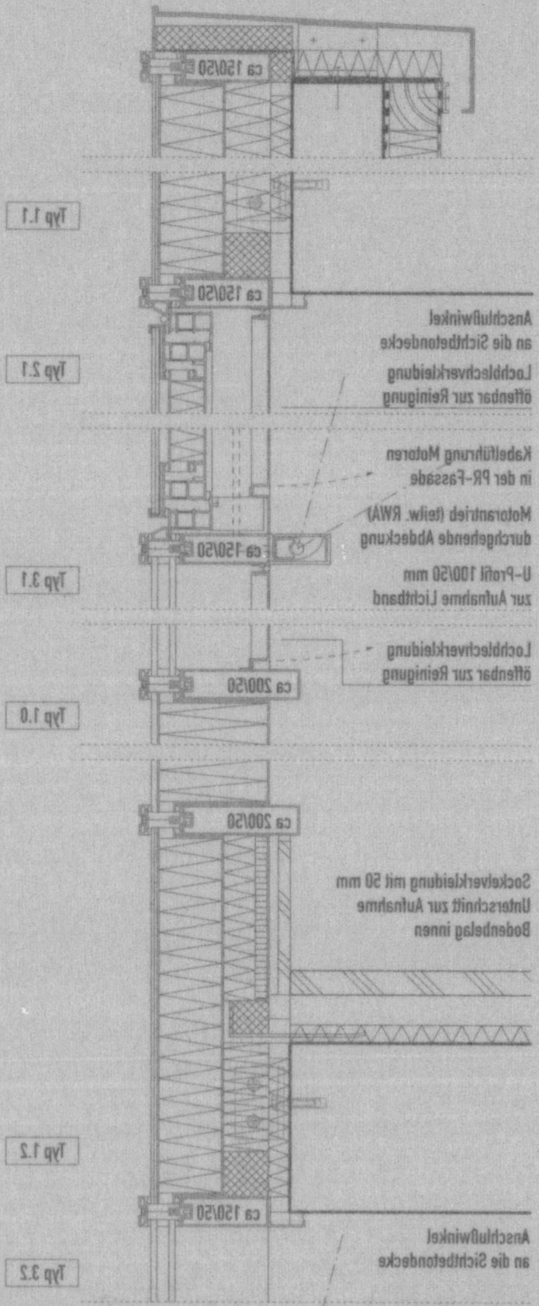

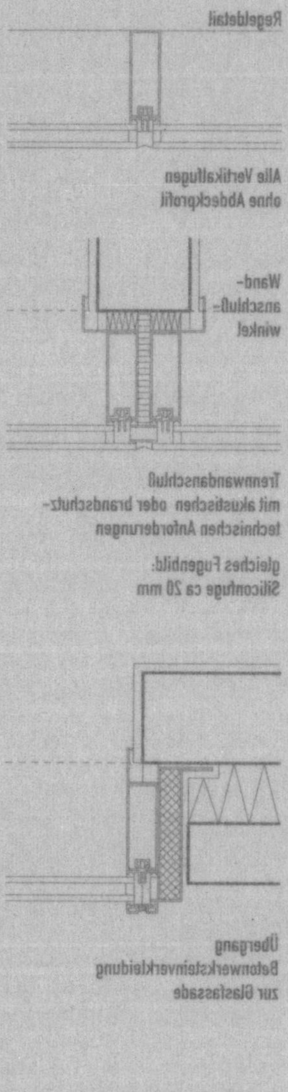

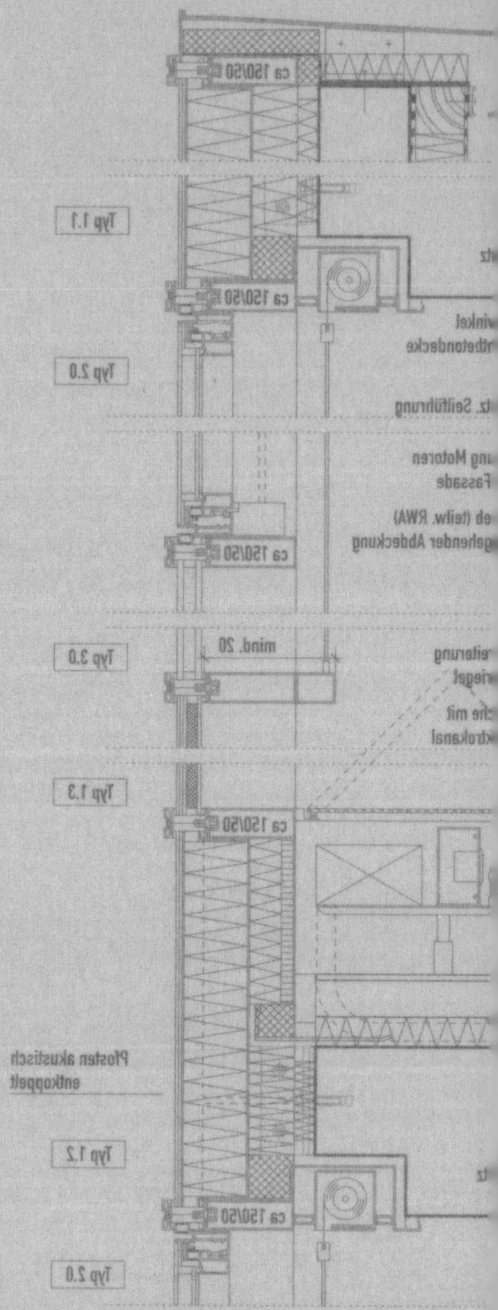

Klassenraumfassade

2-geschossig M 1:10

(Prinzipdarstellungen – bauphysikalische und statische Anforderungen gemäß LV)

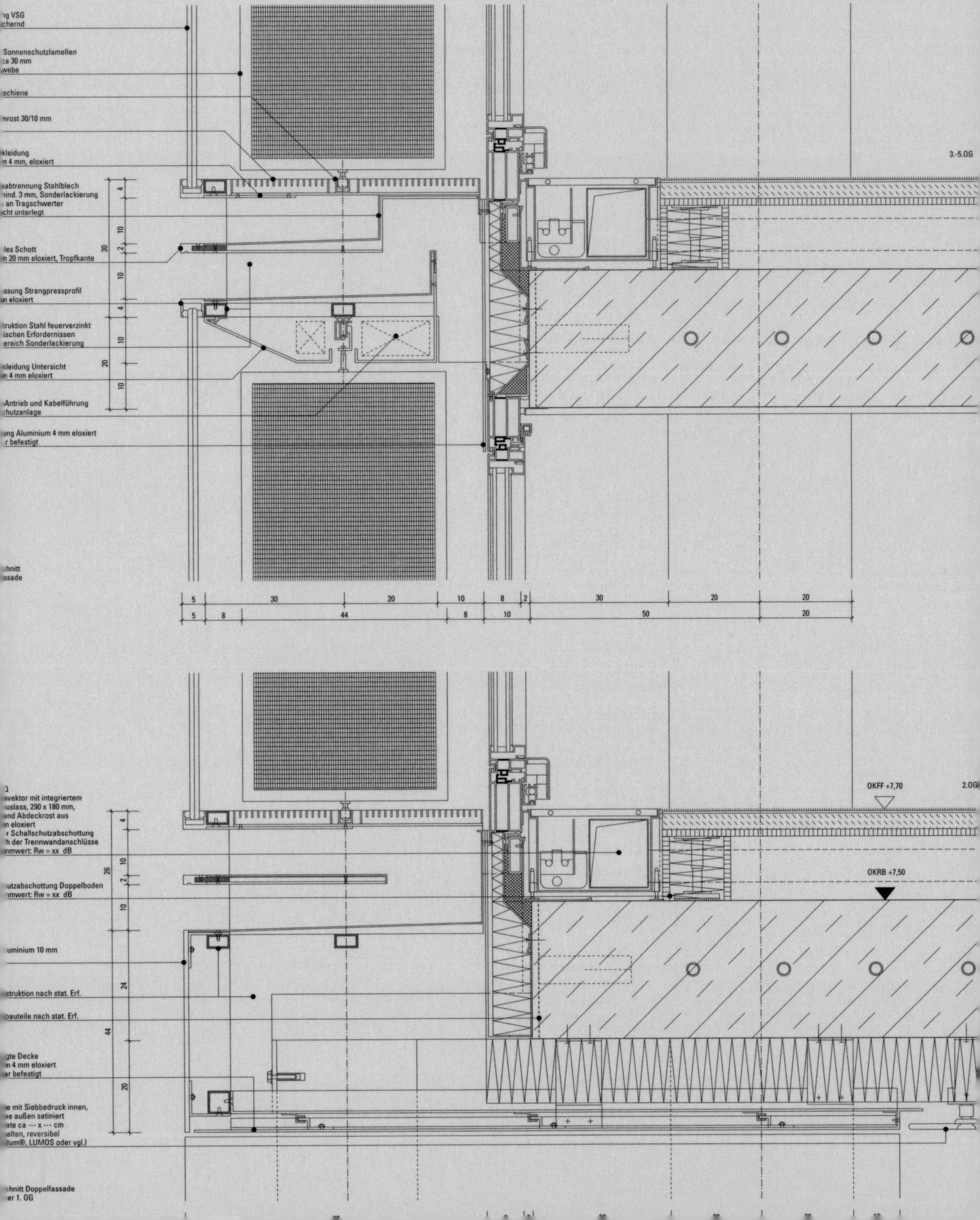
ng VSG
chernd
Sonnenschutzlamellen
ca 30 mm
webe
schiene
nrost 30/10 mm
kleidung
n 4 mm, eloxiert
sabtrennung Stahlblech
nind. 3 mm, Sonderlackierung
an Tragschwerter
cht unterlegt
les Schott
n 20 mm eloxiert, Tropfkante
ssung Strangpressprofil
n eloxiert
struktion Stahl feuerverzinkt
ischen Erfordernissen
ereich Sonderlackierung
kleidung Untersicht
n 4 mm eloxiert
Antrieb und Kabelführung
chutzanlage
ing Aluminium 4 mm eloxiert
r befestigt
3.-5.OG
chnitt
ssade
vektor mit integriertem
uslass, 290 x 180 mm,
nd Abdeckrost aus
n eloxiert
r Schallschutzabschottung
h der Trennwandanschlüsse
nmwert: Rw = xx dB
OKFF +7,70
2.OG
utzabschottung Doppelboden
nmwert: Rw = xx dB
OKRB +7,50
uminium 10 mm
struktion nach stat. Erf.
bauteile nach stat. Erf.
gte Decke
n 4 mm eloxiert
r befestigt
e mit Siebbedruck innen,
e außen satiniert
ate ca --- x --- cm
alten, reversibel
lum®, LUMOS oder vgl.)
chnitt Doppelfassade
er 1. OG

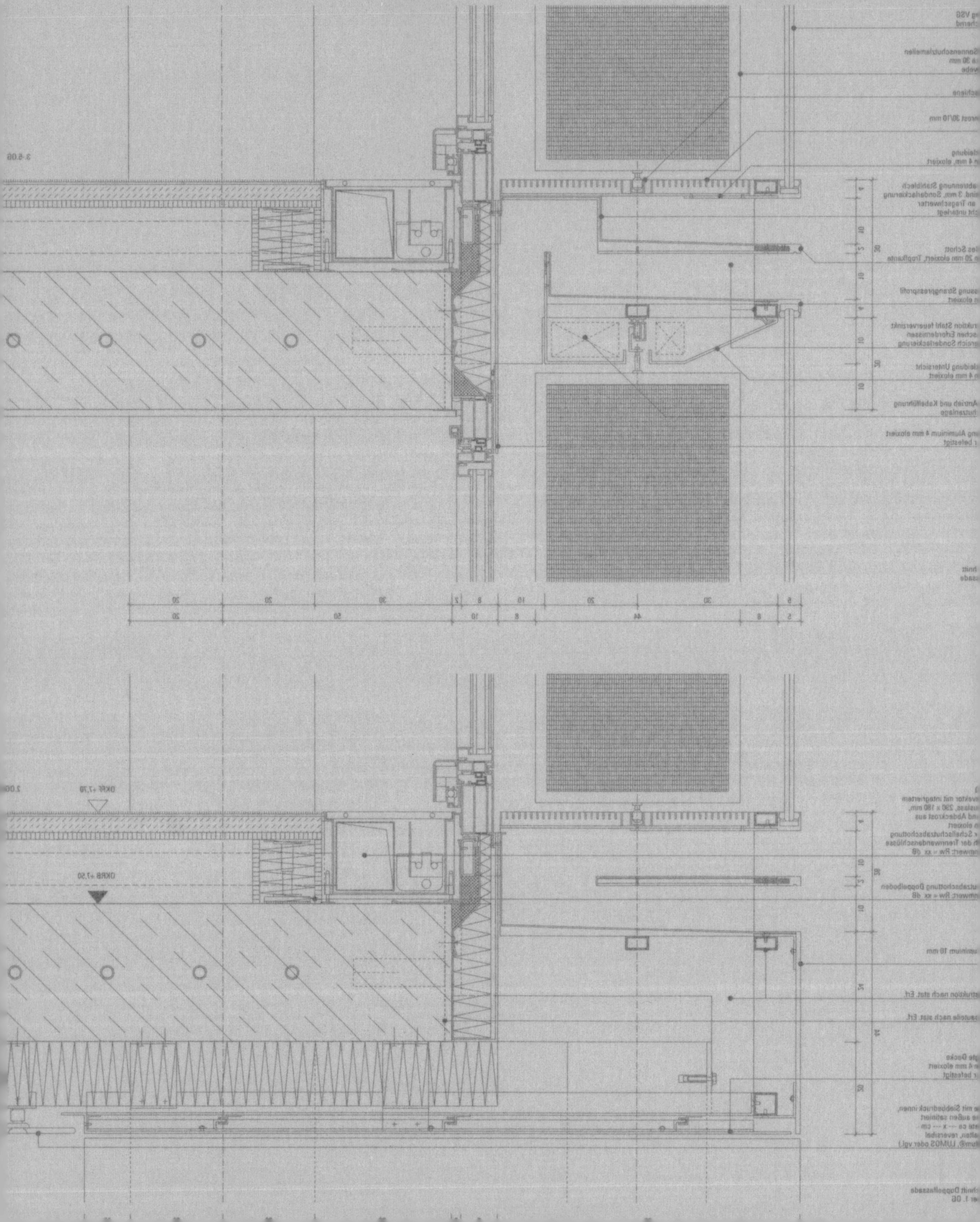

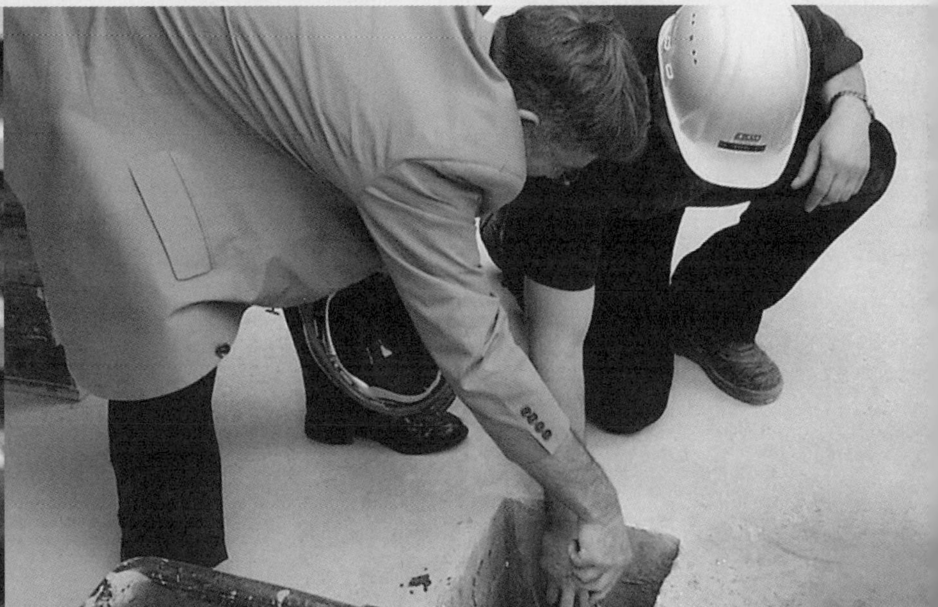

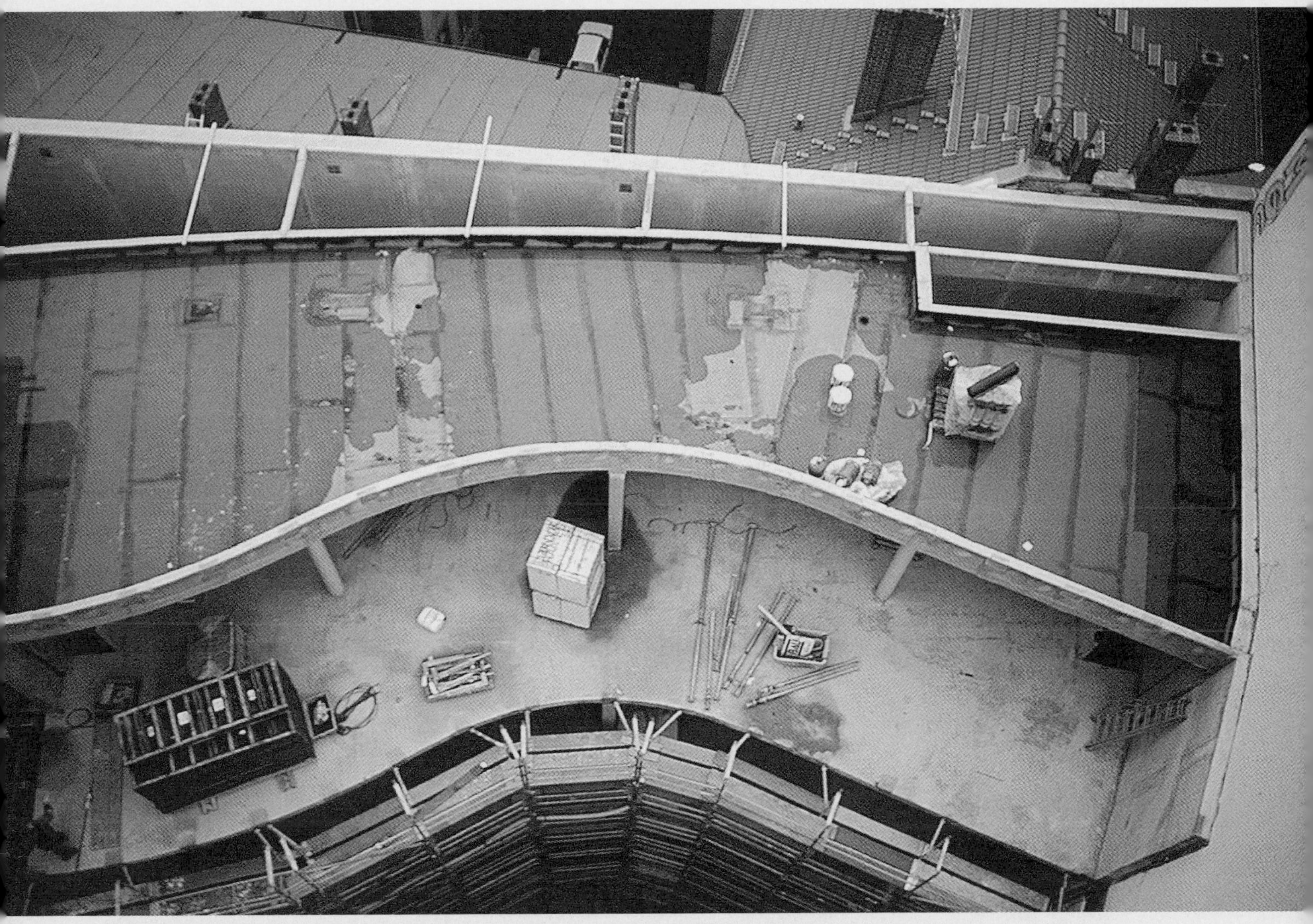

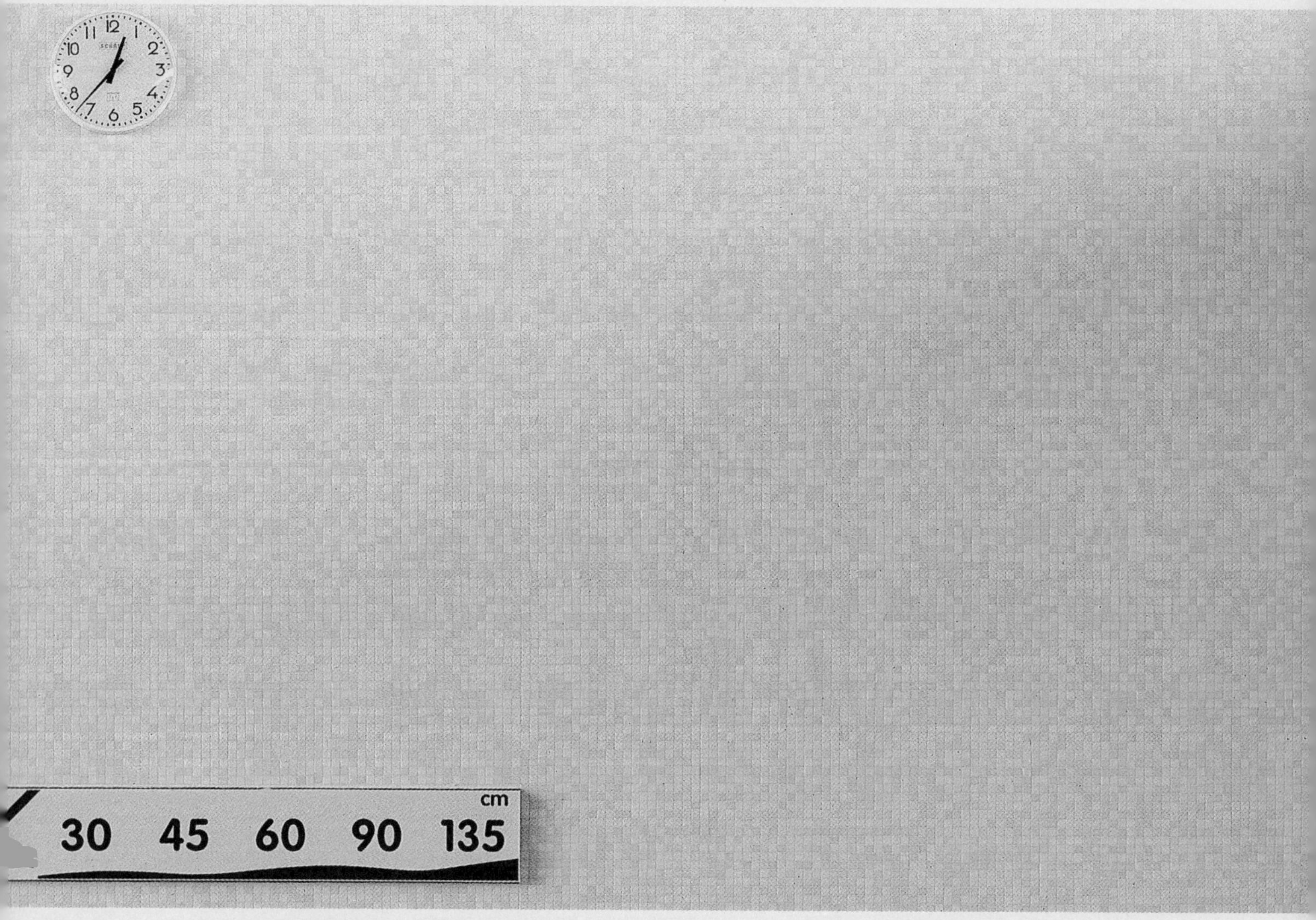
cm
30 45 60 90 135

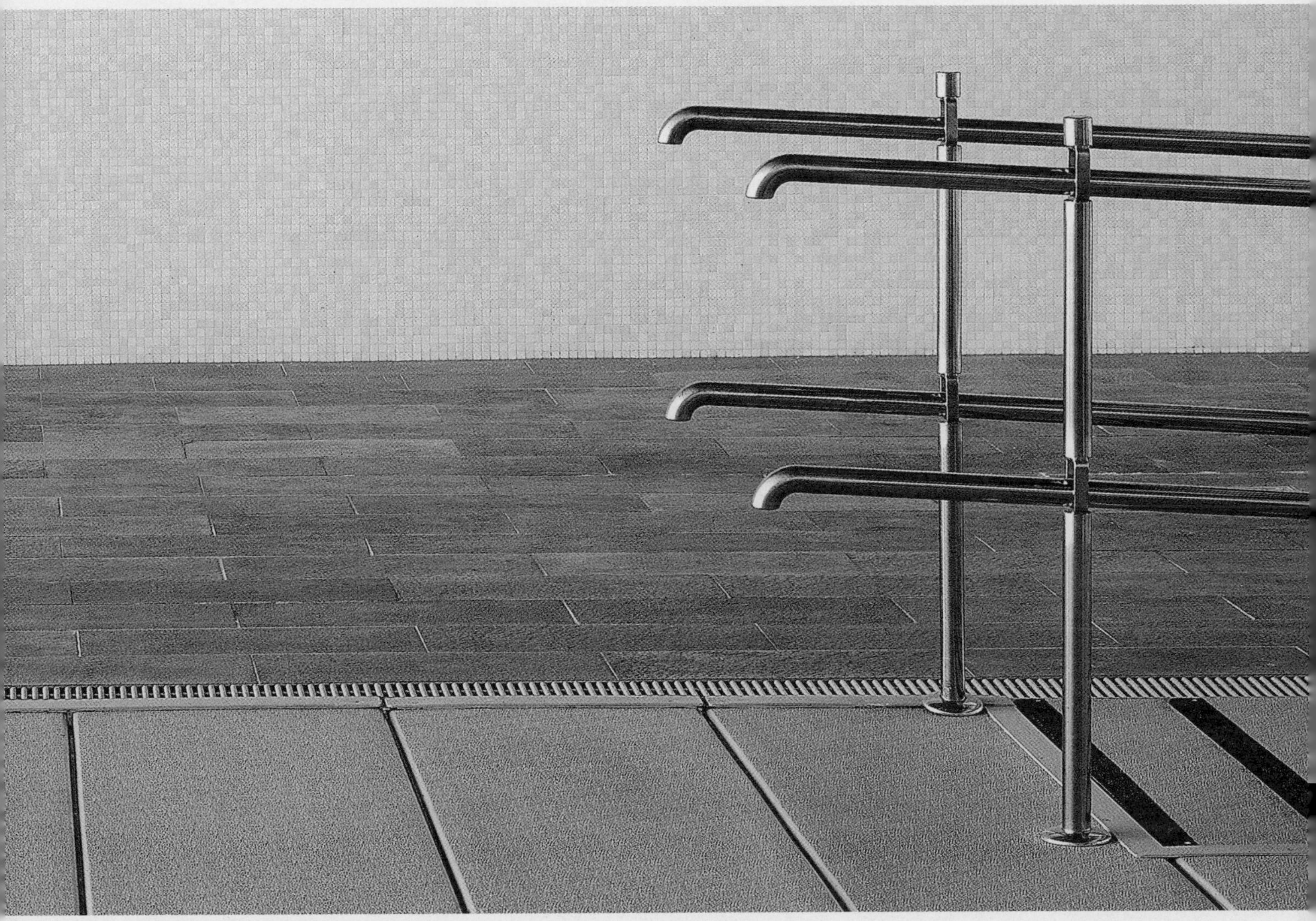

MAC

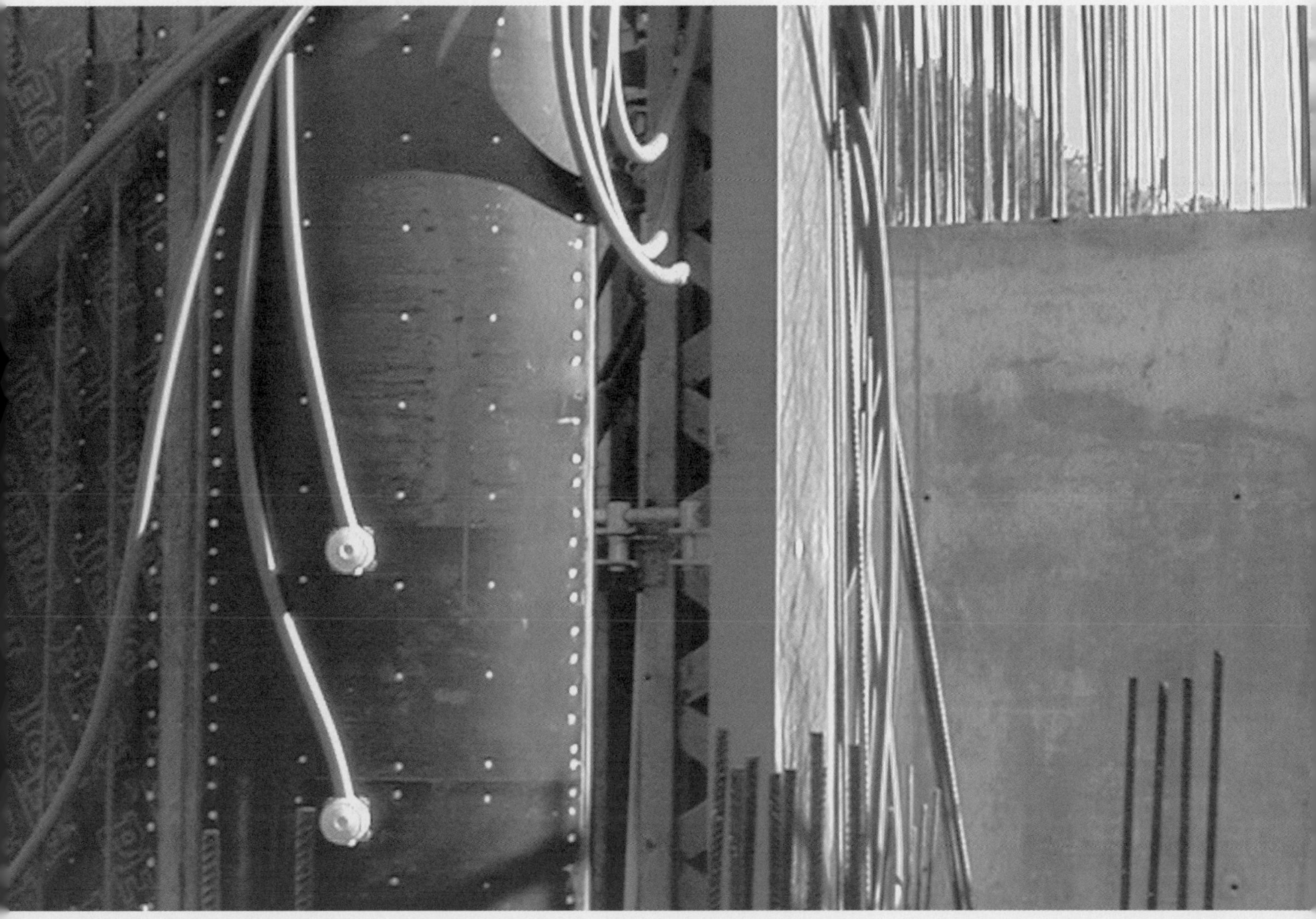

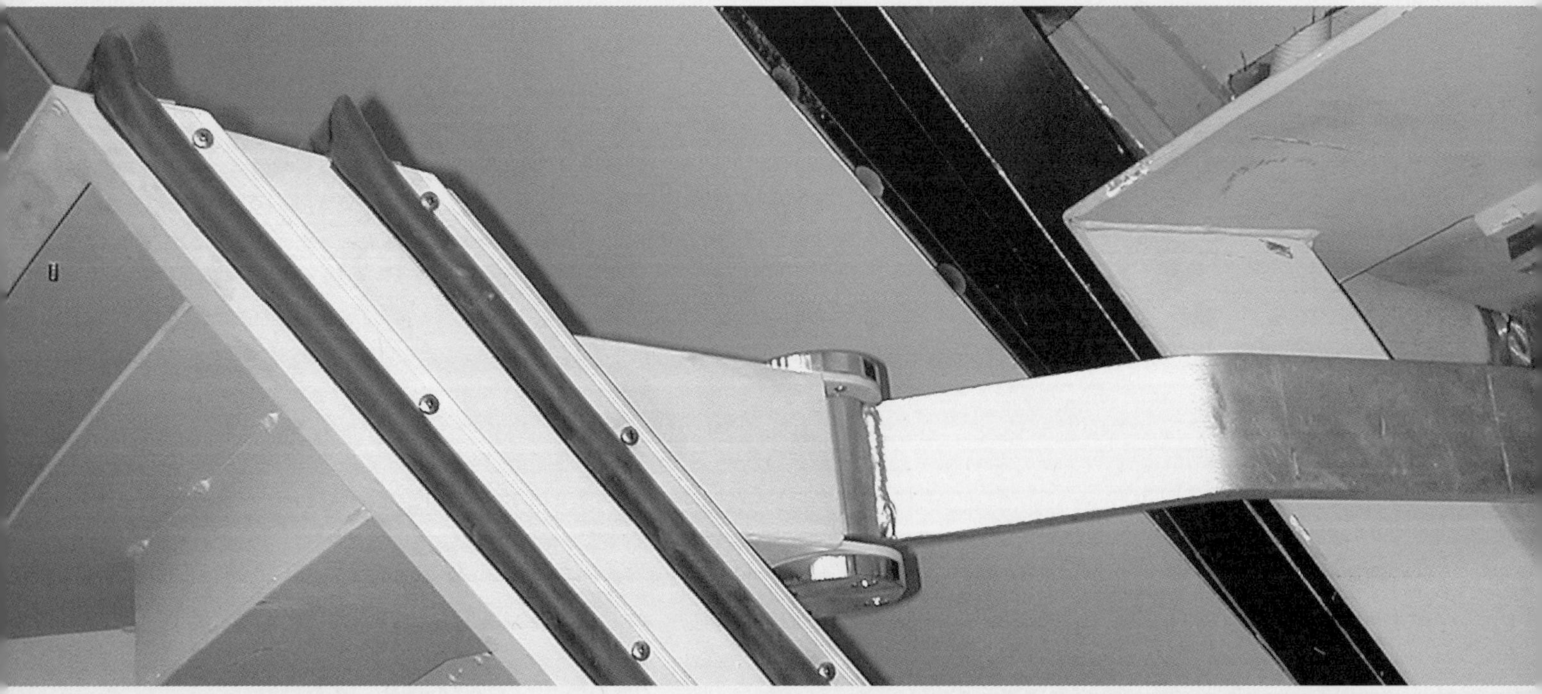

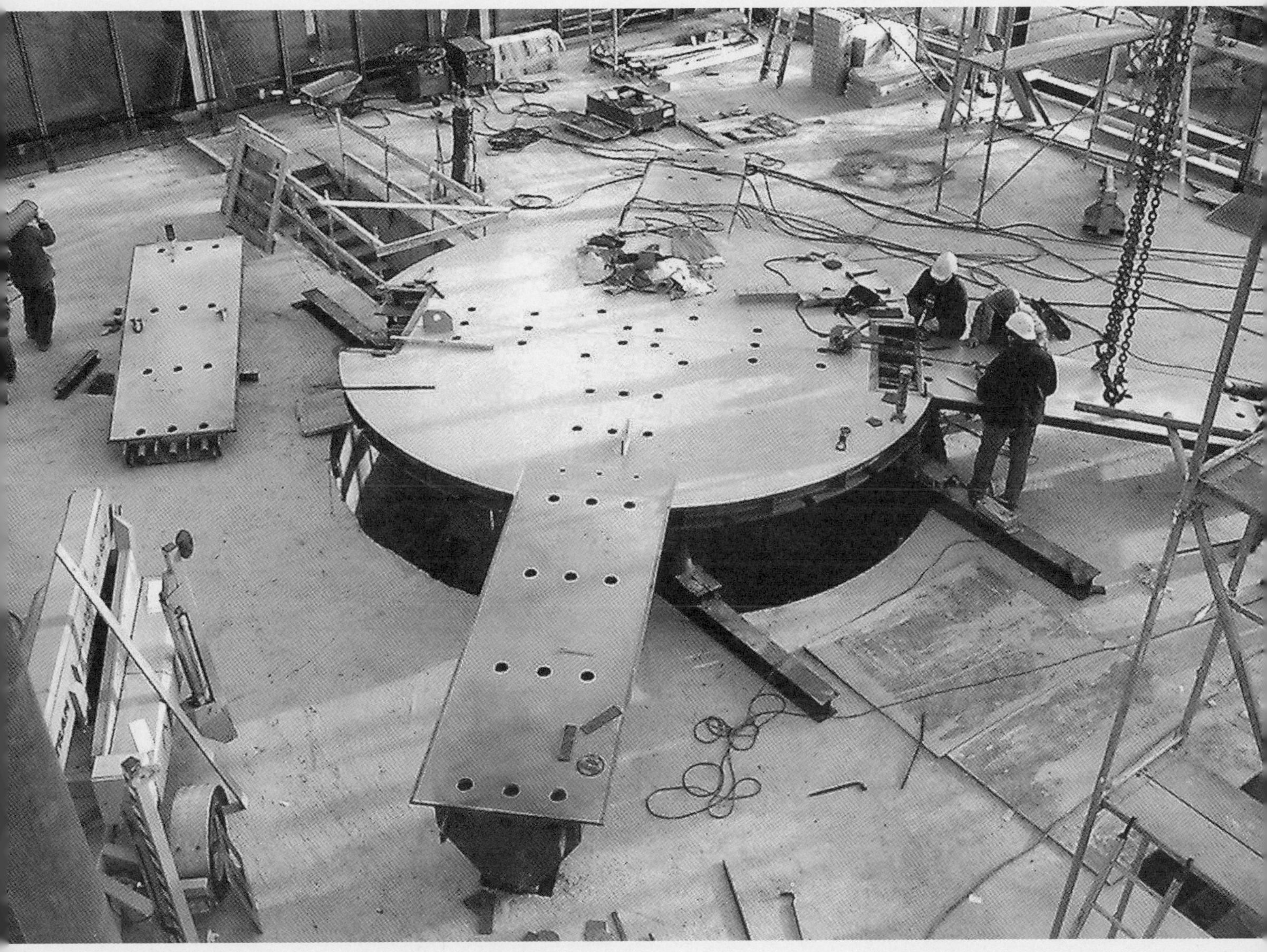

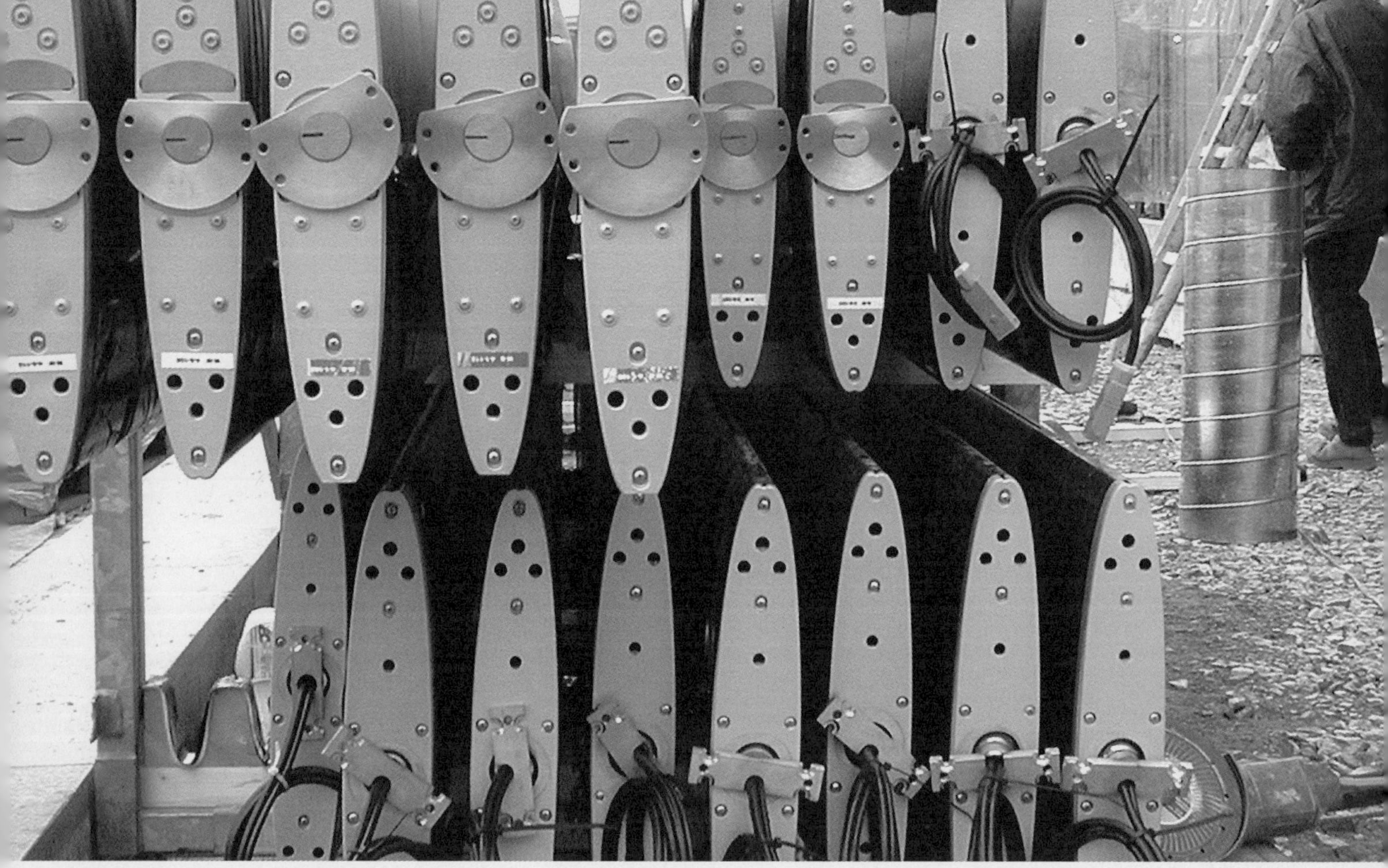

:hitecture is a challenge. the world, and architecture with it, is changing :h increasing complexity and at an enormous speed. there is a danger of :ting stuck, yet we try to keep our minds open and base our work on the ntinuous changes.

: conception of architecture draws upon on a great variety of experiences space. they begin during childhood and references are recorded sub- nsciously all through life. the experiences are not only based on real counters but also on imagined ones. particular visions in architecture d science have had an important influence on our work. we have dis- vered the fascination of stretching beyond standards and expectations. :hitecture, and people involved with architecture, never reach a final sition. there is never any one 'right answer' in architecture.

cities change at an enormous speed. we all have certain references in our mind wh

urbanity with specific proportions, spatial sequences, materials and even its c

metropolitan urbanity. the spectrum of typologies grows continuously. shanghai

Runner'. in this asian city we experienced the high pressure of growth and expans

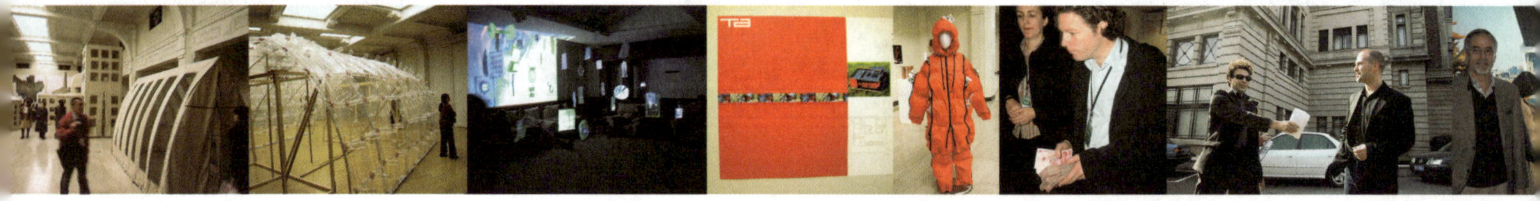

germany and elsewhere. we no longer base our architectural work on long term pers

king about cities. a historical town center in italy, for instance, calls up a certain

ells. in the same way the new york skyline with its lights at night represents modern

crete jungle with many different layers and levels, reminiscent of the movie 'Blade

ch is simultaneously in direct contrast to the shrinking city phenomenon found in east

s. we design open strategies for places and functions in a constant state of change.

how much authenticity do we need to heal the emotional los

e complexity of requirements reflects the huge variety
concepts for life and space in society.

rchitecture is a question of position and perspective. landmarks such s the berlin tv-tower serve as an orientational device influencing ne's perception of the city. by manipulating and reinterpreting the ower we question the conventional understanding of this landmark.

home is a notion that is not only limited to a per
manent place of residence. modern nomadism -
changing homes with a high frequency, keepin
several homes at the same time or mobile homes

ving while moving on or just taking the option to
elocate with the flow of water.

building implies destruction
and transformation of the status quo.

every situation is temporary...

..every situation has its changing potentials.

every space can be changed ...

... by imagination, intervention and the needs and poetry of everyday life.

façades can be skin · screen and shelter

et they also decorate · filter and channel the view

the envelope of a building is not the separation fro

ut the connection between inside and outside.

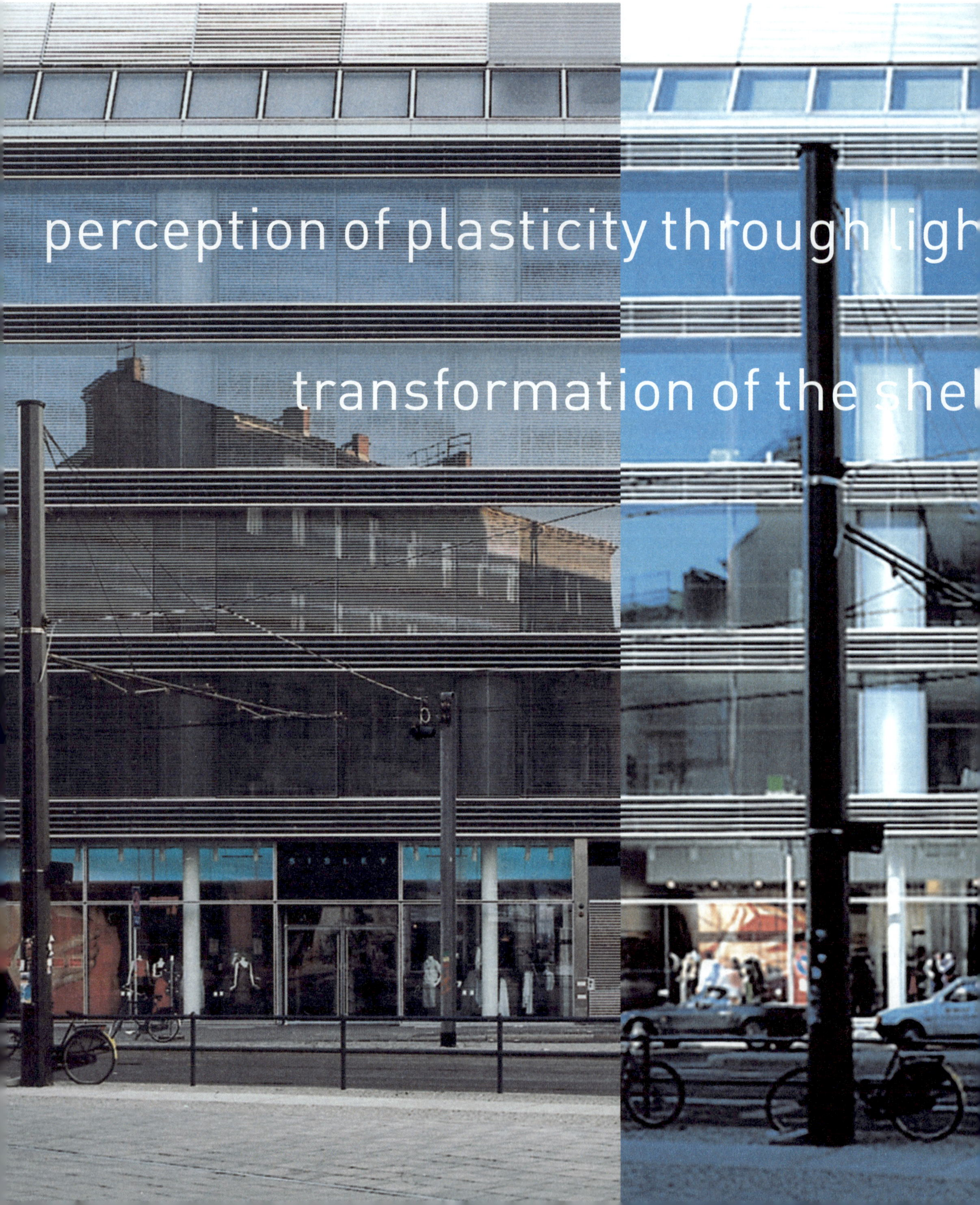
perception of plasticity through ligh
transformation of the shel

— from skin to layered spatial entity.

translucency and the dynami varying manifestation

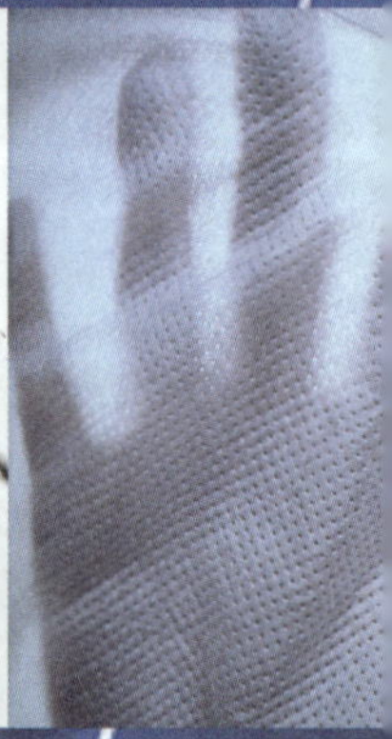

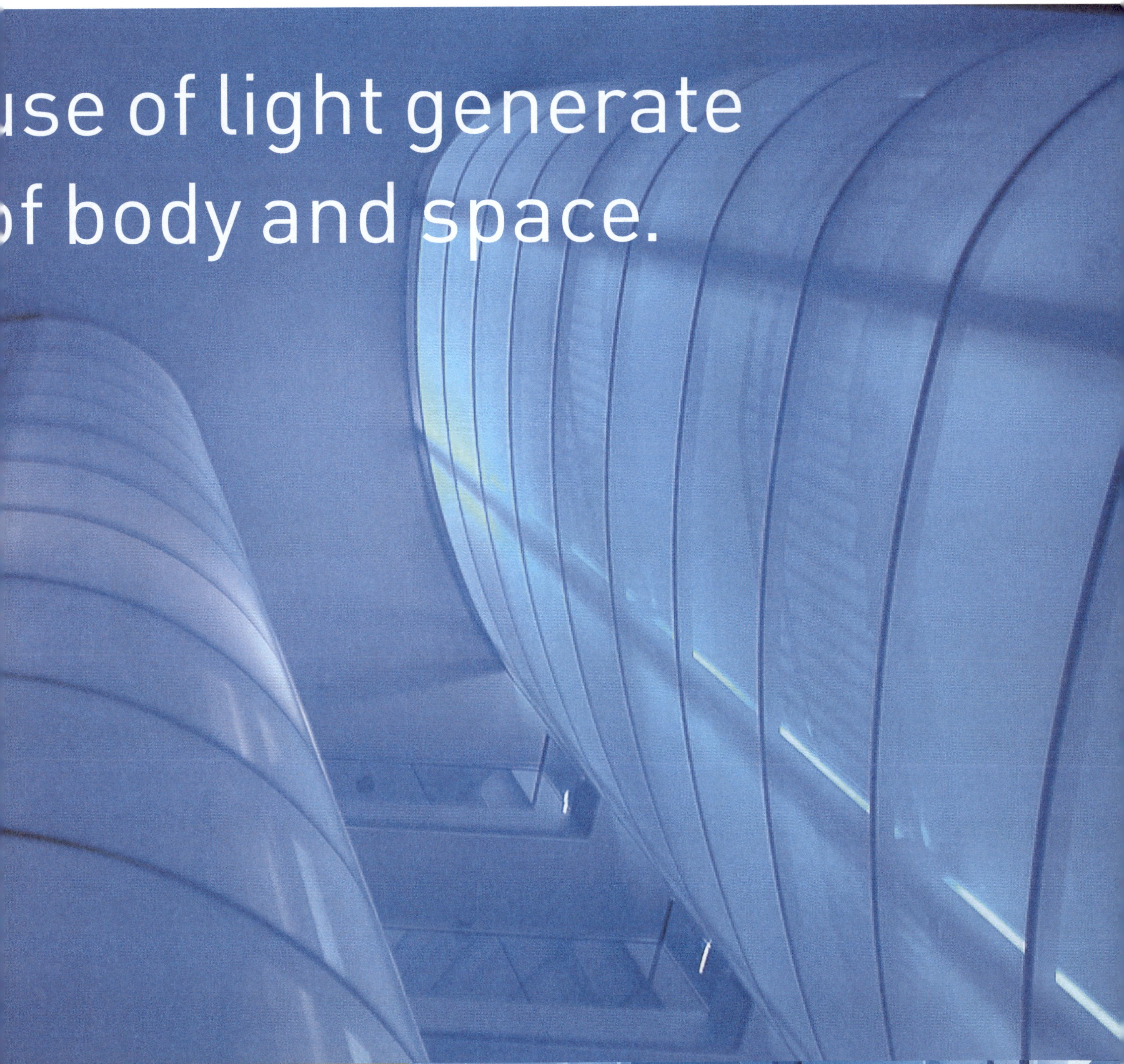

use of light generate
of body and space.

space has to expand ...

... visually and physically.

integration of building technique · minimizes th

isual impact · and maximises the efficiency

the meaning of functional division, specialisation and the resultin
typologies must constantly be reevaluated. because of moder
communication technology, locations such as city parks an
mountain lodges have become mobile workstations. new form
of working and lifestyle demand change and development.

telligent use of rescources requires innovation and experimen-
tion in all areas. solutions are no longer only achieved by
otimizing technical and quantitative conditions, yet require
ndamental changes in construction and the use of a building.
ere is a need for a continuous reinterpretation of life in space.

landscape is a resource. the boundaries between natur
building is not placed upon the landscape but integrate
tures arise, with open and ascertainable structures, ar

nd settlement have almost completely disappeared. a
to it by landscape moulding. three-dimensional sculp-
om their layering arise new urban landscapes.

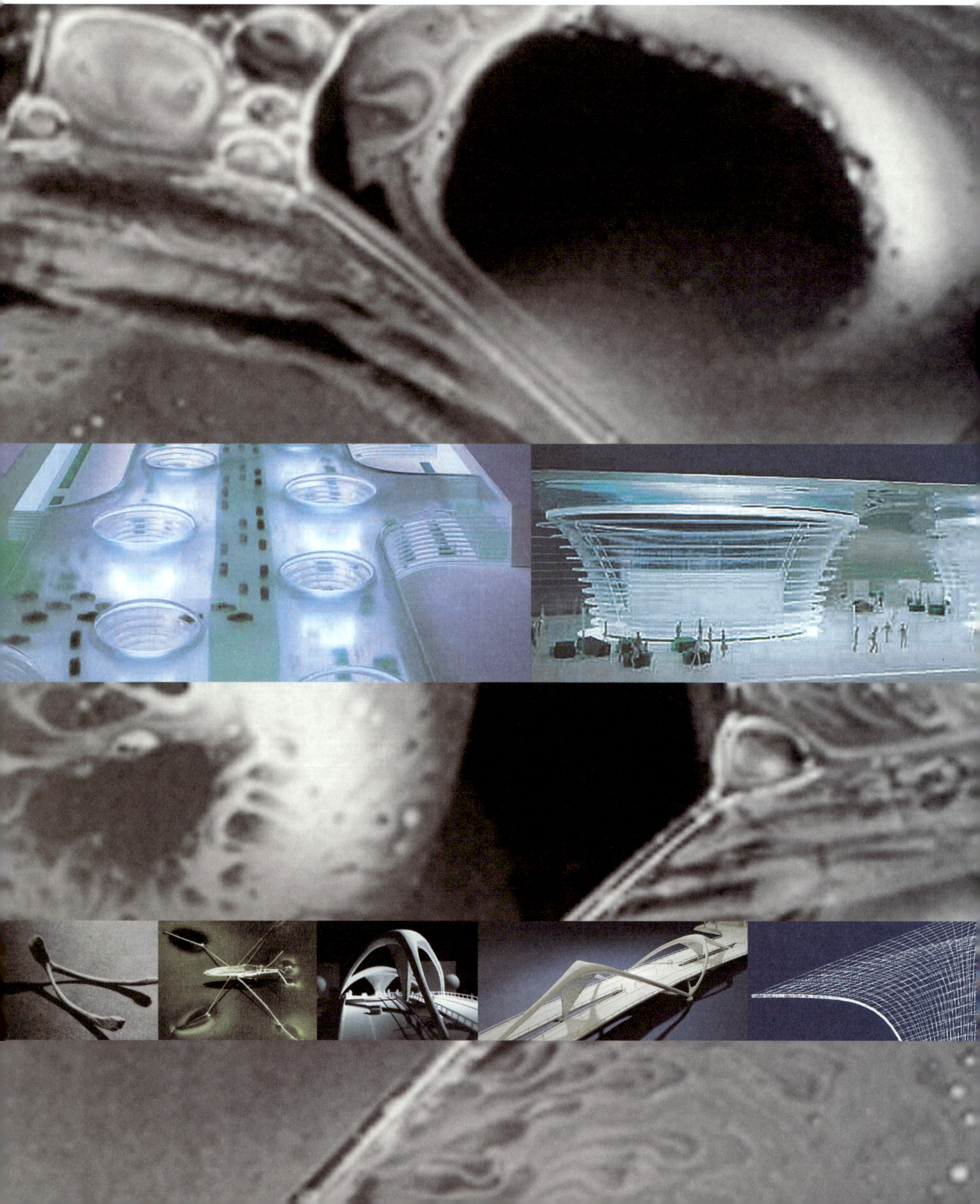

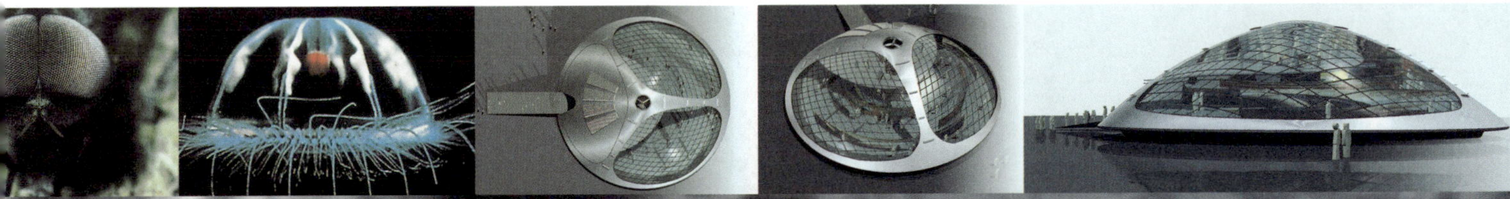

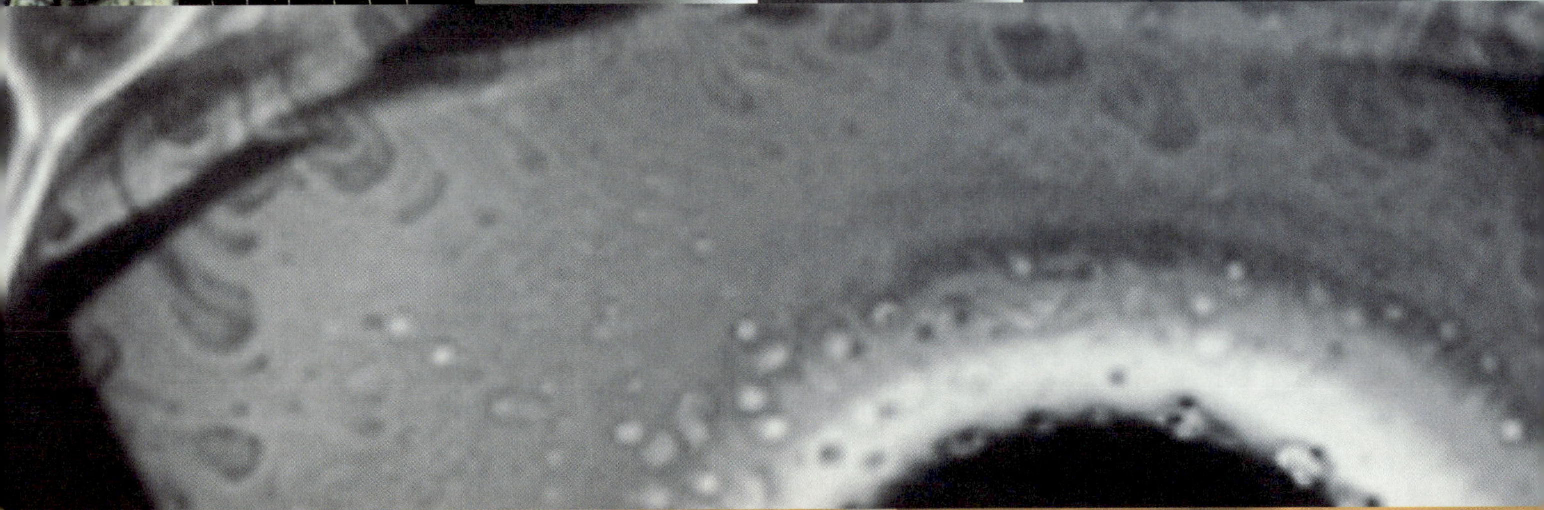

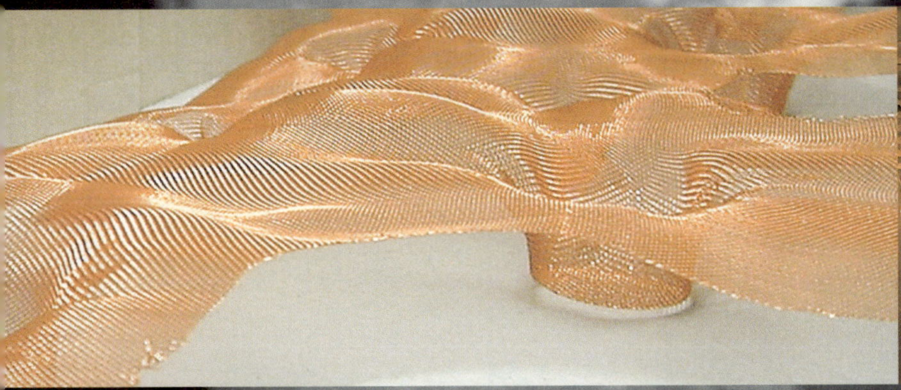

between nature und architecture

colour can be filter, reflector and focus. spaces of coloured lig

efine zones and promote easy orientation within the building.

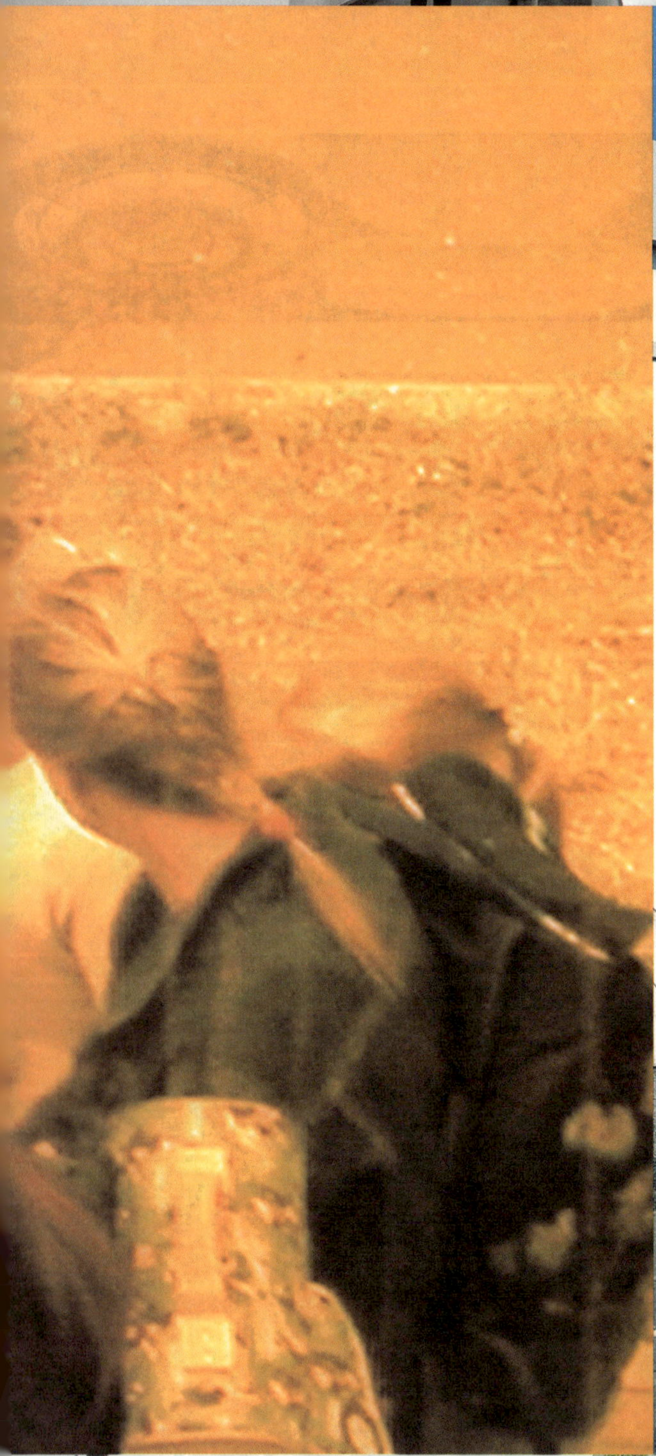

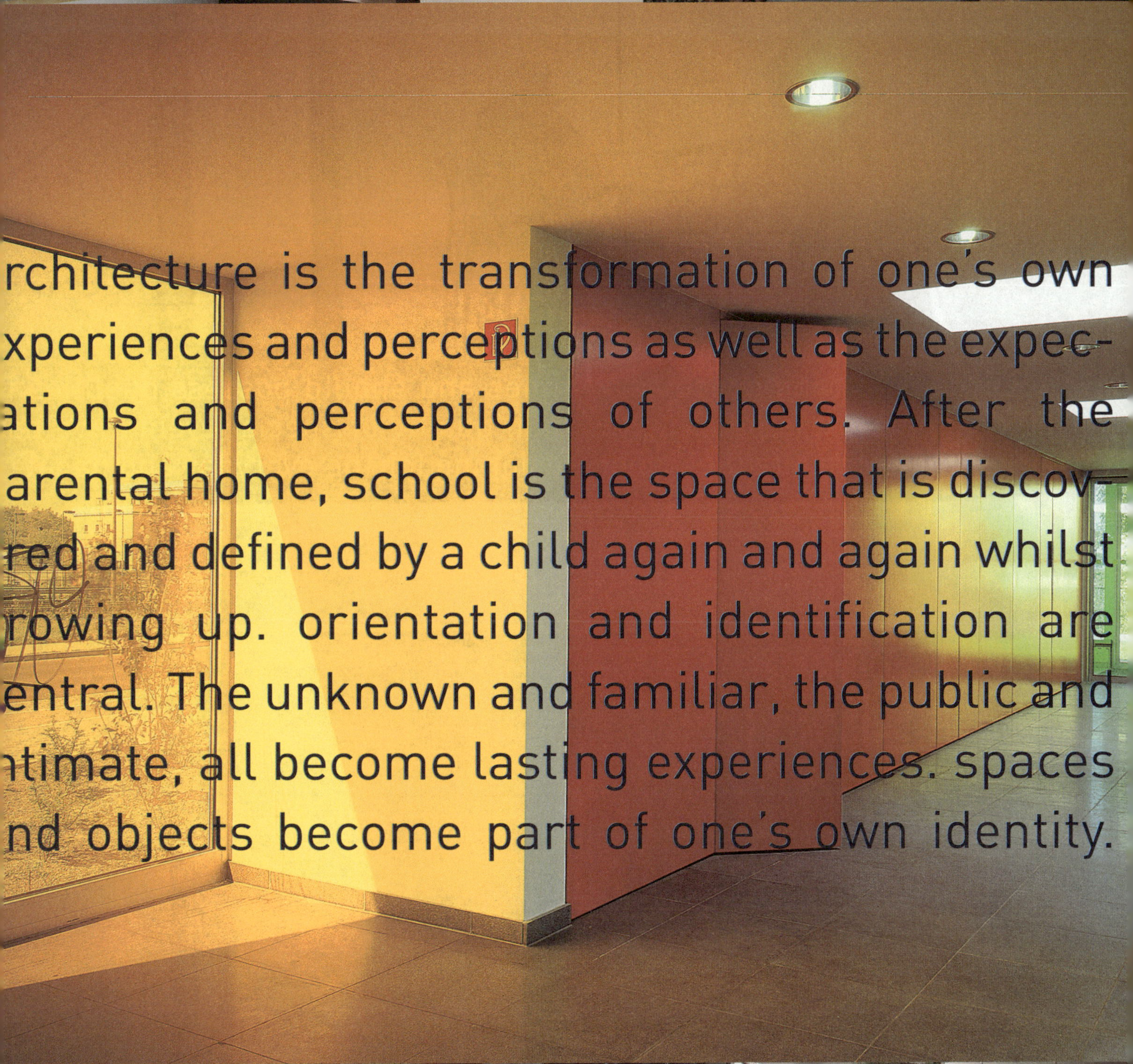

rchitecture is the transformation of one's own xperiences and perceptions as well as the expec-ations and perceptions of others. After the arental home, school is the space that is discov-red and defined by a child again and again whilst rowing up. orientation and identification are entral. The unknown and familiar, the public and ntimate, all become lasting experiences. spaces nd objects become part of one's own identity.

every space is a living space at all times and should possess qualities f
various activities. it is not only the high quality of special events. we ha
to aim for the same qualities when designing for the everyday and banal.

nrich the everyday experience by drawing attention to small things
– strengthen connection — make people aware of interfaces — with open
nd inviting gestures — stir curiosity about the different.

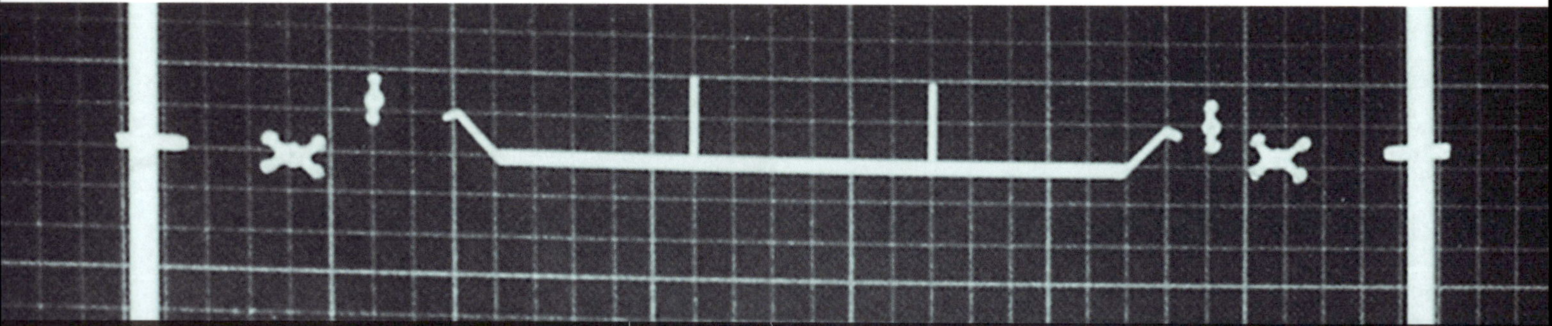

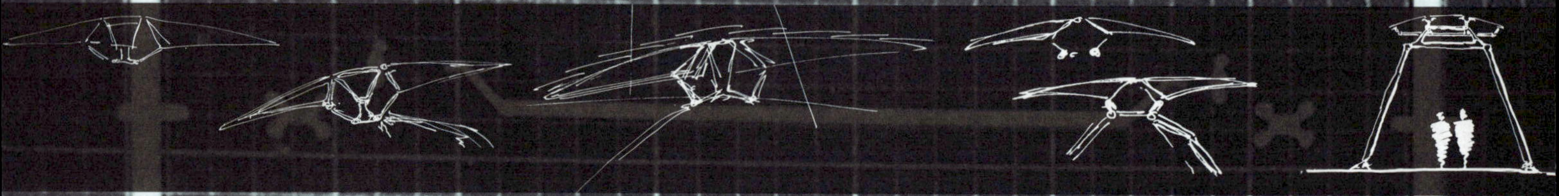

models test ideas

and explore unexpected

and efficient structures.

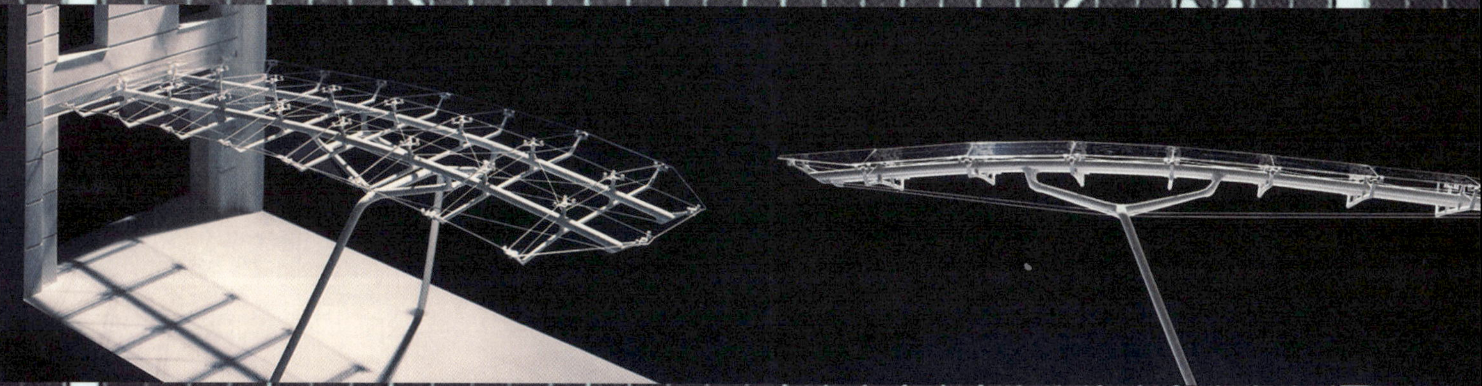

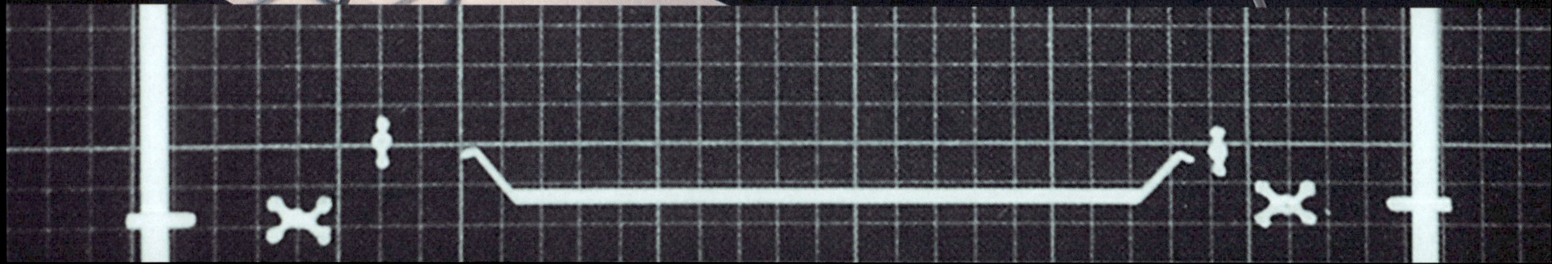

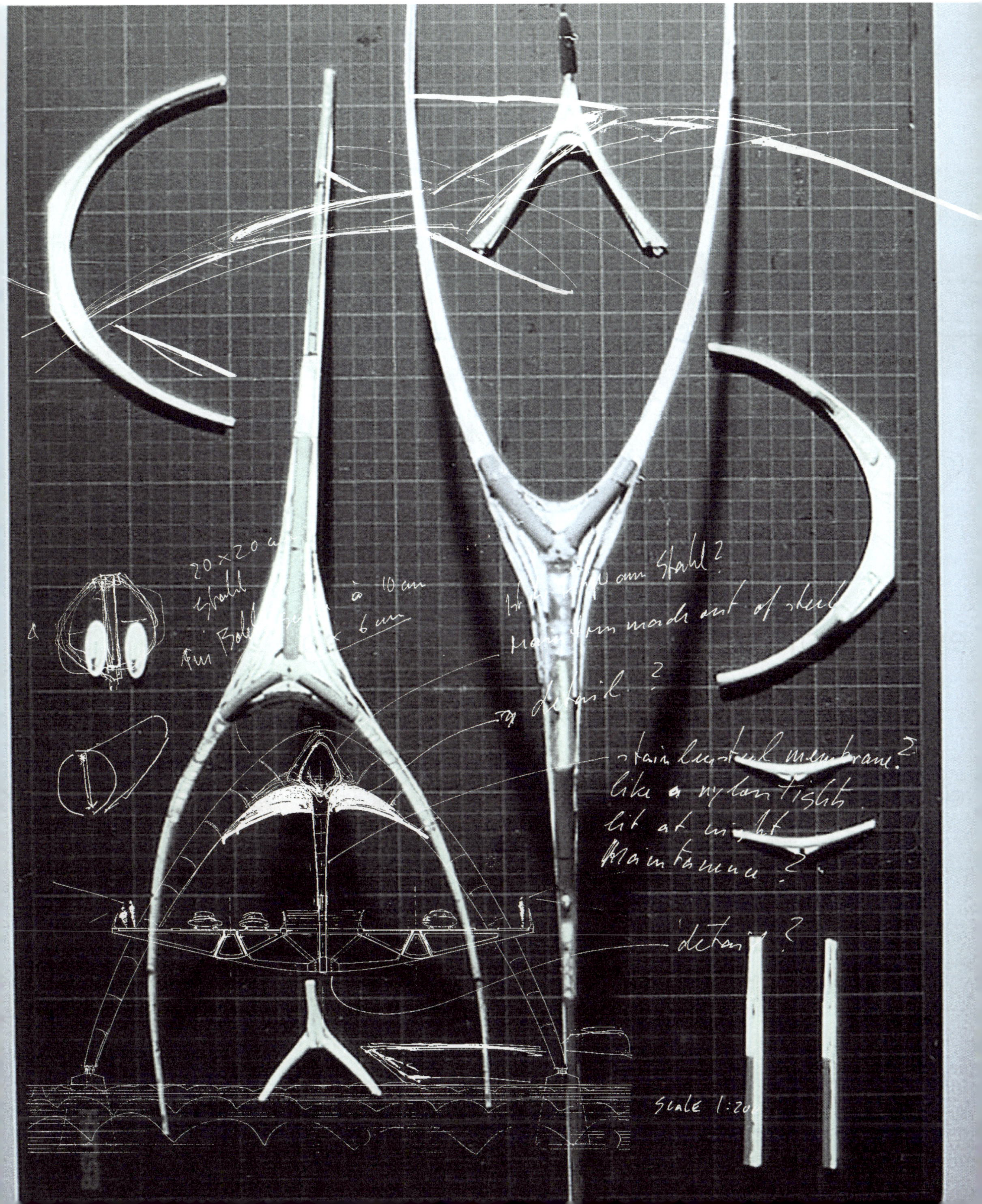
detail ?
like a nylon tights
lit at night
Maintenance ?

every project has a different message

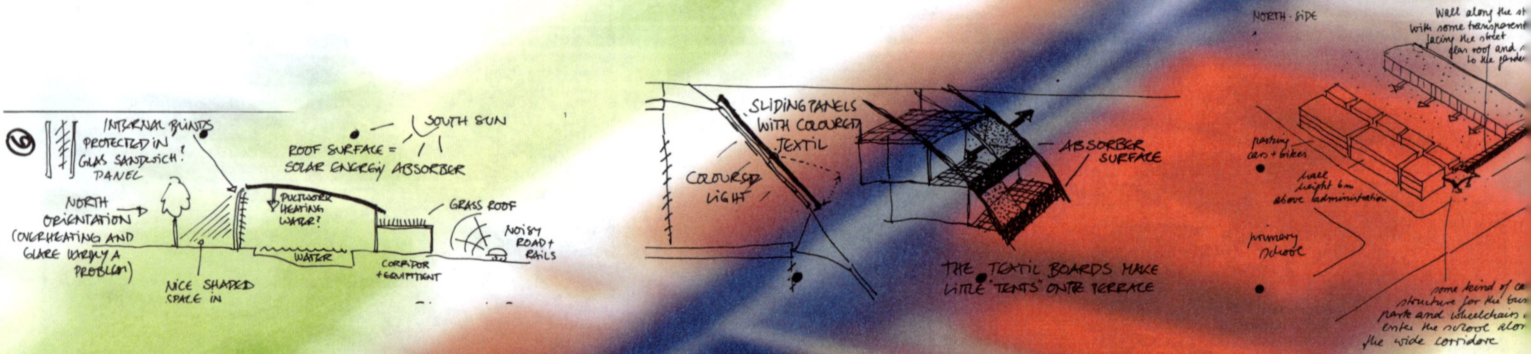

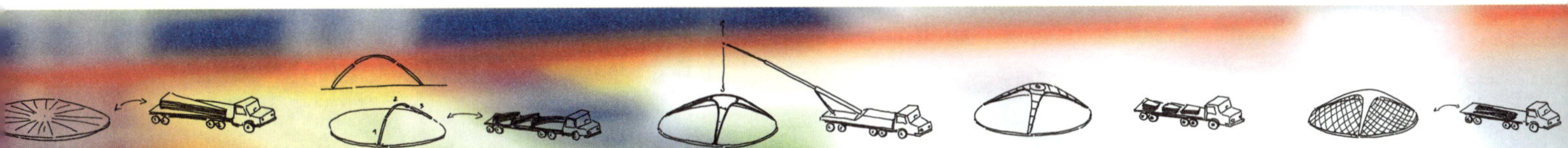

ketches communicate ideas.

nd is conveyed differently.

eamwork is revealed through individual handwriting.

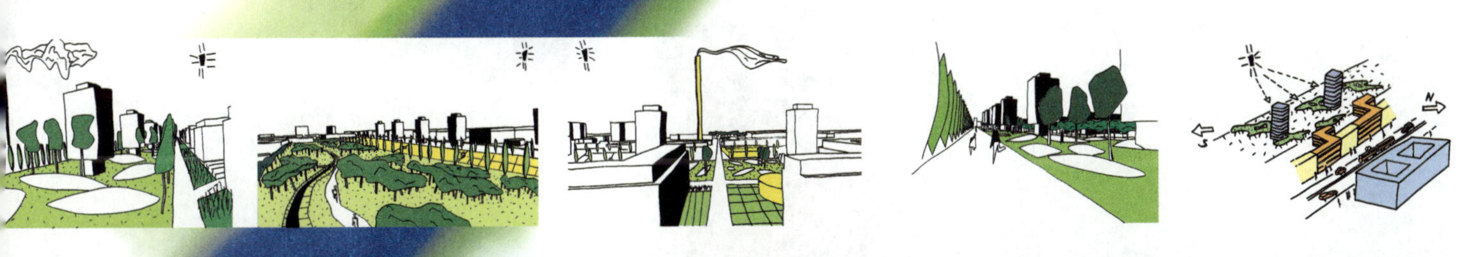

WAR-BROKE-HAMMER
HAMMER-BROKE-WATER
WATER-GROWS-FLOWER
FLOWER-HAS-POWER
Gelatin
(Ali Janka)
(Tobia Urban)
(Wolfgang Gantner)
(Florian Reither)
Grüntuch & Ernst
(Armand Grüntuch)
(Almut Ernst)
Gruppo A12
(Nicoletta Artuso)
(Andrea Balestrero)
(Gianandrea Barreca)
(Antonella Vruzzese)
(Maddalena De Ferrari)
(Fabrizio Gallanti)
杰拉廷事务所
格鲁图赫与恩斯特
A12小组

rchitecture is personal, yet

rchitecture needs communication

rchitecture needs public involvement.

. architecture is not immediate. it
riggers a process. what the process is
ke, you often find out years later and
ometimes you have the feeling some-
hing got through. YONA FRIEDMAN, FEBRUARY 2003

59

. architects have to address nature much more, be-
ause everything depends on living nature, on air,
vater and granulates.

FREI OTTO, WARMBRUNN OCTOBER 2003

handover, release ... let go

takeover, receive ... adopt

architecture is the result of many heads and hands

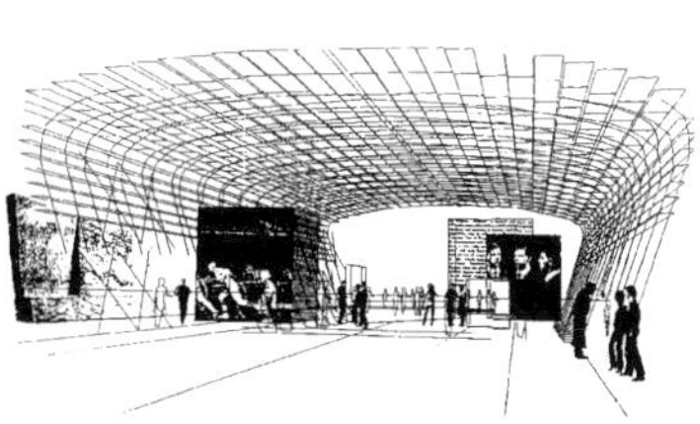

Dokumentahalle, Kassel
Wettbewerb 1989, mit C. Wendt und J. Staudt
Dokumenta exhibition hall, Kassel
Competition 1989, with C. Wendt und J. Staudt

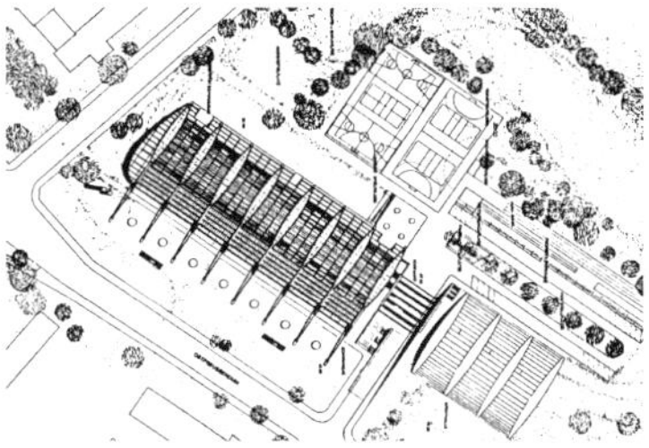

Stadtbad Steglitz, Berlin
5. Preis Wettbewerb 1990
Swimming hall, Berlin
5th prize competition 1990

Wohnhaus Pellenzstraße, Köln
Fertigstellung 1991
Conversion of a residential building, Cologne
Completion 1991

Geschäftshaus am Checkpoint Charlie, Berlin
Entwurfsplanung 1992
Office building at Checkpoint Charlie, Berlin
Scheme design 1992

Bürogebäude Oranienburger Tor, Berlin
Vorentwurf 1993
Office buildings at Oranienburger Tor, Berlin
Scheme design 1993

Villa Bettinastraße, Berlin
Entwurfsplanung 1993
Villa Bettinastraße, Berlin
Scheme design 1993

Stadtentwicklungsforum, Hamburg
Workshop 1993
Urban development forum, Hamburg
Workshop 1993

Haus Prof. Gross, Berlin
Fertigstellung 1997
Villa Gross, Berlin
Completion 1997

Mitarbeiter/team: Olaf Menk, James Ludwig, Richard Owers · Beratung Haustechnik/building services: Sönke Reinhardt · Tragwerksplanung/structural engineering: Happold, Berlin

Atelierwohnungen am Isetor, Hamburg
3. Preis Wettbewerb 1995
Loft buildings at Isetor, Hamburg
3rd prize competition 1995

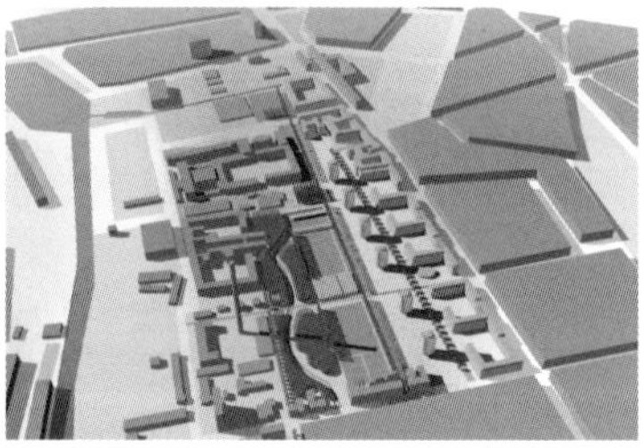

Stadion der Weltjugend, Berlin
Wettbewerb 1996
Master plan for the former site of the Stadion der Weltjugend, Berlin
Competition 1996

Schule am Mummelsoll, Berlin
1.Peis Wettbewerb 1993, Fertigstellung 2002
School for the mentally handicapped, Berlin
1st prize competition 1993, completion 2002

Mitarbeiter/team: Florian Fels, Heinz Jiruot, Olaf Menk, Jacob van Ommen, Richard Owers, Matthias Schirrmacher · Bauherr/client: Bezirksamt Marzahn-Hellersdorf, Abteilung Bildung · Beratung Haustechnik/building services: Battle McCarthy, London und HL Technik, Berlin · Tragwerksplanung/structural engineering: CBF Engineering, Berlin · Freiraumplanung/open space planning: Krüger Möhrle + Möhrle Landschaftsarchitekten, Berlin

Vordach für das Hotel Consul, Berlin
Fertigstellung 1994
Canopy Hotel Consul, Berlin
Completion 1994

Umbau des Reichstags, Berlin
Wettbewerb 1992 (2. Rundgang)
Conversion of the Reichstag, Berlin
Competition 1992 (shortlist)

Wohn-und Geschäftshaus Hackescher Markt 2-3, Berlin
Fertigstellung 2000
Residential and commercial building at the Hackescher Markt 2-3, Berlin
Completion 2000

Mitarbeiter/team: Olaf Menk, Jan Rützel · **Bauherr/client:** Gantenbrink GbR, Menden · **Tragwerksplanung/structural engineering:** CBF Engineering, Berlin · **Fassade/facade design:** Ludwig und Mayer, Berlin · **Haustechnik/building services:** Amstein, Walthert, Zürich, Hans Jörg Leibundgut, KEP Klaus Engelhardt & Partner · **Freiraumplanung/ open space planning:** Topotek 1, Berlin

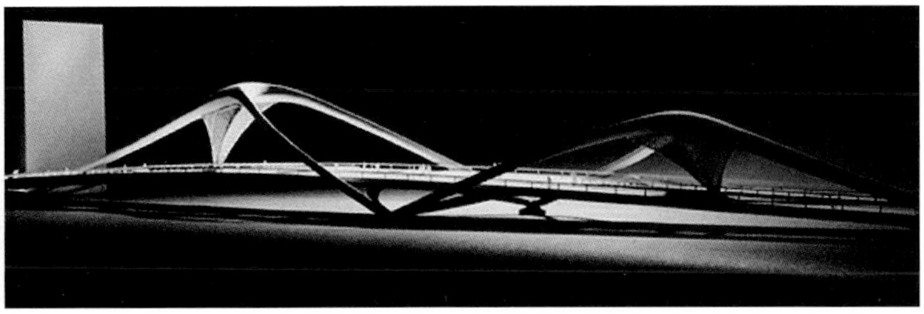

Südbrücke Oberhavel, Berlin
Offener Wettbewerb 1993
Bridge over the Upper Havel, Berlin
Open competition 1993

Mitarbeiter/team: Olaf Menk, Hannes Heyer **Tragwerksplanung/structural engineering:** R.Wagner, Stuttgart; Neil Thomas, London

Herbert-Hoover Schule, Berlin
Umbau und Erweiterung 1995
Herbert-Hoover School, Berlin
Conversion and extension 1995

Umwelt-Technologie-Zentrum, Berlin
Wettbewerb 1995
Environmental Technology Centre, Berlin
Competition 1995

Fernsehturm als Stadtbarometer, Berlin
Konzeptstudie 1996
TV tower as an urban barometer, Berlin
Study 1996

Hauptverwaltung der Eternit AG, Berlin
1.Peis Wettbewerb 1996
Eternit Headquarters, Berlin
1st prize competition 1996

Empfangsgebäude der Landesklinik, Brandenburg
Fertigstellung 1998
Reception building for the psychiatric hospital, Brandenburg
Completion 1998

Mitarbeiter/team: Olaf Menk, Stefanie Gaasch · **Bauherr/client:** Bezirksamt Marzahn-Hellersdorf, Abteilung Bildung · **Beratung Haustechnik/building services:** Battle McCarthy, London und HL Technik, Berlin · **Tragwerksplanung/structural engineering:** CBF Engineering, Berlin

Hörsaalzentrum für die medizinische Fakultät der Universität Lübeck
Wettbewerb 1996
Auditorium for the medical school, Lübeck
Competition 1996

Fachhochschule für Architektur und Design, Wismar
Wettbewerb 1996
School for Architecture and Design, Wismar
Competition 1996

Umbau einer alten Fabrik zum Modezentrum Kiefholzstraße, Berlin
Fertigstellung 2000
Conversion of an old factory building into the Fashion centre Kiefholzstraße, Berlin
Completion 2000

Mitarbeiter/team: Florian Fels, Stefanie Gaasch **Bauherr/client:** J.&O. Immobiliengesellschaft, Hamburg· **Haustechnik/building services:** Ansorg Horn, Berlin

Deutscher Pavillon EXPO 2000, Hannover
Wettbewerb 1997
German pavilion EXPO 2000, Hannover
Competition 1997

Erweiterung des Hauptbahnhofs Stuttgart
Wettbewerb 1997
Extension of the main station Stuttgart
Competition 1997

Kunstmuseum, Leipzig
Wettbewerb 1997
Museum of Fine Arts, Leipzig
Competition 1997

Wohn- und Geschäftshaus Monbijouplatz 3, Berlin
Fertigstellung 2001
Residential and commercial building at Monbijouplatz 3, Berlin
Completion 2001

Mitarbeiter/team: Florian Fels, Jacob van Ommen, Volker Raatz, Dirk Zimmermann · **Bauherr/client:** J. & O. Monbijouplatz Grundstücksentwicklungsgesellschaft mbH, Hamburg · **Tragwerksplanung/structural engineering:** CBF Engineering, Berlin · **Haustechnik/building services:** Ansorg Horn, Berlin · **Freiraumplanung/open space planning:** Daniel Röhr, Berlin

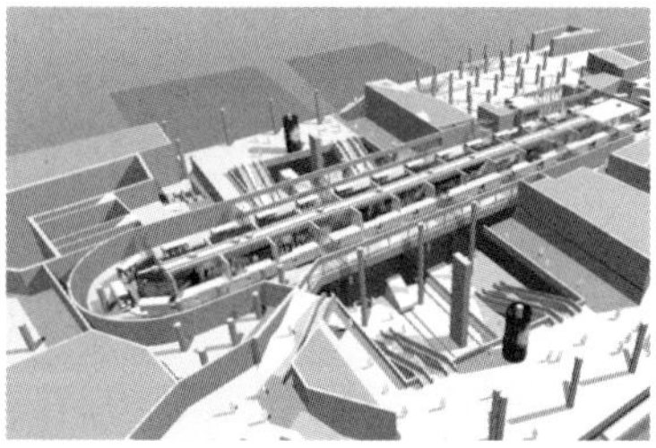

Ausstellung »Zeitreise« im Tunnel des Potsdamer Platz Bahnhofes, Berlin
Vorentwurf 1997
Exhibition 'Time-travel' at the underground station at Potsdamer Platz, Berlin
Study 1997

Neubau der Hauptverwaltung Bayerische Rück, München
5. Preis Wettbewerb 1997
Headquarters for the Bayerische Rück, Munich
5th prize competition 1997

Clausewitzstraße 5, Berlin
Fertigstellung 1998
Conversion of a residential building, Berlin
Competition 1998

Mitarbeiter/team: Hannes Heyer · **Bauherr/ client:** Gantenbrink GbR, Menden

Entwicklungsstudie Adlershof, Berlin
1.Preis Wettbewerb 1996
Urban planning studies Adlershof, Berlin
1st prize competition 1996

Bürohaus Neumühlen 13-15, Hamburg
1.Preis Wettbewerb 1996, Fertigstellung 2002
Offices on the River Elbe, Hamburg
1st prize competition 1996, completion 2002

Mitarbeiter/team: Kai Hansen, Volker Raatz, Jacob van Ommen · **Bauherr/client:** Hermann Ebel und Frank Leonhardt; Schifffahrtskontor Elbe, Hamburg · **Tragwerksplanung/structural engineering:** Ingenieurbüro Dr. Binnewies, Hamburg · **Fassadenplanung / facade design:** Ludwig Mayer, Berlin **Haustechnik/building services:** Amstein, Walthert, Zürich, Hans-J. Leibundgut; Ansorg Horn, Berlin

Landesvertretung Rheinland-Pfalz, Berlin
2.Preis Wettbewerb 1997
Representation building for the federal state Rhineland-Palatinate, Berlin
2nd prize competition 1997

Multifunktionshalle und Sportpark, Linz
Wettbewerb 1997
Ensemble of multifunctional hall and park, Linz
Competition 1997

Wohnlofts und Büros am Alsterfleet, Hamburg
Wettbewerb 1997
Residential houses and office buildings at the Alsterfleet, Hamburg
Competition 1997

Jugendmusikschule, Hamburg
Wettbewerb 1997
School for music, Hamburg
Competition 1997

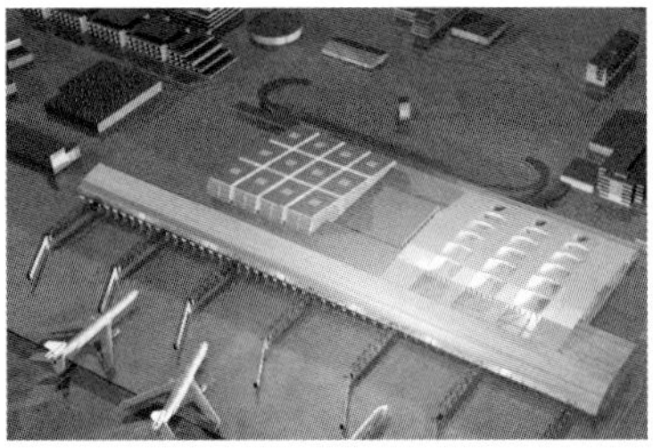

Termial 3 Flughafen Stuttgart
Wettbewerb 1997
Extension of Stuttgart Airport
Competition 1997

VW Pavillon in der Autostadt, Wolfsburg
Fertigstellung 2000
VW pavilion at the Autostadt, Wolfsburg
Completion 2000

Mitarbeiter/team: Olaf Menk, Kai Hansen, Peter Friedrich · **Bauherr/client:** VW Autostadt (Masterplan HENN Architekten) · **Beratung Haustechnik/building services:** KBP Kühn Bauer und Partner, Berlin, München · **Tragwerksplanung/structural engineering:** Nb + b Neumann, Berking und Bendorf, Wolfsburg · **Event design** Forneaux Stewart, London

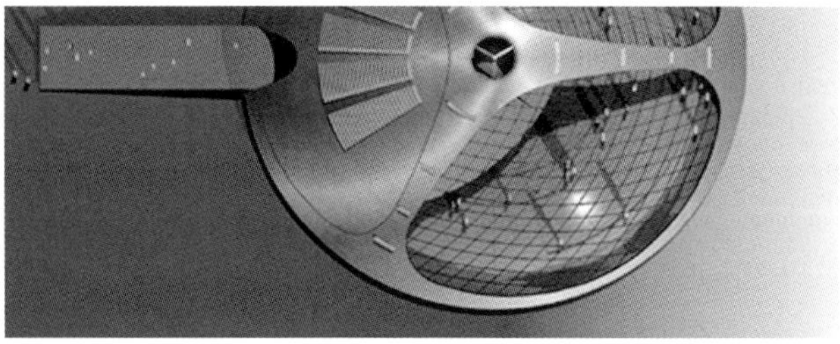

Mobiler Ausstellungspavillon für Mercedes Benz, Berlin
Wettbewerb 1997
Mobile presentation pavilion for Mercedes Benz, Berlin
Competition 1997

Indische Botschaft, Berlin
1.Preis Wettbewerb 1997
Indian embassy, Berlin
1st prize competition 1997

Medienpavillon, Neu Dehli
Fertigstellung 1998
Media pavilion, New Dehli
Completion 1998

Geschäftshaus Monbijoupark, Berlin
Wettbewerb 1999
Residential and commercial building, Berlin
Competition 1999

Büroturm MAX, Frankfurt am Main
Wettbewerb 1999
Office tower MAX, Frankfurt am Main
Competition 1999

Masterplan District 75, Moskau
International Design Group workshop 2000
Urban masterplan for the District 75, Moscow
International Design Group workshop 2000

Medienrevier, Hamburg
Gutachterverfahren 2001
Media centre, Hamburg
Study 2001

Müngersdorfer Stadion, Köln
Wettbewerb 2001
Conversion of the Müngersdorfer Stadium, Cologne
Competition 2001

Umbau und Erweiterung
»Neue Krausenhöfe«, Berlin
1. Preis Gutachterverfahren 2001
Conversion and extension
'Neue Krausenhöfe', Berlin
1st prize study 2001

Wohn- und Geschäftshaus Monbijouplatz 5, Berlin
Fertigstellung 2001
Residential and commercial building at Monbijouplatz 5, Berlin
Completion 2001

Mitarbeiter/team: Olaf Menk, Jacob van Ommen, Matthias Schirrmacher, Volker Raatz · **Bauherr/client:** Grundstücksgesellschaft Monbijouplatz 5 bR, Stauffenberg Projektbetreuung · **Tragwerksplanung/structural engineering:** CBF Engineering, Berlin · **Haustechnik/building services:** Ansorg Horn, Berlin

Loftwohnungen und Ateliers in Falkenried, Hamburg
Wettbewerb 1999/2000
Lofts and studios in Falkenried, Hamburg
Competition 1999/2000

»Warenhauses Tietz«, Klosterstraße 64, Berlin
Fertigstellung 2002
Conversion of a former department store, Berlin
Completion 2002

Mitarbeiter/team: Florian Fels, Ulrich Goertz, Olaf Menk, Jacob van Ommen, Volker Raatz, Dirk Zimmermann · **Bauherr/client:** Kunkat Holding GmbH **Tragwerksplanung/structural engineering:** Herbert Böller, Lüneburg · **Haustechnik/building services:** Ottfried Zopf, Brietlingen und Ansorg Horn, Berlin

Wohn- und Geschäftshaus Humboldt Höfe, Berlin
Fertigstellung 2002
Residential and commercial building Humboldt Höfe, Berlin
Completion 2002

Mitarbeiter/team: Florian Fels, Ulrich Goertz, Olaf Menk, Jacob van Ommen, Volker Raatz, Dirk Zimmermann · **Bauherr/client:** Kunkat Holding GmbH, Lüneburg/Berlin · **Tragwerksplanung/structural engineering:** Ingenieurbüro für Bauwesen Herbert Böller, Lüneburg · **Haustechnik/building services:** Ottfried Zopf, Brietlingen und Ansorg Horn, Berlin · **Lichttechnik/lightning design:** LichtVision, Berlin

Hotel Checkpoint Charlie Mauerstraße, Berlin
Studie 2000
Hotel at the Checkpoint Charlie, Berlin
Study 2000

Medien Cityport, Hamburg
Wettbewerb 2001
Media centre on the waterfront, Hamburg
Competition 2001

Marie-Curie-Gymnasium, Dallgow-Döberitz
1.Preis Wettbewerb 2001, Fertigstellung 2004
Marie Curie High School, Dallgow-Döberitz
1st prize competition 2001, completion 2004

Mitarbeiter/team: Florian Fels, Olaf Menk, Jacob van Ommen,Volker Raatz, Erik Behrends· **Bauherr/client:** Landkreis Havelland, Schulverwaltungsamt · **Tragwerksplanung/structural engineering:** GTB, Berlin · **Haustechnik/building services:** Brendel Ingenieure AG, Berlin und Ingenieurbüro Knoop, Berlin **Freiraumplanung/open space planning:** Topotek 1, Berlin · **Lichttechnik/lightning design:** LichtVision, Berlin

IBC Medienzentrum für die Fußballweltmeisterschaft 2006, Berlin
1. Preis Wettbewerb 2001
International broadcasting centre for the football world cup 2006, Berlin
1st prize competition 2001

Verwaltungsgebäude des BMW Werks, Leipzig
4. Preis Geladener Wettbewerb, 2002
Office building BMW plant, Leipzig
4th prize invited competition, 2002

Bürogebäude am Sandtorkai, Hamburg
Wettbewerb 2002
Office building 'Sandtorkai', Hamburg
Competition 2002

Europazentrale Bombardier Transportation , Berlin
1. Preis Wettbewerb, 2002
European Headquarters Bombardier Transportation , Berlin
1st prize competition, 2002

Ministerium für Gesundheit, Berlin
Wettbewerb 2002
Federal Ministry of Health, Berlin
Competition 2002

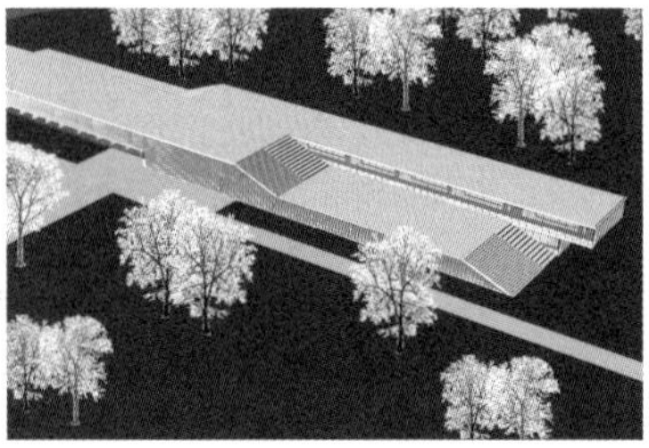

Deutsche Schule Genf
Wettbewerb 2003
German School in Geneva
Competition 2003

Universitätsklinik Leipzig
Wettbewerb 2003
Extension of the university hospital Leipzig
Competition 2003

Schutzbereich Barnim, Bernau
Fertigstellung 2005
Police station, Bernau
Completion 2005

Mitarbeiter/team: Florian Fels, Volker Raatz, Jacob van Ommen, Olaf Menk · **Bauherr/client:** Land Brandenburg, Liegenschafts- und Bauamt Bernau · **Tragwerksplanung/structural engineering:** Rohwer Ingenieure, Rathenow · **Haustechnik/building services:** Roth + Grube Planungsbüro und Ingenieurbüro Ziesche, Schwanebeck · **Freiraumplanung/open space planning:** Ingenieurbüro Eggersdorf und Ingenieurbüro Hübner, Bernau · **IT-Planung/IT planning:** Zentraldienst der Polizei des Landes Brandenburg, Wünsdorf

Geschäftshaus Palais d'Or am Leipziger Platz, Berlin
Gutachterverfahren 2001
Business centre 'Palais d'Or' at Leipziger Platz, Berlin
Study 2001

Wohn- und Geschäftshaus Leipziger Straße, Berlin
Gutachterverfahren 2001
Office building with flats, Berlin
Study 2001

Servicegebäude der Messe, Berlin
Fertigstellung 2004
Service building, Berlin Fair
Completion 2004

Mitarbeiter/team: Erik Behrends, Volker Raatz, Jacob van Ommen, Olaf Menk · Bauherr/client: Messe Berlin · Tragwerksplanung/structural engineering: Ebert Ingenieure, Berlin · Haustechnik/building services: Horsch Planungsgesellschaft, und Fürstenau & Partner Ingenieurges., Berlin

Geschäftshaus Invalidenstraße 1, Berlin
Planungsstudie 2002
Office building with flats, Berlin
Study 2002

Messe Hotel, Berlin
1.Preis Gutachterverfahren 2002
Hotel at the Berlin Fair
1st prize study 2002

Floating Homes - Schwimmende Einfamilienhäuser, Berlin
1. Preis Wettbewerb 2002
Floating homes - floating detached houses, Berlin
1st prize competition 2002

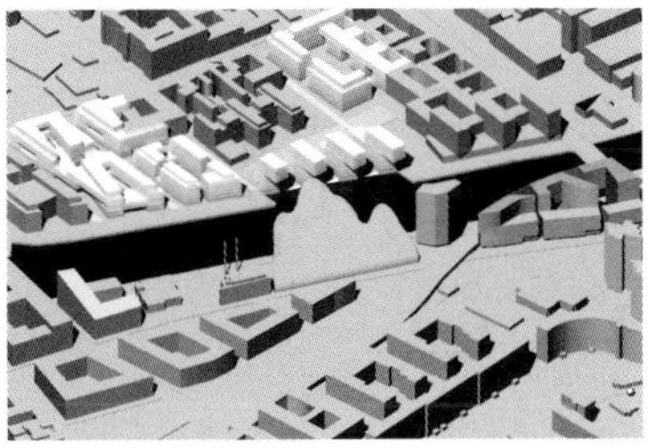

Spreeport, Berlin
Wettbewerb 2002
Urban planning study on the river Spree, Berlin
Competition 2002

Hauptsitz der Europäischen Zentralbank, Frankfurt a. M.
Wettbewerb 2003 mit Frei Otto
Headquarters of the European Central Bank, Frankfurt a. M.
Competition 2003 with Frei Otto

Überseering City-Nord, Hamburg
Gutachterverfahren 2003
Office building City-Nord, Hamburg
Study 2003

Spreedreieck – Bürohaus am Bahnhof Friedrichstraße, Berlin
Geladener Wettbewerb 2003
Office building at Station Friedrichstraße, Berlin
Invited competition 2003

Kristin Feireiss Architekturkritikerin, Herausgeberin und Kuratorin, geb. 1942, Berlin · Studium Kunstgeschichte, Universität Frankfurt 1963-67 · Journalistin/Redakteurin bei der Frankfurter neuen Presse, 1967-80 · Redakteurin beim »Internationalen Designzentrum«, 76-80, Berlin · Gründerin der ersten Architekturgalerie Deutschlands, dem Architekturforum Aedes in Berlin, Beginn der Aedes Katalog Edition, 1980 · Kuratorin des offiziellen Architekturbeitrages im Rahmen »Berlin, Kulturhauptstadt Europas«, 1988 · Herausgeberin verschiedener Publikationen der Verleger Ernst & Sohn, Jovis, Wasmuth, Birkhäuser, Phaidon und Prestel, 1990-94 · Literaturpreis für Baukultur des Verbandes Deutscher Architekten und Ingenieure, 1995 · Direktorin des Niederländischen Kulturinstitutes NAi in Rotterdam, 1996-2001, Generalkommissarin des Niederländischen Pavillons auf der Architektur-Biennale in Venedig. 1996 und 2000 · Verleihung des Bundesverdienstkreuzes am Band für die Verdienste im Bereich der multilateralen Kommunikation und Architektur, 2001 · Gründerin der ersten Internationalen Architektur Biennale der Niederlande in Rotterdam, 2002 · Jurymitglied internationaler Wettbewerbe in Deutschland, China und Russland, 2002-04

Armand Grüntuch Architekt BDA, geb. 1963, Riga **Studium** Diplom mit Auszeichnung RWTH Aachen **Stipendium** DAAD-Jahresstipendium in Venedig Istituto Universitario di Architettura **Berufserfahrung** Büro Norman Foster, London 87-89 · Flughafen Stansted · Bürogründung Februar 91 in Köln. Seit Oktober 91 Büro in Berlin mit Almut Ernst **Lehrtätigkeit** Hochschule der Künste, Berlin, Fachbereich 2 – Architektur, Institut: Entwerfen u. Baukonstruktion, 91-95
Almut Ernst Architektin BDA, geb. 1966, Stuttgart **Studium** Diplom an der Universität Stuttgart, Architektur und Stadtplanung **Stipendium** DAAD-Jahresstipendium in London, Architectural Association **Berufserfahrung** Büro Alsop & Lyall, London 88/89. Seit Oktober 91 Büro mit Armand Grüntuch **Lehrtätigkeit** Hochschule der Künste, Berlin, 93–97, Fachbereich 4 – Visuelle Kommunikation, Fachbereich 2 – Architektur, Lehrauftrag

AUSSTELLUNGEN

Architekturbiennale 2004 Venedig »Deutschlandschaften« Deutscher Pavillion, Venedig 2004 **Shussev Museum for Architecture**, Floating Berlin, Moskau 2004 **Goethe Institut Madrid** »Berlin – Experimentierfeld der Architektur. Die Stadt nach 1989« · Madrid, 10-12/03 **Freie und Hansestadt Hamburg – Behörde für Bau und Verkehr** »10 x Leben – Hamburgs neue Quatiere« Hamburg, 09/03 **Universität Dortmund und Design Zentrum Thüringen** »Die erste Skizze« Weimar, 08-09/03 **Architektenkammer Berlin** »da! Architektur in Berlin 2003« · Berlin, 06-07/03 **Vitra Design Museum** »Design Berlin! New Projects for a Changing City« Wanderausstellung: Berlin, Manchester, Madrid · Berlin, 05/03 **Galerie im Palais am Festungsgraben** »Floating Homes – 11 Entwürfe für das Wohnen auf dem Wasser« · Berlin, 01-02/03 **Shanghai Biennale 2002** »Urban Creation« Shanghai Art Museum, Shanghai, 2002 **Berlinische Galerie** »Fifty : Fifty« Berlin, 06-07/01 **Architektenkammer Berlin** »da! Architektur in Berlin 2001« Berlin, 06-07/01 **NAi – Netherlands Architecture Institute** »Made in Berlin« · Rotterdam, 05/01 **Aedes Galerie Berlin** »Corporate Architecture Autostadt Wolfsburg« Berlin, 07/00 **PS1 – Centre for Contemporary Art (MoMA)** »Children of Berlin«, New York, 1999 **art forum Berlin**, Galerie Volker Diehl »art peep«, Berlin 9/99 **berlin biennale** »center peep« Berlin, 1998 **Aedes Galerie Berlin** »einblicke, ausblicke – Architekten Grüntuch/Ernst« Berlin, 1997 **Museum der Arbeit** »Veränderung am Strom« Hamburg, Rotterdam, 1997 **INTERARCH** »Twenty Young Architects« Sofia, 1997 **Royal Institute of British Architects** »Architecture on the Horizon«, London, 1996 **Architektenkammer Berlin** »Gebaut-built«, Europäische Wanderaustellung, Berlin, 03/95

AUSZEICHNUNGEN

Balthasar Neumann Preis 2004 engere Wahl für Bürohaus · Hamburg-Neumühlen, Würzburg 06/2004 **AIT Preis Architektur und Farbe 2004** Nominierung für Schule für Geistigbehinderte, Berlin Hellersdorf **Deutscher Architekturpreis 2003** lobende Erwähnung für Bürohaus · Hamburg-Neumühlen · Essen, 07/03 **DuPont Benedictus Award 2003 Kategorie: Erziehung** für Schule für Geistigbehinderte, Berlin Hellersdorf · Washington, 05/03 **Architekturpreis Zukunft Wohnen 2002** Lobende Erwähnung für Wohn- und Geschäftshaus Monbijouplatz 3, Berlin, 12/02 **Gestaltungspreis der Wüstenrotstiftung 2002** Schulen in Deutschland, Anerkennung für Schule für Geistigbehinderte, Berlin Hellersdorf · Stuttgart, 06/02 **Deubau Preis 2002** Preis für Hackescher Markt , Berlin · Essen, 2002 **BDA Hamburg Architekturpreis 2002** 3. Preis für Bürohaus · Hamburg-Neumühlen · Hamburg, 2002 **Hans-Schaefers-Preis 1996** Architekturpreis des BDA Berlin · Berlin, 1996

Kristin Feireiss, architectural critic, editor and curator, born in 1942, Berlin · Study of Art History, Frankfurt/Main, 1963-67 · Journalist for various cultural magazines, Frankfurt/Main, 1967-80 · Editor, International Design Zentrum Berlin, 1976-80 · Founder and director of Aedes Gallery of Architecture in Berlin and start of the Aedes edition,1980 · Curator of the official architecture contributions for Berlin, Cultural Capital of Europe, 1988 · Editor of various books published by Ernst & Sohn, Jovis, Wasmuth, Birkhäuser, Phaidon and Prestel,1990-94 · Literature Award for Building Culture 1995 from the Society of German Architects and Engineers (AIV), 1995 –Director of the Netherlands Architecture Institute, Rotterdam, 1996-2001 · Commissioner and curator of the Dutch Pavilion for the Architecture Biennale, Venice, 1996 and 2000 · Awarded The Cross of the Order of Merit of the Federal Republic of Germany for multilateral communication and architecture, 2001 · Founder of the first international Architecture Biennnale of the Netherlands in Rotterdam, 2002 · Jury member of competitions in Germany, China and Russia, 2002-2004

Armand Grüntuch Architect BDA · born 1963, Riga-Latvia **Education** Diploma with special award at RWTH Aachen · **Scholarship** DAAD-scholarship in Venice · Istituto Universitario di Architettura **Professional experience** Norman Foster, London 87-89, Stansted Airport · Prof. Schürmann, Cologne 1990; since 10/91 office in Berlin with Almut Ernst **Teaching** Hochschule der Künste, Berlin, Department 2 - Architecture · Institute: Design + Construction, 91-95
Almut Ernst Architect BDA · born 1966, Stuttgart **Education** Diploma at Universität Stuttgart · Architecture and Urban Development **Scholarship** DAAD– scholarship in London · Architectural Association **Professional experience** Alsop & Lyall, London 88-89 since 10/91 office in Berlin with Armand Grüntuch **Teaching** Hochschule der Künste, Berlin, 93-97, Department 4 – Visual Communication, Department 2 – Architecture

EXHIBITIONS

Architecture Biennale 2004 Venice 'Deutschlandschaften' German Pavilion, Venice, 2004 **Shussev Museum for Architecture**, Floating Berlin, Moscow 2004 **Goethe Institute Madrid** 'Berlin – Experimentierfeld der Architektur. Die Stadt nach 1989' · Madrid, 10-12/03 **City of Hamburg – Building and Traffic Authority** '10 x Leben – Hamburgs neue Quatiere' Hamburg, 09/03 **University of Dortmund and Design Centre Thuringia** 'Die erste Skizze' · Weimar, 08-09/03 **Chamber of Architecture Berlin** 'da! Architektur in Berlin 2003' · Berlin, 06-07/03 **Vitra Design Museum** 'Design Berlin! New Projects for a Changing City' Wanderausstellung: Berlin, Manchester, Madrid · Berlin, 05/03 **Gallery in the Palais am Festungsgraben** 'Floating Homes – 11 Entwürfe für das Wohnen auf dem Wasser' · Berlin, 01-02/03 **Shanghai Biennale 2002** 'Urban Creation' · Shanghai Art Museum Shanghai, 2002 **Berlinische Galerie** 'Fifty : Fifty' · Berlin, 06-07/01 **Chamber of Architecture Berlin** 'da! Architektur in Berlin 2001' · Berlin, 06-07/01 **NAi – Netherlands Architecture Institute** 'Made in Berlin' · Rotterdam, 05/01 **Aedes Gallery Berlin** 'Corporate Architecture Autostadt Wolfsburg' · Berlin, 07/00 **PS1 – Centre for Contemporary Art (MoMA)** 'Children of Berlin' · New York, 1999 **Art Forum Berlin**, Galerie Volker Diehl · 'art peep', Berlin, 9/99 **Berlin biennale** 'center peep' · Berlin, 1998 **Aedes Galerie Berlin** 'einblicke, ausblicke – Architekten Grüntuch/Ernst' · Berlin, 1997 **Museum of Work** 'Veränderung am Strom' Hamburg, Rotterdam, 1997 **INTERARCH** 'Twenty Young Architects' · Sofia, 1997 **Royal Institute of British Architects** 'Architecture on the Horizon' · London, 1996 **Chamber of Architecture Berlin** 'Gebaut-built', European travelling exhibtion · Berlin, 03/95

AWARDS

Balthasar Neumann Prize 2004 High commendation for office building · Hamburg-Neumühlen, Würzburg 06/2004 **AIT Prize Architecture and Colour 2004** Nomination for school for mentally handicapped, Berlin Hellersdorf **German Architecture Prize 2003** Special mention for office building · Hamburg-Neumühlen · Essen, 07/03 **DuPont Benedictus Award 2003 Category Winner: Education** for school for mentally handicapped, Berlin Hellersdorf· Washington, 05/03 **Architecture Prize Future Living 2002** Special commendation for the residential and commercial building Monbijouplatz 3, Berlin, 12/02 **Concept prize of the Wüstenrot Foundation 2002** Schools in Germany: award for school for mentally handicapped, Berlin Hellersdorf · Stuttgart, 06/02 **Deubau Junior Award 2002** Prize for building at Hackescher Markt 2-3, Berlin · Essen, 2002 **BDA Hamburg Architecture Prize 2002** 3rd prize for office building Hamburg-Neumühlen · Hamburg, 2002 **Hans-Schaefers-Prize 1996** BDA Berlin Architecture Prize, Berlin, 1996

VERÖFFENTLICHUNGEN PUBLICATIONS

Building Design »Checkpoint Charlie« · article by Maggie Toy · London, 05/92 **Hamburg Stadtvisionen** Stadtentwicklungsforum Ellert & Richter Verlag · Hamburg, 1993 **Arch+ Zeitschrift für Architektur und Städtebau**, Heft 118 · »Junge Architekten in der Bundesrepublik« · Aachen, 11/93 **Umbau des Reichstagsgebäudes** Dokumentation BSM-Verlag Berlin, 11/93 **Junge Beiträge zur Architektur in Berlin** Nelte Verlag, Wiesbaden, 94 **wettbewerbe aktuell** »Schule für Geistigbehinderte, Berlin« Freiburg 04/94 **Detail** Zeitschrift für Architektur und Baudetail · Treppenkonstruktionen München, 05/94 **db – deutsche bauzeitung** »Alt und Neu – Vordach für das Hotel Consul in Berlin« article by C. Krause Stuttgart, 03/95 **The Architect's Journal** exhibition review by Marc Cousins London, 31.03.1995 Building Design exhibition review by Richard Murphy London, 07.04.1995 **prospect** Royal Incorporation of Architects in Scotland, article by Marc Cousins Edinburgh 05/95 **Senatsbauverwaltung Berlin Städtebau und Architektur** Berichtsheftreihe der »Schulen für Berlin«, Berlin, 05/95 **Buchreihe Junge Architekten in Deutschland** »Architekten Grüntuch Ernst – Berliner Projekte 92–95« Nelte Verlag, Berlin, 1996 **BDA Preis** »Hans Schaefers-Preis 1996« Gebr. Mann Verlag Berlin, 1996 **Architectural Design** Volume 66, London, 07/96 **architektur & wirtschaft** Journal Berlin, VWAT – Verlag Berlin, 11/96 **AWA 1997** Award Winning Architecture – International Yearbook, Prestel Verlag 1997 **wettbewerbe aktuell** »Landesvertretung Rheinland-Pfalz in Berlin« Freiburg, 10/97 **Berliner Zeitung** »Futuristische Märchenbilder « article by H.W.Hoffmann Berlin, 22.11.97 **einblicke, ausblicke – Architekten Grüntuch/Ernst** Galerie Aedes, Berlin, 12/97 **Der Spiegel** »Die Hauptstadt flackert« Heft 41, Hamburg, 10/98 **Stuttgarter Zeitung** »Die Biennale 1998 – Junge Kunst Berlin« Stuttgart, 1998 **berlin/berlin** »Center Peep« Cantz Verlag, Ostfildern, 01/99 **Hamburger Abendblatt** »Neues am Hafenrand« Bürogebäude in Neumühlen Hamburg, 22.04.99 **Die Welt** »Der Hafenrand – Die Perlenkette beginnt zu glänzen« article by G. Schütte Hamburg, 22.04.99 **World Architecture** »Buildings that shaped the decade 1989-1992«, issue 78 London, 08/99 **ArtNet Magazine** Fair Berlin Walter Robinson New York, 1.10.99 **Architektur in Hamburg** Jahrbuch 1999, Junius Verlag Hamburg, 1999 **Berliner Morgenpost** »Gläserne Impulse am Hackeschen Markt« article by Peter Schubert Berlin, 28.2.00 **Der Tagesspiegel** »Das Glashaus vom Hackeschen Markt« article by C. v. Lessen Berlin, 9.4.00 **Der Tagesspiegel** »Lernen in Klassen mit Terrassen« article by C. v. Lessen Berlin, 13.5.00 **Der Tagesspiegel** »Lagunenstadt für den Fetisch Auto« article by Klaus-Dieter Weiss Berlin 29.5.00 **Junge Deutsche Architekten 2** Angelika Schnell, Birkhäuser Verlag Basel, 2000 **Volkswagen Magazin** »Wo geht's hier zur Kugel?« Heft Nr. 2, Wolfsburg, 07/00 **stadtdialog – Hamburg** »Perlenkette Hafenrand« article by Brigitte Kraft-Wiese Hamburg, 08/00 **Süddeutsche Zeitung** »Wilde Zukunft« München, 12.9.2000 **Berlin –Stadt ohne Form** Strategien einer anderen Architektur, Philipp Oswalt, Rudolf Stegers Prestel Verlag, München, 09/00 **Bauwelt** »Lücke neben den Höfen« article by Jan Friedrich, Heft 37, Berlin, 6.10.00 **Berliner Zeitung** »Schulterschluß zwischen Hausgenerationen« article by Michael Mönninger, Berlin, 11.10.00 **der Tagesspiegel** »Gläserner Anschluß – Neues Bauen in Berlin«, article by Jürgen Tietz Berlin, 16.10.00 **Foyer** Journal für Stadtentwicklung »secret sickness« article by Gerwin Zohlen, Berlin, 10/00 **architektur aktuell** »Selbstbewusster Dialog« article by Claus Käpplinger Wien, 10/00 **Die Neuen Architekturführer** »Hackescher Markt 2-3 « Stadtwandel Verlag, 1. Auflage Berlin, 2000 **L'ARCA** »Autostadt Car City« Heft 15, Milano, 10/00 **Süddeutsche Zeitung** »Einfach sexy – Neue deutsche Architektur (2)«, article by Peter Richter München, 6.12.00 **db – deutsche bauzeitung** »Neu in ... Berlin – Wohn- und Geschäftshaus« article by Claus Käpplinger Stuttgart, 01/01 **Young Architecture in Berlin and London** Goethe Institut, London, 01/01 **FAZ** »Wo, wenn nicht hier?« article by Oliver Elser Frankfurt 15.02.01 **Hamburger Abendblatt** »Das Viertel beleben« article by Markus Schmitz Hamburg, 28.07.01 **Der Spiegel** »Gefährliche Liebschaft?« Spiegel-Verlag Rudolf Augstein GmbH & Co. KG, Hamburg, 06.08.2001 **ZOO 10** Hard-Book for Visual Art Feature: Berlin London, 09/0 **Ideales Heim** Das Schweizer Wohnmagazin »Ein Dialog von Alt und Neu« Heft Nr. 5 Zürich, 10/01 **Das Bauzentrum Baukultur** »Eigensinn. Eigenständigkeit im Kontext«, Darmstadt, 10/01 **Intelligente Architektur** »Deubau Preis 2002 geht an Berliner Architekten«, Verlagsanstalt Alexander Koch GmbH Echterdingen, 11/01 **db – deutsche Bauzeitung** »Wundheilung« article by Anke Wöhler, Deutsche Verlagsanstalt, 11/01 **Techno Logii** (russische Zeitschrift), Wohn- und Geschäftshaus Hackescher Markt 2-3, Berlin, Moderne Deutsche Bautechnologien 01/02 **Vom Plan zum Bauen** »Bauten in der Berliner Innenstadt nach 2000« Verlagshaus Braun Berlin, 01/02 **Dialoge. Eine komplexe Kultur**, Deubau Junior Award 2002, Verlag das Beispiel Darmstadt 2002 **Die Welt** »Wie würde Mies heute bauen?« article by R. Haubrich, Axel Springer AG Berlin, 03.01.2002 **Architektur & Wohnen** »Hauptstadt-Talente« article by Dirk Meyhöfer, Jahreszeiten Verlag Hamburg, 02/02 **Süddeutsche Zeitung** »Geheimnisvolle Hüllen« article by Ulf Brychcy München, 16.04.02 **Indian Architect** »Hackescher Markt«, Jasubhai Media Private Ltd Mumbai, 04/02 **Flash Art** La prima rivista d'arte in Europa »Plamen Dejanoff« Milano, 04-05/02 **Fifty Fifty** »Südbrücke Wasserstadt-Oberhavel« article by Ursula Müller, Berlinische Galerie Berlin, 05/02 **Bauwelt** »Am Mummelsoll – Schule für behinderte Kinder in Berlin« article by Sebastian Redecke, Heft 20 Berlin, 24.05.02 **de Architect** »Transparantie in de stedelijke ruimte« article by Claus Käpplinger Amsterdam, 06/02

Die Neuen Architekturführer Monbijouplatz 5 und Monbijouplatz 3 – Berlin, Stadtwandel Verlag, 1. Auflage Berlin, 2002 **Berliner Zeitung** »The Net has been Mended« article by Nikolaus Bernau, Berliner Verlag, Berlin, 22.07.2002 **Sender Freies Berlin** Sendereihe Stadt, Land, Fluß »Schöner lernen« by Felix Oehler, 12.11.02 **Merian – Hamburg** »Moderne Haus-Arbeit« Hamburg, 11/02 **2002 Shanghai Biennale-Urban Creation** »Grüntuch & Ernst« article by Xu Jiang, Shanghai, 11/02 **BDA Architekturpreis 2002**. Die Baujahre 99-02 »Bürohaus Neumühlen 13-15«, Dölling und Galitz Verlag, Hamburg 11/02 **Berliner Zeitung** »Auf Wasser gebaut«, article by Marcel Gäding, Berlin, 20.12.02 **Der Tagesspiegel** »Mit Schwung ums Eck«, Jürgen Tietz Berlin, 28.12.02 **Hamburgische Architektenkammer** »Neue Deutsche Architektur 3« Vortragsreihe, Hamburg, 11/02 – 02/03 **Bauwelt** »Mit leuchtendem Treppenhaus... Bürogebäude am Elbufer, Hamburg«, article by Kaye Geipel Berlin, 17.01.03 **Die erste Skizze**, D. Figa & G. Nalbach, Förderkreis Dortmunder Modell Bauwesen, 01/03 **Süddeutsche Zeitung** »Ein Container für Schneewittchen« article by Veronika Schöne, Süddeutsche Zeitung GmbH, München, 01/03 **Brigitte Kultur** »Almut Ernst«, article by Ulla Hanselmann, Gruner + Jahr, Hamburg, 01/03 **Der Tagesspiegel** »Mix aus Ufo und Amphibienfahrzeug«, Berlin 01/03 **The Sunday Times** »Testing the Water« London, 02.02.03 **Bauwelt** »Aufbau – Neubauten in der Spandauer Vorstadt« article by Ulrich Brinkmann Berlin, 21.02.03 **db – deutsche bauzeitung** »Immaterialität mittels Farbe – Förderschule in Berlin« article by Claus Käpplinger Stuttgart, 03/03 **Häuser** »Freischwimmer« article by Angelika Jahr, Gruner + Jahr, Hamburg, 03/03 **Brand Eins** Wirtschaftsmagazin »Schmuck oder Zahl« article by Dirk Meyhöfer, brand eins Verlag, Hamburg, 03/03 **DETAIL Konzept** Themenheft Schulbau »Schule für Behinderte in Berlin- Hellersdorf«, München, 03/03 **MATE all about men** »My home is my boatle«, Mate c/o Sergej Medien- und Verlags GmbH, Berlin, 03/03 **Irish Independent** »Could our future hold a floating home?« article by Clare Chapman Dublin, 04.04.2003 **Schulen in Deutschland** »Schule am Mummelsoll in Berlin Hellersdorf« Wüstenrot Stiftung, Heilbronn, 04/03 **Baumeister – Exkursion** Heft 71 »Neue Architektur in Hamburg«, article by Gert Kähler Hamburg, 05/03 **Design Berlin**, new projects for a changing city, Vitra Design Museum, Berlin 05/03 **architektur aktuell** »Die Schönheit der Konstruktion« article by Claus Käpplinger Wien, 05/03 **db – deutsche bauzeitung** »Verschiedenes im Gleichen – Polderbauwerke Neumühlen« article by Gert Kähler Stuttgart, 06/03 **Die Welt** »Der dritte Lehrer – Architekten entwerfen Schulgebäude in denen Kinder gerne lernen« article by Ulla Hanselmann Hamburg, 18.06.03 **Renault Design Trends, No 4** »Neue Perlen in der Kette« Brühl, 06/03 **Architektur in Hamburg –** Jahrbuch 2003 »Vier neue Bürohäuser in Neumühlen« article by Dirk Meyhöfer, Junius Verlag, Hamburg 06/03 **Berlin – A guide to recent architecture** Duane Phillips, Alexandra Geyer Batsford, London 2003 **Architektur in Berlin –** Jahrbuch 2003, »... Ein Abendspaziergang am Hackeschen Markt« article by Frank Peter Jäger, Junius Verlag, Hamburg 07/03 **Metropolis** (Arte) »Floating Homes« by Carsten Binsack, Macroscope, 06/03 **Architektur in Berlin Jahrbuch 2003** »Monbijouplatz 3«, »Schule für geistig Behinderte« articles by Ingrid Kultschun, Junius Verlag Hamburg, 07/03 **Hamburgs neue Quartiere 10x Leben** »Polderbebauung Neumühlen – Perlenkette am Hafenrand« Freie und Hansestadt Hamburg, Behörde für Bau und Verkehr, 08/03 **Märkische Allgemeine Zeitung** »Seltenes Ereignis Schulneubau«, Märkische Verlags- und Druck-Gesellschaft Potsdam, 08/03 **Berliner Wirtschaft** »Floating Homes im Ludwig Erhard Haus«, Berlin, 09/03 **Architektur in Deutschland** DAM Jahrbuch 2003 »Bürogebäude Neumühlen« by D. Brandenburger, Prestel Verlag, München 08/03 **Die Welt** »Eine Stadt verändert ihr Gesicht« article by G. Schütte 15.10.2003 **Die Welt** »Schwimmende Häuser auf der Spree in futuristischem Design«, Axel Springer, Hamburg, 08/03 **rbb TV –** Rundfunk Berlin Brandenburg Sendereihe Stadt, Land, Fluß »Rund um den Hackeschen Markt« by Grit Lederer 21.10.2003 **Umrisse – Zeitschrift für Baukultur, Berlin** Wiesbaden, 11/03 **Berlin – Experimentierfeld der Architektur. Die Stadt nach 1989**, Goethe Institut Madrid, Ausstellung Madrid, 10/03 **Süddeutsche Zeitung** »Die Auserwählten« München, 15.11.2003 **Beton Prisma 82** »Wohnen in der Stadt – Wohn- und Geschäftshaus Monbijouplatz 3« Köln, 11/03 **Architektura & Biznes** »Swiat w szkole« by Barbara Nowak-Gildehaus Kraków, 11/03 **DBZ – Junge Architekten** »Im Rückblick«, Gütersloh, 12/03 **Umrisse** »Zwei Wohn- und Geschäftshäuser – Die Neubauten am Monbijouplatz«, Verlagsgruppe Wiederspahn Wiesbaden, 11/03 **Süddeutsche Zeitung** »Schwimmende Domizile in der Stadt« 02/04 **Wettbewerbe.aktuell** Verlag GmbH, Schule am Mummelsoll, Berlin 02/04 **Wallpaper Navigator Word View** – Berlin, article by Sophie Lovell 03/04 **Deutscher Architekturpreis 2003** »Anerkennung zum Deutschen Architekturpreis 2003«, Ruhrglas Aktiengesellschaft, Essen, Karl Krämer Verlag Stuttgart, 12/03 **Glas Architektur und Technik** »Bürohaus Oranienburger Straße Berlin«, article by Katja Kohlhammer, Konradin Medien GmbH 02/04 **Fassaden- und Gebäudehüllen für das 21. Jahrhundert** »Office Building Hamburg Hamburg Neumühlen«, article by Dirk U. Hinrichs, Winfried Heusler Birkhäuser Verlag 04/04 **JAM Das Büchermagazin** »Der offene Blick«, article by Enja Jans Boris Kagelmann, Jam 04/04 **db Deutsche Bauzeitung** »Balthasar-Neumann-Preis 2004, Engere Wahl – Bürohaus Neumühlen« article by Katja Kohlhammer, db Konradin Medien, Stuttgart,03/04 **Schulen in Deutschland**, »Neubau und Revitalisierung Schule am Mummelsoll« Wüstenrotstiftung, Karl Krämer Verlag Stuttgart + Zürich 05/04 **Shussev Museum for Architecture**, Floating Berlin Moskau, Verlagshaus Braun 03/04

TEAM 1992–2004

Tobias Ahlers · Andreas Ammon · Alexis Angelis · Gregor Arlt · Elke Atanassow · Robert Banovic· Katja Barthmuss · Nicola Baumann · Karl Baumgart · **Erik Behrends** · Katrin Bertsch · Florian Böhm · Ulli Bucher · Miguel Carrilho Branco · Andreas Cormann · Holger Deppe · Marc Drewes · Thomas Ellinghaus · Richard Emge · Ekkehard Endruweit · Benjamin Falch · **Florian Fels** · Jon Celestino Ferrer · Sebastian Finke · Birgit Franz · Peter Friedrich · Martin Fuchs · Stefanie Gaasch · Sigrid Gaubert · Christian Daniel Geyer · Ulrich P. Goertz · Markus Gröteke · Brigitte Haas · Bernd Haller · **Kai Hansen** · Mark Hartz · Hermann Sebastian Hauser · Arnd Hawlina · Dennis Hawner· Claudia Herrmann · Anne Christine Heucke · Hannes Heyer · Sandra Hirseland · Ralf Huber · Kristin Hulzer · Heinz Jirout · Alexander Kader · Sonja Killat · Annegret Kirchner · Olaf Koeppen · Sebastian Kordowich · Miriam-Sylvelin Kotte · F. J. Johan Krol · Julian Krüger · Bernd Lampe · Stefan Laub · Tom Lazar · Arnd Manzewski · **Olaf Menk** · Steven Morgan · Mareike Münstermann · Eva Nagl · Michel Obladen · Richard Owers · Ulrike Pabel · Bettina Paucke · Conny Pergande · Sophie Peters · Maike Pohl · **Volker Raatz** · Axel Rahmstorf · Johannes Raible · Amir Rothkegel · Johannes Rueb · Jan Rützel · Matthias Schirrmacher · Guido Schmidt · Saskia Schneider · Jan Skuratowski · Maren Sostmann · Ines Spitzner · Gernot Stangl · Stefan Tebroke · Caro van de Venne · **Jacob van Ommen** · Julius von Holst · Barbara von Raffay · Ina Vössing · Mark Wachendorfer · Tanja Werner · Florian Wiedey · Rose-Marie Zimmermann · Dirk Zimmermann

FACHBERATER CONSULTANTS

Amstein, Walthert, Karnasch, Zürich/Berlin · Ansorg + Horn Büro Freier Ingenieure, Berlin · Arup GmbH, Planer und Ingenieure, London/Berlin · Battle / McCarthy ConsultingEngineers, London · Brendel Ingenieure AG, Berlin · Büro Prof. Hilbers, Berlin · CBF IPRO Berlin GmbH - Ingenieure + Planer · Nanna Fütterer - Kostenplanung, Berlin · Dorendorf Eichler Architekten, Berlin · EB Ebert-Ingenieure, Berlin · Freie Planungsgruppe Berlin GmbH, Berlin · Furneaux Stewart, London · Fürstenau & Partner Ingenieurgesellschaft mbH, Berlin · GTB-Berlin, Berlin · GuD Consult GmbH, Berlin · Folke Hanfeld, Berlin · Happold Consulting Engineers Ltd., Bath/Berlin · HHP Berlin, Berlin · HL-Technik, München/Berlin · ifb Ingenieurbüro für Bauwesen, Berlin · Horsch Planungsgesellschaft bR, Berlin · Hussak Ingenieurgesellschaft mbH, Lauingen · Ifb Frohloff Staffa Thal Kühl Ecker, Berlin · ILM Ingenieurbüro Ludwig + Mayer, Berlin · Ingenieur-Fachbüro Für Elektrtechnik Rainer Knoop, Berlin · Ingenieurbüro Dr.-Ing. Binnewies, Hamburg · Ingenieurbüro für Bauplanung GmbH Eggersdorf, Eggersdorf · Ingenieurbüro für Bauwesen Herbert Böller, Lüneburg · Ingenieurbüro Hübner GmbH, Bernau · Ingenieurbüro Ziesche, Schwanebeck · Ingenieurgesellschaft Ridder und Meyn mbH, Berlin · Ingnieurbüro Krone, Berlin · Kardorff Ingenieure, Berlin · KBP Kühn Bauer Partner, Hallbergmoos · KEP-Klaus Engelhardt & Partner GbR, Berlin · Krüger + Möhrle, Landschaftsarchitekten, Berlin · Landschaftsarchitekturbüro Daniel Roehr, Berlin · Landschaftsplaner Schoppe, Hamburg · Leonhardt, Andrä und Partner, GmbH, BerlinLichtVision, Berlin · Michael Lange - Beratender Ingenieur VBI, Berlin · Modellbauer Fernando Gonzales, Berlin · Modellbau Monath und Menzel, Berlin · Modellbau Werk 5, Berlin · Müller BBM GmbH, Berlin · Planungsbüro Ottfried Zopf, Brietlingen · Rohwer Ingenieure VBI GmbH, Rathenow · Rosemarie Wagner, Stuttgart · Roth + Grube Planungsbüro, Strausberg · St raum a Landschaftsarchitekten, Berlin · Neil Thomas Atelier One, London · Tischer / Burger Landschaftsarchitekten, München/Berlin · Topotek 1 Landschafts-architekt, Berlin · Dr.-Ing. Jürgen Westphal VBI, Berlin · H. Und H. Zech, Berlin · Zentraldienst der Polizei des Landes Branden-burg, Wünsdorf

ABBILDUNGSNACHWEIS PHOTO CREDITS

Soweit nicht anders verzeichnet, stammen alle Abbildungen (Fotos, Zeichnungen, Renderings) aus dem Archiv Grüntuch Ernst
All unreferenced images (drawings, photographs, renderings) originate from the Grüntuch Ernst archive:
Jörg Hempel, Aachen — 10-11, 14, 16-17, 131-133(o), 137-141, 258, 322 (u 3-5), 330 (u), 346 (m1-2; u3), 347 (o3;u2), 349 (o1,3) Martin Schuppenhauer, Berlin — 131, 133 (u), 135, 310 (l) Mark Berger, Berlin — 302 (u2), 346 (m3), 347 (o1), 349 (m3) Mads Mogensen, Nevigli — cover und 2, 12-13, 19, 135, 300, 301 Florian Bolk, Berlin — 15, 50, 156,157(u) 342-343, 307 (o4), 342-343 Frank Huelsboemer, Berlin — 18 Klaus Frahm, Hamburg — 151(uli) Christoph Gebler, Hamburg — 348 (o1-2) Jan Bitter, Berlin — 20-21, 32-33, 48-49, 51, 143, 154, 157(o), 167, 270, 271, 307 (o5), 324 (u1-2), 326 (m), 346 (o3-4), 348 (u1) Werner Huthmacher, Berlin — 22-23, 24-25, 28-29, 30-31, 34-35, 36-37, 38-39, 40-41, 44-45, 46-47, 52-53, 58-59, 60-61, 145, 147, 149, 150, 151(o), 153, 160-161, 165, 166, 175, 272-273, 275, 285, 290-291, 301 (u 1,4), 306 (o3), 313 (u 2,3), 314, 315, 324-325, 324 (u3-6), 325 (u3), 327 (m), 340, 347 (u3), 349 (u3), 351 (o2; m1-2) Christian Gahl, Berlin — 26-27, 62-63, 144, 310/311 (m), 311, 325 (u2) Ulrich Schwarz, Berlin — 42-43, 151(ure) Furneaux-Stewart, London — 54-55, 56-57, 325 (o) Trube Kings Fassadenbau, Nürtingen — 217 Feldhaus Fassaden, Hamburg — 227 Schmidlin Fassadentechnik, Basel — 239, 241 Dywidag, München — 235, 237 Sander Eisenbau, Sande — 282, 283 Vista, Berlin — 181-183 Archimation, Berlin — 203-207, 353 (u3)

Prestel Verlag · Königinstraße 9 · 80539 München · Telefon +49 (89) 38 17 09-0 · Telefax +49 (89) 38 17 09-35
www.prestel.com
Prestel Publishing Ltd. · 4, Bloomsbury Place · London WC1A 2QA · Tel. +44 (20) 73 23-5004 · Fax +44 (20) 76 36-8004
Prestel Publishing · 900 Broadway, Suite 603 · New York, NY 10003 · Tel. +1 (212) 995-2720 · Fax +1 (212) 995-2733

www.gruentuchernst.de

Die Deutsche Bibliothek verzeichnet diese Publikation in der Deutschen Nationalbibliografie; detaillierte bibliografische Daten sind im Internet über http://dnb.ddb.de abrufbar.
The Deutsche Bibliothek holds a record of this publication in the Deutsche Nationalbibliografie; detailed bibliographical data can be found under http://dnb.ddb.de
Library of Congress Control Number is available

Prestel books are available worldwide. Please contact your nearest bookseller or one of the above addresses for information concerning your local distributor.

Translated from the German by Donald MacFarlane, Berlin, Michael Robinson, London, Sophie Lovell, Berlin
Übersetzung aus dem Englischen: Annette Wiethüchter, Berlin
Cover design: Pentagram, Berlin · Design/layout: buero dor grafik, Berlin · Design ›Concept‹: Bettina Kubanek, Berlin

Projektleitung/Editorial direction: Katharina Haderer
Herstellung/Production management: Rainald Schwarz, München
Lithografie/Origination: Reproline Genceller, München · Tripple aaa, Berlin
Druck und Bindung/Printed and bound by Sellier, Freising · Cover printed by Medialis, Berlin

Printed in Germany on acid-free paper

ISBN 3-7913-3158-2